权威·前沿·原创

皮书系列为

“十二五”“十三五”国家重点图书出版规划项目

# 文化科技创新发展报告（2016）

ANNUAL REPORT OF CULTURE AND TECHNOLOGY INNOVATIVE DEVELOPMENT (2016)

主　编／于　平　李凤亮
副主编／周建新　周志民　黄玉蓉

社会科学文献出版社
SOCIAL SCIENCES ACADEMIC PRESS (CHINA)

图书在版编目(CIP)数据

文化科技创新发展报告.2016/于平，李凤亮主编
.--北京：社会科学文献出版社，2016.10
（文化科技蓝皮书）
ISBN 978-7-5097-9831-7

Ⅰ.①文… Ⅱ.①于… ②李… Ⅲ.①文化事业-技术革新-研究报告-中国-2016 Ⅳ.①G12

中国版本图书馆CIP数据核字（2016）第245712号

文化科技蓝皮书
文化科技创新发展报告（2016）

主　　编/于　平　李凤亮
副 主 编/周建新　周志民　黄玉蓉

出 版 人/谢寿光
项目统筹/蔡继辉　任文武
责任编辑/丁　凡

出　　版/社会科学文献出版社·皮书出版分社（010）59367127
地址：北京市北三环中路甲29号院华龙大厦　邮编：100029
网址：www.ssap.com.cn
发　　行/市场营销中心（010）59367081　59367018
印　　装/北京季蜂印刷有限公司

规　　格/开 本：787mm×1092mm　1/16
印 张：20　字 数：300千字
版　　次/2016年10月第1版　2016年10月第1次印刷
书　　号/ISBN 978-7-5097-9831-7
定　　价/79.00元

皮书序列号/B-2013-308

本书如有印装质量问题，请与读者服务中心（010-59367028）联系

# 文化科技蓝皮书编委会


**主　　编**　于　平　李凤亮

**副 主 编**　周建新　周志民　黄玉蓉

**学术助理**　钟洁敏

# 主要编撰者简介

**于　平**　博士，中国文艺评论家协会副主席、南京艺术学院舞蹈学院院长、博士生导师，文化部文化科技司原司长，北京大学、北京师范大学、上海戏剧学院兼职教授。1970～1980年在江西省歌舞团做舞蹈演员。1980～1985年就读于江西师范大学南昌分院中文系并留校任教。1985～1988年就读于中国艺术研究院研究生部，1988年获硕士学位后任教于北京舞蹈学院，1992年任副教授，1995年任教授，1996年被评为文化部优秀专家并享受国务院专家津贴，1998年被评为“国家有突出贡献的中青年专家”。1996年任北京舞蹈学院副院长（主持院务工作），2001年调任文化部艺术司副司长，2004年任文化部艺术司司长，2009年任文化部文化科技司司长。主要著作有《中国古代舞蹈史纲》《中国古典舞与雅士文化》《中外舞蹈思想概论》《中国现当代舞剧发展史》《舞蹈文化与审美》《高教舞蹈综论》《舞蹈形态学》《舞台演艺综论》等。

**李凤亮**　教授，博士生导师，现任深圳大学副校长、文化产业研究院院长，国家文化创新研究中心（筹）主任。美国南加州大学访问学者，国家社会科学基金重大项目首席专家，“百千万人才工程”国家级人选和有突出贡献的中青年专家，教育部高等学校艺术学理论类专业教学指导委员会委员，教育部“新世纪优秀人才支持计划”入选者，教育部霍英东教育基金会“高校青年教师基金”和“高校青年教师奖”获得者，“鹏城杰出人才奖”获得者，深圳市国家级高层次专业领军人才。兼任中国世界华文文学学会副会长、海峡两岸文化创意产业高校研究联盟副理事长、文化产业（中国）协作体专家委员会委员等。专业领域为文艺理论、文化产业和城市文化研究，独立主持国家社科基金项目3项、省部级课题8项，出版著作（含合著）14部，发表论文百余篇。

**周建新** 教授、博士生导师，深圳大学文化产业研究院执行副院长、文化部国家文化创新研究中心（筹）副主任、客家研究所所长。中山大学博士，国家社科基金项目通讯评审和结题鉴定专家，兼任中国中外文艺理论学会文化创意产业研究会秘书长、中国人类学民族学会客家专业委员会副主任、中国博物馆学会服装专业委员会副主任、中国社会学会理事。主要从事区域文化产业、族群和区域文化研究。现主持国家社科基金重大招标项目1项，完成国家社科基金项目2项、教育部人文社科研究项目1项、省社科规划项目等10余项，出版专著7部，发表论文100余篇。研究成果获得省社会科学优秀成果奖一等奖2项、二等奖和三等奖各1项。获得国家社科基金重大项目首席专家、国务院特殊津贴专家、新世纪“百千万人才工程”省级人选、深圳市国家级高层次领军人才、深圳大学荔园领军学者、江西省青联委员等荣誉称号。

**周志民** 教授、博士生导师，深圳大学文化产业研究院副院长，深圳大学管理学院副院长。中山大学博士、香港城市大学博士后。美国南加州大学、英国中央兰开夏大学访问学者。入选教育部“新世纪优秀人才支持计划”和广东省高校“千百十工程”省级培养对象，被评为广东省“十大杰出青年岗位能手”、深圳市高层次人才地方级领军人才、深圳市优秀教师、深圳大学优秀学者。担任中国管理现代化研究会营销专业委员会常务理事、中国高等院校市场学研究会理事、《营销科学学报》编委、《品牌管理》编委。主持国家自然科学基金项目等10多项课题研究，出版5部专著和教材，发表70余篇中英文论文，荣获广东省哲学社科优秀成果一等奖等10余项科研奖，获深圳大学MBA优秀教师等10余项教学奖。

**黄玉蓉** 博士，副教授，硕士生导师。现任深圳大学文化产业研究院学术研究部主任、文化政策研究中心主任。中山大学文艺美学与文化传播专业方向博士，中国艺术研究院公共文化政策研究中心艺术学出站博士后，美国纽约大学艺术与公共政策系访问学者，深圳市高层次专业人才。目前主要从事文化政策和创客运动研究，担任1项国家社会科学基金艺术学项目负责人及2项国家社科基金重大项目子课题负责人，参与多项国家文化部、地方文化部门咨询规划项目。发表《中国文化产业公共平台建设现状分析及政策建议》《美国文化资助体系研究》《文化政策视野中的实体书店保护研究》《深港共建文化创意中心的战略意义与合作条件》《文化财政在基层》《促进文化与科技融合亟需设立国家文化科技基金会》《法国文化资助制度运作特点及其对中国的启示》《中国电影资助制度设计研究》《中国创客生态培育研究》等论文及研究报告。

# 摘 要

近年来，文化科技创新发展迎来了前所未有的繁荣景象。新的文化产品和社交媒体不断产生，打破了传统文化产业的生产逻辑，开源项目、虚拟现实、增强现实、数字内容、移动互联、智能终端、自媒体、大数据、网红、直播等事物以前所未有的速度融入大众日常生活，推动文化与科技深度融合已成为各国提升文化软实力与竞争力的关键手段。就我国而言，以科技带动文化发展，发展新型文化业态，促进传统产业转型升级已进入国家顶层设计层面，成为实施创新型国家战略的重要举措。

《文化科技创新发展报告（2016）》（文化科技蓝皮书）是深圳大学文化产业研究院、国家文化创新研究中心（筹）发布的关于文化与科技融合背景下的产业发展现状、融合路径分析与战略研究报告，其主要内容集合了深圳大学文化产业研究院、国家文化创新研究中心（筹）对文化科技融合创新研究的最新成果，同时也吸收了国内外相关领域专家的前瞻性研究成果。

本报告基于文化与科技融合创新的现状分析与路径选择，集中探讨了文化科技融合的理论渊源、文化培育、金融支持、法律保障、商业模式、产业集聚范式以及在“互联网 +”、“开源制造”、“数字生产”、“创新文化”等要素的推动下发展起来的创客运动。通过对国内外代表性城市、园区、艺术节等文化科技融合成功案例经验的分析，本文跨领域、多角度地提出了文化科技融合的发展政策和创新路径。本报告内容架构分为六个部分。

第一部分是总报告。主要梳理了自 2015 年以来虚拟现实的文化科技属性及其软硬件迅猛发展阶段，介绍了虚拟现实的技术、内容、平台和终端等四个环节，分析了其在影视、游戏、旅游、设计、教育等文化产业中的应用。

第二部分是开源创新篇。这是2016年度报告的特色主题，探讨了以教育培养创意文化达至开源创新的路径，创客运动对北美文化创意产业复兴和商业模式创新的带动；还以产品设计为例，探讨了以大众为核心的开放式设计模式如何提高开源项目的大众参与度，从而更好地利用大众智慧，创造出更好的产品。

第三部分是理论前沿篇。《文化治理视域下的舞台演艺生产》在“推进国家治理体系和治理能力现代化”的理论框架和“文化治理”视域中观照舞台演艺生产艺术要素和科技要素的有效集成；《寻求文化与科学的通约性》是深圳大学文化产业研究院“荔园文创译丛”即将推出的约翰·哈特利、贾森·波茨力作《文化科学》（中文版）的序言，两位作者综合了跨度可观的若干学科，推出一种新的文化研究方法，为文化创新研究提供了理论支撑。该部分还探讨了创客运动与创客群体的文化认同和文化科技金融的协同创新与法律保障。

第四部分是产业观察篇。探讨了互联网背景下东西方创客群落及产业集聚范式、数字时代音乐产业和“创客”文化的关系、科技创新视角下文化创意产业园区发展路径及版权贸易促进文化产业发展的机理及实证研究。

第五部分是案例研究篇。通过对移动互联网时代上海加快文化与科技融合的经验研究、洛阳牡丹文化节的跟踪调研和萧山区公共文化服务动态评估系统的分析，深入探讨了文化科技融合对公共文化服务和城市文化形象的提升。

第六部分是发展政策篇。从“互联网+”背景下中国公共文化众筹的制度设计、版权贸易促进文化产业发展的对策等方面，深入探讨了文化与科技融合创新的路径、模式和政策。

**关键词：** 文化科技融合　文化产业　开源创新　创客运动　虚拟现实

# 序　文化与科技融合创新：模式与类型*

李凤亮**

回溯人类文明演进，整个社会在科技族谱与文化脉络两张“进度表”上总是呈现出强烈的对应关系。[①] 尤其是科技的每一次跨越式发展，都给文化的繁荣提供了强大的工具载体。从造纸术到印刷术、从蒸汽机到电动机、从计算机到互联网……科技嵌入文化领域的每一次重大突破，都给人类的思想解放和精神诉求提供了源源不竭的动力。历史发展的经验表明，科技影响着文化的生成、发展和传播，文化推动着科技的创新、突破和转化。进入21世纪，文化与科技的融合迎来了前所未有的繁荣图景。从微观层面看，新的文化产品和社交媒体不断产生，打破了传统文化产业的生产和生存逻辑，数字内容、虚拟现实、移动互联、智能终端、自媒体、大数据等以一种前所未有的便捷方式融入人们的日常生活；从宏观层面看，推动文化与科技融合已成为各国提升文化软实力与竞争力的关键手段。就我国而言，以科技带动文化发展，发展新型文化业态，促进传统产业转型升级等已经进入国家顶层设计层面，成为深化文化体制改革、推动社会主义文化大发展大繁荣的重要战略。

## 一　文化与科技融合创新的模型建构

现代文化科技产品赋予消费者新奇独特的用户体验和人们对产品文化内

---

* 项目来源：国家社会科学基金重大项目“文化与科技融合创新的内在机理与战略路径研究”（项目编号：11&ZD023）的研究成果之一。

** 李凤亮，深圳大学副校长、文化产业研究院院长，文学博士、教授，研究领域为文艺理论、文化产业与城市文化。

① 陈鸣波：《2013上海推进文化和科技融合发展年度报告》，上海市科技信息中心，2013，第7页。

涵的自觉追求，给文化与科技的融合创新发展带来了前所未有的光明前景和良好机遇。文化科技融合创新带来的经济价值和社会效益，也使其作为经济发展第一引擎的地位愈加凸显。同时政府产业政策的积极调整、中介机构的主动参与、政产学研跨界互动频密等，也无不显示出文化科技融合创新的向好发展。① 近年来，随着国家日益重视文化与科技融合的推进，学界也越来越多地关注到这一趋势并积极地投入相关研究当中。但是，文化与科技之间究竟“如何融合”，其具体呈现的模式类型又有哪些，仍是一个值得探讨的问题。一般观点认为，文化与科技的融合就是文化与科技相互作用、相互影响从而形成一体化的状态，是“文化科技化”与“科技文化化”的过程，具体表现为科技对文化的载体支持与文化对科技的内涵提升。但笔者认为，这样的探讨似乎过于简单。推动文化科技融合创新是一个复杂而庞大的“系统工程”，其涉及主体和行业之多、影响范围之广泛、战略意义之重大等，都需要我们站在更为广泛的视域去探究文化与科技的融合模式和呈现形态。

哲学意义上的“主体”与“客体”关系帮助人们理解世界，其作为认识论中的一对范畴，亦有利于人们在现实生活中发现事物的规律。站在辩证唯物主义的立场上，社会实践维系着主客两端，主体与客体则形成了改造与被改造的关系。我们毋宁将文化与科技的“融合创新”也看作新世纪人类探求自身文化发展的一场实践活动，而“文化”与“科技”作为这一实践活动的两大要素，其融合手段的差异性与目的多样性必须从文化与科技融合创新的“主体”与“客体”中去寻找。这对于理解与推动当代文化与科技发展的核心理念与内在机制具有重要意义。换言之，文化与科技的融合本身意味着创新，而要实现这种创新，二者必须走上融合之路。那么，究竟是谁如此“能动”地推动着这波融合浪潮呢？

一般而言，当代文化与科技的融合创新涉及主体众多，但主要包括个

---

① 李凤亮、谢仁敏：《文化科技融合：现状·业态·路径——2013 年中国文化科技创新发展报告》，《福建论坛》（人文社会科学版）2014 年第 12 期，第 56 页。

体、企业、消费者、政府和中介这五大主体。由于不同主体的地位和性质差异，它们在推动文化与科技融合过程中所扮演的角色和承担的职责各不相同。比如个体主要是通过个人智慧开拓创新，是推动文化与科技融合最原始的动力，揭示的是人类生存的必然诉求；企业创新则相对可以看作一种“集体智慧”的聚合行为，是探索文化与科技结合的真正主体；对于消费者而言，对新型文化科技产品的需求体验直接刺激了企业的生产，提供了源源不断的需求动力；政府和中介则是“官方”和“民间”两大力量对文化科技融合实践活动的支持，既为文化与科技之间的融合搭建了桥梁，也是促进各个主体协同创新的“润滑剂”。由此可以看出，推动文化科技融合创新，五大主体各有侧重，缺一不可。那么，这些“主体”试图通过“融合创新”这一实践活动改造的“客体”又是什么呢？解决这一问题，有助于我们真正理解文化与科技融合的内涵。按照党的十八大报告提出的推进社会主义文化强国建设所强调的，“促进文化和科技融合，发展新型文化业态，提高文化产业规模化、集约化、专业化水平”。而其根本落脚点则在于如何提供更多“丰富人民精神文化生活的文化精品”。从文化与科技融合的宏观层面而言，二者的融合就是通过将各类文化的内容、形式与服务等与科学技术的原理、方法等有效结合，提升有关文化产品的价值与质量，更好地满足人民日益增长的文化需求，这既是目的也是手段。[①] 由此可以看出，文化科技融合创新的“客体”主要是指产业和产品两个层面。其中产业是平台，产品是载体，最终任务则主要落在了企业这一市场主体上。

首先，文化与科技融合对产业的创新大致可以用“新”和“旧”两个字来概括：一是创造了“新”的产业形态，一般指由新科技成果转化与文化结合而成，可以称之为“新兴文化业态”，典型的如数字技术催生的“数字内容产业”和互联网背景下诞生的“互动娱乐产业”。二是改造了“旧”的产业形态，主要指不同产业相互跨界渗透过程中，通过文化与科技要素聚

---

① 姜念云：《“文科融合”的内涵、意义与目标》，《中国文化报·热点评论》2012 年 2 月 4 日，第 3 版。

合促进了原有产业的转型升级。比如传统旅游业态都不同程度地遭到了现代科技和互联网势力的“觊觎”和“入侵”，进而形成了新的旅游产品和经营形态。其次，就产品而言，文化与科技融合的提升作用也主要包括两个方面：一是通过科技创新牵引形成的“科技型文化产品”，比如腾讯公司推出的“微信红包”，既是一种金融创新，也是一种技术创新，更是一种文化创新，俨然变成互联网时代的新“民俗”。二是通过文化创意驱动形成“文化型科技产品”，苹果公司简约、典雅、唯美的 iPod、iPhone、iPad、Apple Watch 等系列产品，正是这类产品的典型代表。近年来，随着文化与科技融合运动的日益高涨，二者之间的互动逐渐发展成为一种“新常态”，政府的频频参与也给文化与科技的融合带来了新的突破，以政府为主导，推动各个主体参与的政、产、学、研“协同创新”浪潮正成为文化与科技融合的新模式（见图 1）。

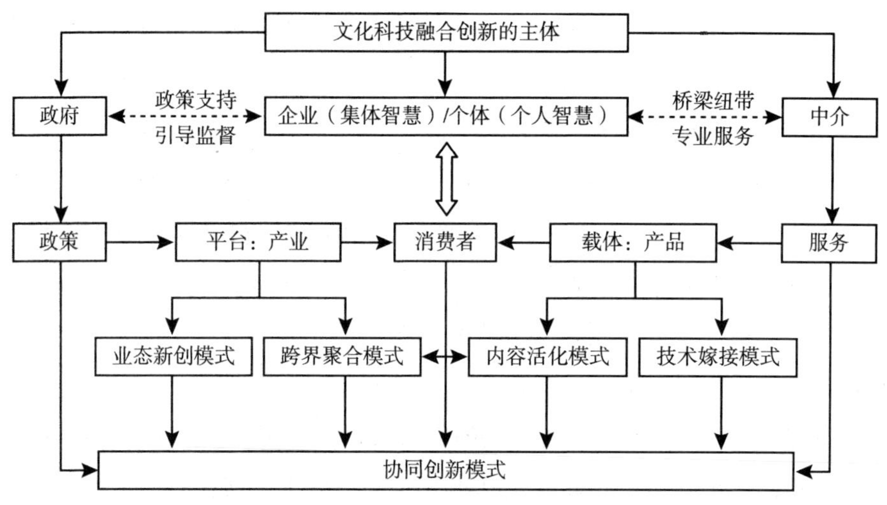


**图 1　文化科技融合创新模型建构**

## 二　文化与科技融合创新的模式分析

文化与科技融合创新的复杂性与多样性，与当代所处的文化、科技、产业和政治语境息息相关，更受到个体创新、技术革命、市场变迁、政策环境等因素的深刻影响。本文基于上述模型，从文化科技融合创新的背景出发，结合典型性案例，提炼出文化科技融合创新的五大模式类型，借此抛砖引玉，共同探讨。以下就每一种模式进行系统阐述和分析。

## （一）新兴产业推动下的“业态新创”模式

20世纪四五十年代以来，新的科学技术发展突飞猛进，新的科研成果和新兴技术的发明不断涌现，标志着人类社会进入技术革命的新阶段，以电子、信息、生物、新材料、新能源、海洋、空间等为代表的一大批新技术不断应用和产业化。尤其是电子和信息产业的广泛应用，已经深入人类日常生活的方方面面。在新兴产业的推动下，新技术在改造传统产业和自身产业化的过程中，也不断与文化生活相结合，催生出大量的新兴文化业态（见图2）。如果说，“前两次科技革命主要以物质生产的效率提高为目的，那么以电子计算机、信息技术应用为主要标志的第三次科技革命则更多地转向了非物质生产效率的提高，其核心内容以精神生产和物质生产的高度融合为目的，即加强科技创新与文化创意的高度融合”。[①] 在这种背景下，世界各国出台了一系列重大文件和指导意见，对促进文化产业业态创新、推动文化产业新兴业态发展给予了高度重视。新型文化业态的出现，不仅丰富了人们的精神文化生活，更为文化与科技的融合创新实践提供了崭新的“试验场”。

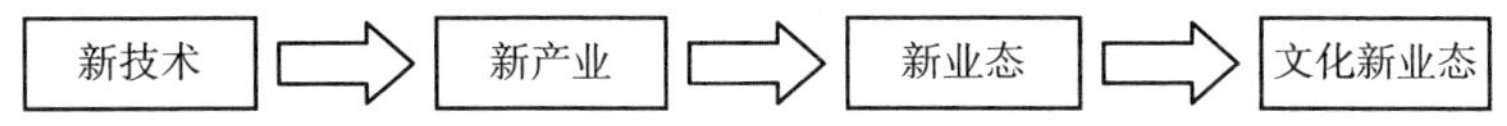


**图2　文化新业态的演变路径**

所谓“业态新创模式”，就是指在新技术、新产业的推动下，文化与科技在新兴业态中得以融合发展而形成的一种创新模式。主要表现为市场主体

① 向勇：《文化与科技融合发展的历史演进、关键问题和人才要求》，《现代传播》（中国传媒大学学报）2013年第1期，第56页。

以新的经营方式、经营技术、经营手段来运作传统或新创的文化内容，由此创造出新形式、新风格或新产品组合的新式文化产业形态，来满足不同的文化消费需求。以信息和通信技术（Information and Communications Technology，ICT）为例，其最初主要应用于计算机硬件和软件、网络和通信、应用软件开发等领域。但是随着计算机和互联网的普及，这一技术被广泛用来生产、处理、交换和传播各种形式的信息，从而形成了一个庞大的信息产业，催生出计算机行业、通信行业、互联网行业、信息设备制造业、软件业、信息服务业等多种新型业态。当这些业态触及更广泛的文化领域，如处理书籍、文件、报刊、唱片、电影、电视、语音、图形、照片等信息时，文化与科技的结合又进一步催生出新兴文化行业。

由此我们发现，新兴文化业态区别于传统的、常规的文化业态的最主要因素在于，科技的介入使其产生了“颠覆式”、“替代性”的创新，具有一种“脱胎”于传统文化产业的性质，并在一定程度上带动了相关产业的发展，引发了新的经营模式和消费形式等一连串的“连锁反应”。此外，新兴文化业态的发展具有“非预见性”，即我们无法预测三年以后的新文化产业业态和新文化产品形态。站在唯物史观的角度来看，时世推移，新旧交替，每一个时代都有自己的新兴文化业态，而一旦发展成熟又会被视为旧的阵营，只是不同历史条件（诸如技术、思潮、政策）的影响会造成更替节奏的快慢。[①] 目前，世界各国都处在新旧业态交替的剧烈震荡期，呈现出周期短、更新频、速度快等特征。文化与科技的融合在新兴文化业态中呈现的形式多样，但主要集中在新技术催生的新型服务领域和新技术与传统产业结合的领域。主要表现为两种形态。

一是基于“适用性新技术”形成的新兴文化业态。这里的“适用性新技术”，是指新技术成果在应用转化的过程中与文化及相关产业关联度和结合度高，并能产生巨大经济和社会效益的一类共性技术，其典型特征是科技

① 李凤亮、宗祖盼：《科技背景下文化产业的业态裂变与跨界融合》，《学术研究》2015 年第 1 期，第 138 页。

带动能力强，应用前景广，并具有普遍制约性。比如早期印刷技术促进了印刷品的大量出现，形成了传统印刷业雏形；电讯技术突破了空间和时间的限制，将人类引入“大众传播”时代。就当下而言，与文化领域结合最为紧密的当属信息技术的运用，主要是指数字技术、互联网技术、计算机信息技术等给文化生产、文化传播、文化营销、文化消费等带来革命性变化。具体行业如网络游戏、网络社交、数字媒体、互动娱乐、3D 打印等。以“LBS 技术”（Location Based Service，基于位置服务）为例，其最初起源于军用目的的全球定位系统（GPS），曾广泛用于测绘和车辆跟踪定位等领域。随着定位技术和通信技术的发展，许多国家推出了各具特色的商用位置服务。2009 年，以美国为代表的基于用户地理位置信息的手机社交服务网站 Foursquare 给 LBS 市场带来了新的商机。随后，以定位为核心的应用不断涌现，出现了基于位置服务的休闲娱乐模式、生活服务模式和社交模式等，深刻影响和改变了人们的工作和生活方式。腾讯公司出品的“微信”在推出后不久就能够在同类产品中脱颖而出，正是因为其创新性地将 LBS 技术加入即时通信工具，在新版本中增加了“查看附近的人”“摇一摇”“漂流瓶”等功能，形成了全新的社交结构，增加了通信功能外的附加价值和用户黏性，创造了一种新的文化社交模式。

二是新科技改造传统产业从而形成的新兴文化业态。“在新经济条件下，专业化分工导致了传统产业链的分解，传统产业的升级需求导致了高技术产业与传统产业的融合，因此，新产业业态的诞生成为了历史必然。”[①] 用科技改造传统产业并不是一个新的话题，但是对传统文化领域的渗透，却是最近十年来的事情。新科技改造传统产业形成的新兴文化业态主要体现在两大领域：①新科技对传统文化产业和文化事业的改造，表现为传统文化内容与信息技术、网络技术、数字技术对接，派生出一系列新业态，为文化艺术提供了新的表现形式和传播渠道，影响了传媒产业、展演产业、视觉艺

① 科技部火炬高技术产业开发中心、北京市长城企业战略研究所：《中国增长极：高新区产业组织创新》，清华大学出版社，2007，第 191 页。

术、文化遗产保护、公共文化服务等文化产业和文化事业的科技转型。②以信息、通信和传播技术为主的科技产业的转型。过去许多企业仍处于 IT 产业链的底端，生产效益低，附加价值不高。在文化科技融合的背景下，IT 产业的转型似乎也出现了与文化融合的苗头，纷纷进军文化产业。比如 IT 行业向软件、内容、新媒体行业转型，突出的例子有蓝色巨头 IBM 将 PC 业务卖给联想，实现了从硬件制造商到软件服务商和方案解决商的转型。随着移动互联网的发展，如今的联想公司也深刻意识到生产传统终端产品在移动互联网时代的危机，并积极寻求转型。

### （二）产业融合实践下的“跨界聚合”模式

经济全球化和高新技术迅速发展，使传统工业时代产业边界固定、行业分立明显的局面被打破，“产业融合”（industry convergence）正日益成为现代经济发展的另一种新现象和新趋势。从 20 世纪 70 年代开始，通信技术（光缆、无线通信、卫星）的利用和信息处理与传播技术的革命，推动了电信、广播、电视、报刊等传媒间的相互融合；90 年代以来，随着数字化进程的加速和新媒体、互联网的广泛应用和普及，影视、音乐、广告和出版等创意产业的融合又波涛汹涌。在经历技术融合、产品与业务融合和市场融合之后，产业之间又开始出现融合现象。[①] 产业的融合为文化与科技的跨界聚合提供了条件。随着科技的进步，信息技术迅猛发展，企业兼并浪潮进一步突破了地区和行业界限，过去经济学家关于三大产业的划分已经不能适应于产业结构出现的新变化。三大产业的界限趋于模糊，产业融合发展的趋势明显。

所谓“跨界聚合”模式，是指在产业融合实践的基础上，文化产业、科技产业与其他产业之间不断跨界的过程中，文化与科技要素通过互动聚合对原有产业形成转型或升级的一种融合模式。这里包含两层含义：一是产业的“跨界”，主要是科技推动不同产业之间的跨界现象，包括传统产业之间

---

① 厉无畏：《产业融合与产业创新》，《上海管理科学》2002 年第 4 期，第 4 页。

的跨界、新兴产业向传统文化产业跨界；也指以文化科技企业为对象，通过跨空间、跨行业的企业兼并浪潮，从而形成以大企业和企业集团为核心的优势主导产业的过程。如文化产业链条中某环节多个企业合并重组的“横向整合”和上、中、下游不同文化行业合并重组的“纵向整合”。二是要素的“聚合”，主要是指文化与科技、创意、资本、市场、人才、品牌、信息、渠道等产业内部要素集聚创新的过程。在这种模式中，文化与科技要素并非直接融合，而是借助产业的跨界来实现聚合。“跨界”和“聚合”构成了文化科技融合创新的两个过程，也是其外在表现。

文化与科技的跨界聚合可以整合资源，优势互补，能有效地促进产业要素之间集聚创新，带动相关产业的升级。但与“业态新创”模式中十分强调自主创新的应用不同的是，“跨界聚合”旨在打破不同产业之间的界限，并科学地整合各类资源，而无意裂变为一个新的产业形态。以文化旅游为例，早期旅游业是一种“资源导向型”业态，即围绕文化资源，带动交通运输、住宿餐饮等相关行业发展的综合性行业，内容以休闲放松和旅游观光（吃、住、行、游、购、娱）为主。但是随着产业的不断融合，如今发展成许多跨界型的旅游业态。再如美国迪士尼乐园虽然呈现的是主题公园旅游业态，但是其内容和形式相比传统主题公园已经发生根本性的变化。依托高科技与娱乐产业的结合，迪士尼乐园的项目得以不断增加、更新和升级换代，其发展和变迁甚至与美国科学技术发展的步伐一致，园内与时俱进的游乐设备和骑乘项目，展现了主题乐园产业融合科技发展的一部精彩画卷。[①] 如果说，“业态新创”模式对产业的影响主要体现在“转型”上，那么“跨界聚合”模式则促进了产业的“升级”。

此外，大公司集团跨地区经营和跨企业兼并形成的“赢者通吃”模式和“文化航母”景观，也是文化科技融合过程中凸显的特征之一。对企业内部而言，一旦掌握核心的文化要素或科技要素，通过搭建平台实现与消费

① 于秋阳、徐亚征：《论迪士尼科技与文化融合发展及其启示》，《经济问题探索》2012 年第 6 期，第 41 页。

者的对接，“赢者通吃”模式在文化产业的发展过程中会日益突出。“谁做得好谁就会成为巨大的企业，其他的企业只能跟在他后面做一个市场的补缺者。今后的文化内容企业有可能出现两极分化的情况，大的企业做得越来越大，小的企业将会面临很多成长的瓶颈。”① 比如百度、阿里巴巴、腾讯（BAT）等互联网巨头在线上线下各领域的扩张，就是这类模式的典型代表。

## （三）科技创新牵引下的“内容活化”模式

文化与科技的深度融合丰富了人民群众的文化生活空间和参与方式，为满足人民群众日益增长的精神文化需求提供着新的可能性。就产品层面而言，科技创新及其在各相关领域的广泛应用极大地促进了人们的文化消费。尤其是科技发展的人文倾向催生了大量新奇和体验性极强的人文科技型的产品，反过来刺激了消费需求的激增。约瑟夫·派恩和詹姆斯·H. 吉尔摩预言：农业经济、工业经济、服务经济时代正在过去，“体验经济时代”已经来临。在此背景下，人民群众精神文化需求呈现出多层次、多方面、多样性的特点，审美情趣、欣赏习惯、评价标准、表达途径不断发生变化。这些无不显示出，由于文化消费的刺激，文化与科技融合的可能性和可行性大大提高了。

所谓“内容活化”模式，是指在科技创新的牵引下，文化内容的创作、生产、传播、消费等各个层面都具有科技特征，从而提高文化影响力、表现力、传播力的一种模式。在这种融合创新模式中，文化内容是内涵，而科技手段是表现，以科技的形式表现文化内涵是“内容活化”模式的精髓。“活化”原是自然学科中的词语，指某一物体从其无活性状态转变为具有活性状态的过程。这里引申为两层含义：一是内容的“继承活化”，其作用是将优秀的文化内容通过技术手段继续保存和传承下去。比如非物质文化遗产的数字化、数字图书馆等。二是内容的“形态活化”，

① 陈少峰：《文化产业发展需融合科技和管理》（第十届中国文化产业新年论坛演讲），http://finance.sina.com.cn/hy/20130105/123314191780.shtml，2013 年 1 月 5 日。

主要是通过科技的运用，改变了文化内容的外在形态，使之生动、活泼和更具“能量”。比如数字影像、声光电多媒体、LED 显示、数字三维虚拟展示等诸多高新技术的应用，明显提升了展演行业和大型节庆活动的表现形式和感染力。

在“内容活化”模式中，科技的运用同样具有关键性的作用。但与“业态新创”模式的不同在于，科技的创新运用并未从根本上改变文化的内容，或者并未形成一种完全原创的文化产品。换言之，在文化内容活化的过程中，科技创新速度远快于文化创新速度，内容并没有发生本质变化。比如在电影技术差别很大的情况下，经典的黑白胶片电影在视觉冲击感极强的 IMAX 电影面前同样具有不朽的艺术表现力。印刷行业的佼佼者雅昌的高仿字画再怎么真实，但在真迹面前也会失去魅力。因此，文化科技融合创新的“内容活化”模式更加强调内容的原创力和“讲故事”的能力。一味追求科技的外在表现而失去内容创造，反而会失去活力。

自然科学突飞猛进，科学发现和技术发明总量快速增长，科技成果应用速度不断加快，使得科学技术与人们的生产、生活日益紧密，成为推动现代社会发展的主要力量之一。现代科技的分类系统十分庞大和复杂，但从表现形态来看大致可归为软件技术和硬件技术两类。相应地，科技创新牵引下的内容活化模式也可呈现为两种形态：一是基于软件技术的“软件文化产品形态”，是指产品的设计开发主要是将数字技术、互联网技术或其他软件技术与文化内容进行融合，形成新的软件创意产品。突出表现为数字化的文字、图像、影像、语音呈现以及互动体验，主要用以激活传统文化产品形态、展现历史人文风貌、保护传承历史遗产等。比如 2010 年上海世博会上推出的动态版《清明上河图》，就是通过软件技术将汴京百姓过节赶集的盛况生动地呈现出来。此外，软件技术在文化遗产保护应用方面产生了更为积极的意义。“数字圆明园”就是一个典型的例子。长期以来，专家学者对圆明园遗址考古学、档案学和原状研究的探究和努力，在遗失文物的寻找、认定和取样上做出了突出的贡献。但是综合多种传统和现代的技术手段，我们可以对圆明园遗址现状进行精确的信息采集，不仅可以精确复制圆明园内建

筑的彩画及装饰，还可以通过建立圆明园数字档案馆衍生出“再现圆明园”网站、APP 等一系列文化产品。二是基于硬件技术的“硬件文化产品形态”。与软件文化产品的虚拟呈现相比，基于硬件技术的文化产品强调将新材料、新能源、新工艺、新设备等硬件技术与文化融合，形成具有科技特征的文化产品。比如 3D 扫描和 3D 打印技术的结合，可能对于保护传承“固态”文化历史遗迹或物品起到重要作用。但无论何种表现形式，文化与科技融合最终呈现的形态是一个文化产品，满足的仍然是人们的精神文化需求，因此可称之为“文化科技型产品形态”。

### （四）文化创意驱动下的“技术嫁接”模式

19 世纪下半叶，约翰·拉斯金和威廉·莫里斯等人发起的“工艺美术运动”（The Arts & Crafts Movement）极力主张“美术、艺术与技术、生活相结合”，反对工业化和机械化带来的工业产品丑陋、设计水平下降、缺乏“灵魂”和“美感”等问题，曾引发建筑、家具、陶瓷、金属、染织品、平面设计等众多领域的创新，现代设计运动序幕由此拉开。20 世纪末，乔布斯创造的苹果产品让“科技美学”一词不胫而走，更让设计成为 IT 行业的一种需求。无论是在工业时代，还是在信息时代，功能与形式的统一始终是一款产品成功的重要标志。而在文化产业日益蓬勃的今天，文化创意对科技创新的驱动作用也日益明显。

所谓“技术嫁接”模式，是指在文化创意的驱动下，注重知识性和功能性的科学技术在应用过程中主动增加文化内涵，从而使产品兼具人文性和科技性的一种融合模式。“嫁接”是一种植物的人工营养繁殖方法，如《氾胜之书》记载“用 10 株瓠苗嫁接成一蔓而结大瓠的方法”。在这种模式中，科技是可以看作一株植物的“枝条”（科技之“躯”），是果实生长的载体，而文化是“根茎”（文化之“本”），是汲取营养的器官。如同生产实践过程中植物嫁接对改良品种和提高经济价值的作用一样，文化与科技的完美“嫁接”对提升科技内涵和产品品质具有重要意义。如果说技术赋予了产品以身躯，那么文化创意则是该模式的灵魂。

与“内容活化”模式不同的是，“技术嫁接”模式下的产品虽然具有一定的文化内涵，能够满足人们的精神文化需求，但其本质追求的仍然是一个文化型的科技产品。犹如嫁接根系发达的植物一样，暴露于地面上的主体形态并没有发生根本变化，只是由于能够汲取更多的营养，果实部分的价值得到大大提升。换言之，除了具备良好的创造性和文化品性外，产品的实用性亦不可忽视，应是功能与形式的统一，人们只是在消费“功能”的基础上产生了额外的“感受”罢了。所谓“玉卮无当，不如瓦器”，产品的实用功能是决定产品形态的主要因素，而文化作用旨在以华丽的装备为空洞乏味的科技产品形态注入深厚的文化底蕴，使其与众不同和卓尔不群。从具体呈现形态来看，大致可以分为有形的“文化型科技产品”和无形的“文化型科技服务”。

首先，基于文化创意的有形科技产品形态是指将文化创意融入科技产品的设计研发当中，以形成兼具文化内涵和实用功能的科技产品形态。一是直接表现文化内容的科技产品，科技起到了外壳和载体的作用。比如由亚马逊推出的 Kindle 阅读器，几乎成为电子书阅读器的代名词。在现代出版业日渐衰微的情形下，亚马逊利用计算机技术、多媒体技术和网络技术，并凭借 Kindle 阅读器提供绝佳的阅读体验，开辟了网络出版业的一片“蓝海”。二是将文化艺术融入高科技产品生产，提升 IT 产品设计感和附加值。比如深圳朗科公司将景泰蓝工艺、国瓷釉、炭雕等中国传统工艺引入闪存盘（U 盘）的制作，通过“科技 + 文化”跨界创新，以科技融合中国传统工艺，创造了更高的价值。在国际设计大奖的舞台上，我们能看到许多这样的经典作品。

其次，基于文化创意的科技服务形态是指为增强文化娱乐体验而研发的科技服务。比如以增强现实感为目的的虚拟技术通过电脑生成如照片般真实的影像，将已故的巨星“重现”于舞台，可以创造一种全新的演绎内容。还有一种则是以处理文化内容的软件服务产品为主。以微软、Adobe 为代表的桌面软件公司，在图文设计、图像制作、数码视频和网页制作等领域推出的一系列产品皆可看作此类业态的代表。随着移动互联的发展和智能手机的普及，以 APP 为代表的软件服务产品，也为文化与科技的融合搭建了崭新的平台。比如基于 iOS 和 Android 操作系统研发的“魔漫相机”软件应用，通过将真人拍成幽默漫画的形式，大大提升了人们的拍照体验和趣味，获得了众多玩家的青睐。

### （五）多元主体参与下的“协同创新”模式

就当下而言，文化与科技深度融合处于愈演愈烈的进程之中。但无论是产业层面的“业态新创”模式和“跨界聚合”模式，还是产品层面的“内容活化”模式和“技术嫁接”模式，其所表现出来的特征主要是科技对文化的杠杆助推、平台托举和引擎牵引等方面的作用，是科技对文化领域的单向选择性介入，两者互为驱动、互相激活的局面尚未真正来临。尤其是“文化企业的科技自觉明显落后于科技企业的文化自觉”。[①] 在这种背景下，国家层面也越来越重视文化创意和科技创新的双重驱动作用。近年来，随着文化与科技融合创新的推进，企业、政府、中介、高校等创新主体通过多方位交流协作，逐渐突破了彼此之间的壁垒，实现了深度的合作。创新已经逐步从分散、封闭的独立创新走向开放式创新、协同创新。[②]

所谓“协同创新”模式，是指在政府、企业、高校、科研机构等多主体的协同下，文化资源与科技资源有效汇聚和互动，通过突破创新主体间的壁垒，充分释放创意、技术等创新要素而实现深度合作的一种模式。协同（synergy）概念最早是指两个企业在资源共享的基础上所产生的共生互长的关系，后引申为多个创新主体之间相互配合、合作和整合，发挥各自优势，为实现重大创新而开展的大跨度整合的创新组织模式。协同理论认为，在复杂系统内各子系统的协同行为产生超越各要素的单独作用从而形成整个系统的联合作用。[③] 如果把文化科技创新工程比喻为一个庞大的复杂系统，各子

① 李凤亮：《大力推动协同创新，打造新型文化智库》，《中国社会科学报》2014 年 12 月 18 日，第 C02 版。

② 苏卉：《产业融合背景下文化与科技的协同创新研究》，《资源开发与市场》2015 年第 1 期，第 78 页。

③ 解学梅：《协同创新效应运行机理研究：一个都市圈视角》，《科学学研究》2013 年第 31 卷第 12 期，第 1907 页。

系统协同发挥作用，则产生“1+1>2”的效用；反之，各子系统各自为政则增加创新成本，降低创新绩效。协同创新就是围绕文化科技融合创新的关键领域和重大问题，多主体、多元素共同协作、相互补充、配合协作，从而引起文化科技产业链各个层面的革新。

一般而言，按实现途径的不同，协同创新可分为内部协同创新和外部协同创新两种。前者是产业组织本身，其实现依赖于组织内在要素之间的互动；后者的实现主要取决于产业组织与其他相关主体之间的互动。[①] 前文探讨的文化与科技融合的四大模式，我们大体可以看作产业组织内部的协同创新，其主体主要是企业，表现为企业通过自主融合文化与科技要素，在产品层面不断创新的过程。因此，这里的“协同创新”模式主要是指企业与政府、高校、科研机构等其他主体之间的外部协同互动，在文化与科技结合的领域展开深度合作，建立协同创新的战略联盟，促进资源共享，以期在关键领域取得实质性成果。比如政府与企业在应对文物、典籍、民俗、宗教等各类物质与非物质文化遗产传承和保护以及文化馆、图书馆、博物馆、科技馆的数字化问题上往往会强强联手。再如企业为突破关键技术的研发，往往会与高校或科研机构达成战略合作，甚至共同建立技术研究开发机构。例如，国家推出的“2011 计划”，就是将协同创新的组织主体赋予高校，通过集聚创新团队，以高校协同创新中心为载体，面向国家亟须解决的战略性问题、尖端领域科技等问题出谋划策，为创新型国家建设和创新驱动转型发展做出贡献。以上海交通大学、北京大学发起的“未来媒体网络协同创新中心”为例，该中心汇集了国内一流大学、电视台、科研机构和骨干企业，通过产学研强强联合，多主体协同创新，共同开展面向未来媒体网络的“内容与网络协同”、“网络与网络协同”、“新型广播及宽带网络架构设计”等行业关键技术的难题研究。成果推广后将极大地拉动信息消费，深刻影响人类的生活与行为方式。通过协同创新的机制体制

① 熊励、孙友霞等：《协同创新研究综述基于实现途径视角》，《科技管理研究》2011 年第 14 期，第 15 页。

改革，未来媒体网络协同创新中心所研发的技术和形成的创新体系将为信息产业的转型发展提供新路径，为信息消费的持续扩大提供新引擎，为文化产业的健康繁荣提供新业态。

## 三　主要结论与启示

在本文梳理的五大模式类型中，无论是“业态新创”模式、“跨界聚合”模式，还是“内容活化”模式、“技术嫁接”模式，生产与消费是永恒的主题，而这一任务主要落在了企业与消费者这两大主体上。可以预见的是，未来90%以上的文化产业将与当下最前沿的技术有关。除去那些传统纯手工打造的工艺品、艺术家天马行空的“纯艺术”创作和非物质文化遗产部分，大多数的文化产品和文化服务或多或少地含有现代科技成分。尤其是科技发展的人文倾向催生了大量新奇和体验性极强的人文科技型产品，这反过来刺激了人们交互式、数字化、视觉化、娱乐性的消费欲望。文化与科技融合态势的发展，大部分是自由市场作用的结果。但它在满足企业发展和消费者需求的同时，契合了当下产业转型升级和文化软实力提升的战略要求，由此进一步上升到国家“顶层设计”层面，成为中华民族复兴的伟大“中国梦”征程中极具战略意义的一环。因此，以政府为主导的“协同创新”模式既反映了当下文化与科技发展的现实需要，也体现出国家意识形态对文化安全问题的思考。其区别于前四大模式的根本特征在于，它突破了文化科技融合创新主体之间的界限和壁垒，实现了各资源要素的有效共享。

文化与科技的融合，带来的是文化与科技产业链的重构。在重构进程中，文化与科技两大要素均可互为主次，从而形成不同的产品群。一方面，以文化为主的产业链当中，科技为文化插上翅膀，助力文化腾飞；另一方面，以科技为主的产业链当中，文化为科技注入内核，提升科技品位。但无论如何，文化与科技融合创新的最终归属应是文化层面上的提升和对精神消费的满足，是科技对文化内容的转化、传播手段的改良和表达方式的丰富，进而增强文化的原创力、传播力、感染力，最终达到促进文化发展和繁荣的目的。也就是说，“技术创新不得取代文化创意本身，技术的形式必须服务于文化的内容”。[①] 如今，科技发展的更新速度远远快于文化的更新速度，科技在文化前面越走越远，文化如何能够紧跟其后？其实，从诸多软硬件制造商和技术公司向内容提供者和服务者的角色转变中，我们不难发现，尽管文化与科技融合过程中起“引擎”作用的往往是“技术因素”，但如果缺乏优质的“内容”，其融合也就失去了意义。换言之，“创意引领”、“内容为王”依然是提升文化科技融合品质的必由之路。这不仅仅关乎人们物质和精神的丰富，更关乎一个“文化强国”的未来。

① 向勇：《文化与科技融合发展的历史演进、关键问题和人才要求》，《现代传播》（中国传媒大学学报）2013 年第 1 期，第 56 页。

# 目　录

## Ⅰ　总报告



## Ⅱ　开源创新篇



## Ⅲ　理论前沿篇

## Ⅳ 产业观察篇



## Ⅴ 案例研究篇



## Ⅵ 发展政策篇

## Ⅶ 大事记



皮书数据库阅读**使用指南**

# 总 报 告

General Report

# B.1

## 虚拟现实趋势下的文化科技融合

李凤亮　胡鹏林*

摘　要：虚拟现实本质上就是一种新兴的文化科技产业，虚拟环境的生成，与虚拟影像的互动，沉浸于虚拟世界，都同时具备了文化属性和科技属性，体现了文化与科技的融合。虚拟现实作为文化科技产业，立足于硬件与软件的开发，包含技术、内容、平台、终端等四个环节，主要应用于影视、游戏、旅游、设计、教育等文化产业，其核心特征是虚拟、交互和沉浸。

关键词：虚拟现实　文化科技融合　交互性　沉浸式

* 李凤亮，深圳大学副校长、文化产业研究院院长，文学博士、教授，研究领域为文艺理论、文化产业与城市文化；胡鹏林，深圳大学文化产业研究院项目发展部副主任，博士、讲师，研究领域为艺术学理论与文化产业。

2015 年，是虚拟现实元年。在此之前，互联网及信息技术是推动文化科技产业快速发展的核心动力；在此之后，虚拟现实将为文化科技产业创造一个新世界。

虚拟现实，即 Virtual Reality，简称 VR，就是创造一个交互性、沉浸式的虚拟世界。详而言之，是指通过计算机、电子、光学等现代技术生成虚拟环境，诉诸人们的视觉、听觉、触觉、嗅觉和味觉，人们可以与虚拟影像进行交流与互动，完全沉浸于虚拟世界之中，产生强烈的真实感和现实感。

## 一　虚拟现实的发展及其软硬件

虚拟现实既是文化的，也是科技的。虚拟现实的构想及其内容，具有艺术虚构性与假想性，具有文化交融性与交互性；虚拟现实的技术与设备则是随着科技进步而逐步提升的，需要计算机、电子、光学等现代技术合成。虚拟环境的生成，与虚拟影像的互动，沉浸于虚拟世界，都同时具备了文化属性和科技属性，体现了文化与科技的融合。从这个意义上讲，笔者认为虚拟现实就是一种独特的文化科技产业。

### （一）虚拟现实的软件

虚拟现实的软件不仅包括应用软件，更包括虚拟世界的构想及其内容。1932 年，英国小说家阿道司·赫胥黎创作《美丽新世界》，描绘了 600 年之后的世界，其中就提出了虚拟现实设备的构想；1935 年，美国科幻小说家斯坦利·威因鲍姆发表了小说《皮格马利翁的眼镜》，书中一位精灵族教授发明了一种眼镜，戴上之后就可以进入电影之中，可以看到、听到、闻到、尝到和触到各种事物，还可以与电影中的人物进行交流，甚至可以变成电影中的主角；1938 年，法国戏剧家阿尔托出版《戏剧及其重影》，书中将剧院描述成一个“虚拟现实”（la réalité virtuelle），认为剧院就是导演和演员们一起创造的重影空间，这是一种虚构而真实的虚拟世界。20 世纪 80 年代之后，虚拟现实从小说、戏剧延伸到电影，科幻小说家弗诺·文奇的《真名实姓》和威廉·吉布森的《神经漫游者》，较为明确地描绘了虚拟现实的设备及其虚拟场景；1982 年，由史蒂文·利斯伯吉尔执导的电影《电子世界争霸战》，第一次将虚拟现实的体验带给了观众；1999 年，由安迪·沃卓斯基执导的《黑客帝国》则首次采用高科技手段全面地呈现了虚拟影像和场景①。

由此可见，虚拟现实的最初提出者，都是基于一种艺术想象和文化再造，创造了未来世界和虚拟世界，这是虚拟现实的起点。从这个起点出发，科学家们也开始了探索，创造了各式各样的系统软件、应用软件及其科技设备，尽可能地把艺术家们的想象空间变成现实，这些科技设备及其背后的科学技术就是硬件。

### （二）虚拟现实的硬件

我们认为，虚拟现实的硬件发展可以分为三个阶段。

第一阶段是虚拟现实硬件的初创期，其标志性事件是 1969 年美国科学家伊凡·苏泽兰（Ivan Sutherland）发明了达摩克利斯之剑。苏泽兰最初提出了感觉真实和交互真实的人机交互理论，后来发明了一种头戴显示器，使用 CRT 显示技术（阴极射线显像管），这种显示技术虽然远不能与现代 LCD（阴极荧光灯的液晶显示）和 LED（发光二极管的液晶显示）相提并论，但是他希望通过这种显示技术做成一个终极显示器，而且设想未来的显示器能够让我们无法区别真实与虚拟，这个目标我们至今依然没有真正实现。

第二阶段是虚拟现实硬件的发展期，其标志性事件是 1982 年杰伦·拉尼尔（Jaron Lanier）正式提出了“虚拟现实”（Virtual Reality）。杰伦·拉尼尔是美国第一家电脑游戏公司雅达利（Atari）的员工，苹果创办者乔布斯和沃兹尼亚克也是这个公司的员工，在那个文化科技创新的时代，他们虽

---

① 《关于 VR 的发展历史和未来》，搜狐网，http：//mt. sohu. com/20160614/n454210154. shtml。

然没有创造成熟的虚拟现实产品，但是杰伦·拉尼尔已经对虚拟现实的概念、理论、技术等方面做出明确的界定，并且对虚拟现实的未来发展方向进行实质性的科技探索。因此在这个意义上，伊凡·苏泽兰和杰伦·拉尼尔都被业界称为虚拟现实之父。

第三阶段是虚拟现实硬件的成熟期，其标志性事件是 2012 年美国 Oculus 公司发布了第一个成熟的虚拟现实设备 Oculus Rift。2012 年，Oculus 合伙人在众筹网上筹集 250 万美元成立公司，并研发出著名的虚拟现实设备 Oculus Rift，这是一款专为电子游戏而创造的设备，可以接入电脑和游戏机，开创了虚拟现实游戏的新纪元。2014 年，Facebook 以 20 亿美元收购了 Oculus 公司，由此掀起了虚拟现实的全球热潮。2015 年初，Oculus 公司组建了故事工作室（Story Studio），专注于创作虚拟现实电影。与此同时，越来越多的软件厂商也为 Oculus Rift 开发应用软件，使其更广泛地运用到建筑设计、医疗教育等领域。

虚拟现实的软件最初强于硬件，但是近年来硬件投资巨大，软件发展相对滞后，仅游戏软件发展较为迅猛。国内外介入虚拟现实的公司有数百家，虚拟现实产业的市值超过百亿美元。Facebook、索尼、三星、LG、谷歌、苹果都先后进入虚拟现实领域，推出了 Oculus Rift、PlayStation VR、Gear VR、LG 360 VR、Cardboard、View-Master 等虚拟现实硬件产品；国内的 HTC、乐视、暴风、蚁视、维阿时代、偶米、乐相、华为等公司，相继推出 HTC Vive、LeVR COOL1、暴风魔镜、蚁视头盔、灵镜、Uranus One、DeePoon、3Glasses、Huawei VR 等虚拟现实硬件产品。据艾瑞咨询统计，2015 年中国虚拟现实产业产值为 15 亿元，2016 年将达到 56 亿元，2020 年将达到 550 亿元。据高盛预测[①]，2025 年世界虚拟现实收入将达到 800 亿美元，其中硬件收入 450 亿美元、软件收入 350 亿美元，如果虚拟现实加速进入大众视野，虚拟现实产业规模将达到 1820 亿美元，并将超越电视产业，成为与电脑产业、手机产业并驾齐驱的新兴产业。

---

① 高盛集团：《2015 年虚拟现实报告》，http：//toutiao. com/i6253997219507077633/。

## 二　虚拟现实产业的四个环节

虚拟现实作为一种新兴的文化科技产业，主要包括技术、内容、平台、终端等四个环节。

### （一）虚拟现实技术

虚拟现实技术主要包括光电显示技术和体感识别技术，前者主要是为体验者提供全息虚拟影像，涉及光学、电子、LED、视频、投影等方面；后者主要是体验者与虚拟世界进行互动，可以称之为人机交互系统，涉及手势识别、光学传感、红外传感等方面。

这两种技术，可以以 Facebook 旗下的 Oculus 公司研制的 Oculus Rift 为例进行分析。Oculus Rift 有两款产品，其中一款产品 Oculus Rift CV1，主要有三个组件：第一个组件是头戴式显示器，是利用光学、电子、LED 等技术制作的沉浸式显示器，也就是伊凡·苏泽兰所梦想的终极显示器；第二个组件是一个远程控制器 Remote，第三个组件是一个 Xbox 游戏手柄，这两个组件并未实现真正的体感识别，依然是由人手来操作，只不过是通过无线设备来识别人手的操作指令。另一款产品 Oculus Rift DK2，只有两个组件：第一个组件是头戴式显示器，与大多数沉浸式显示器一样，主要运用光电显示技术实现终极显示的目标；第二个组件是一个位置追踪摄像头，主要通过红外传感技术来追踪体验者的运动轨迹和指令，初步实现了体感识别。此外，HTC 公司研制的 HTC Vive 也是较有代表性的虚拟现实产品，由头戴式显示器、手持控制器、追踪显示器与控制器及其定位系统（Lighthouse）等三个部分组成，也分别来自光电显示技术和体感识别技术。

### （二）虚拟现实内容

虚拟现实设备最终展示的是内容，目前内容最多的是游戏、影视、军事、教育等方面。互联网普及之初，我们把传统业态的内容进行数字化，使之成为能够呈现于互联网的数字内容；虚拟现实同样如此，我们现在就是把传统业态的内容进行虚拟化，变成虚拟场景、虚拟影像，制造一个让我们沉浸其中的虚拟世界。

游戏内容是虚拟现实的最初内容，甚至有些虚拟现实设备就是为了游戏玩家而制作的，如 Oculus VR 的 Oculus Rift CV1，本质上就是一个虚拟现实游戏机，其他诸如 HTC 的 HTC Vive、索尼的 PlayStation VR，主要也是为了开拓虚拟现实游戏市场。虚拟现实构造了虚拟影像与虚拟环境，与虚拟世界进行交流，本质上就具有游戏的特征，因而在游戏领域引起巨大反响也是情理之中的事。

视频内容是虚拟现实的重要版图，电影早就在探索 3D、4D、全息影像等新兴领域，这些探索已经具备虚拟现实的某些特征，虚拟现实只是在此基础上，进一步创造沉浸式、交互性的虚拟世界。迪士尼已经在 Steam 平台上推出了迪士尼虚拟现实电影（Disney Movies VR），并把《星球大战：原力觉醒》《奇幻森林》《美国队长 3》等最新电影制作成虚拟现实版本；Oculus 公司已经组建故事工作室（Story Studio），专注于创作虚拟现实电影；VRroom 公司已经推出虚拟现实电影观看设备，并将于 2016 年登陆中国院线。乐视网、爱奇艺、兰亭数字、优酷土豆等中国公司，也都在虚拟现实视频领域抢占先机，爱奇艺副总裁段有桥在推出 iVR 的时候说："爱奇艺希望携手国内外最多的虚拟现实产业合作伙伴，通过全面覆盖三类 VR 硬件的 APP 产品、面向视频和游戏内容商完全开放的 iVR + 平台以及强大的商业化货币化能力，联合打造全球最大的中文 VR 真生态。"① 爱奇艺主要是一个内容制作商，但同时也在追求内容与平台的融合。

### （三）虚拟现实平台

虚拟现实平台包括线上平台和线下平台，线上平台是指苹果、谷歌、索尼、迪士尼、爱奇艺、淘宝等公司推出的网络虚拟现实平台，线下平台是指

---

① 王伶玲：《爱奇艺打造全球最大中文 VR 真生态》，《法制晚报》2016 年 5 月 6 日。

各种游戏厅、电影院、科技馆、主题公园等推出的实体虚拟现实平台。

线上平台是以应用软件为主，提供虚拟现实的内容，如游戏、教育、影视、购物等。谷歌和苹果虽然在虚拟现实设备方面远远落后于 Facebook、HTC、索尼、三星等公司，甚至落后于中国虚拟现实公司，但是这两个公司都在虚拟现实平台方面进行了布局，谷歌 2016 年 5 月发布了 Daydream VR 平台，计划研发 5000 万个虚拟现实应用，苹果也计划在 App Store 平台上推出虚拟现实应用软件。美国电子游戏公司 Valve 与台湾 HTC 合作开发了 Steam VR 平台，主要是用 HTC 的虚拟现实设备来操作 Valve 开发的游戏，在虚拟现实游戏领域具有较大影响力。中国维阿时代公司开发了灵镜影院平台和灵镜世界平台，前者主要开发虚拟现实电影，后者主要开发虚拟现实游戏及相关应用软件。中国淘宝公司于 2016 年 7 月推出了“Buy +”，这是世界上首款成熟的、最有影响力的虚拟现实购物平台。

线下平台主要是虚拟现实体验空间，包括游戏厅、电影院、主题公园、展览馆、科技馆、博物馆等。游戏和影视的虚拟现实空间正在普及过程中，其他线下平台正在萌芽，例如美国犹他州创办了虚拟现实主题公园 The Void，中国合肥市逍遥津公园打造了一个集教育、旅游、动漫等于一体的沉浸式、互动性主题乐园“中国历史文化沉浸穿越之旅——穿越三国”，中国深圳易尚展示公司着力打造了鸿山遗址虚拟现实博物馆。随着虚拟现实技术的提高和设备的普及，线下平台将会延伸到教育、设计、医疗、建筑等更多领域。

### （四）虚拟现实终端

虚拟现实终端是虚拟信息输入和输出的设备，包括显示器、追踪器、处理器等部分，目前主要呈现为头戴式显示器、手持控制器、红外感应器、追踪摄像头等设备。

国外影响较大的虚拟现实终端，主要有 Facebook 旗下 Oculus 开发的 Oculus Rift，这是最早掀起世界虚拟现实热潮的产品；索尼开发的 PlayStation VR，主要服务于游戏玩家，同期开发了 16 款首发游戏；三星开

发的 Gear VR，目前主要与三星 Galaxy 手机配合使用，程序和内容也都依赖此款手机；谷歌开发的 Cardboard 是一种简易的虚拟现实纸盒，也是配合手机使用；LG 开发的 LG 360 VR 也是配合手机及其程序使用，但并不需要把手机插入头戴式显示器，是目前市场上真正意义上的虚拟现实眼镜。这些终端的销量目前也呈现极速发展趋势，据台湾拓墣产业研究所的研究报告分析①，2016 年索尼的 PlayStation VR 将销售 600 万台、Facebook 的 Oculus Rift 将销售 230 万台，销售规模将跨入十亿美元级别，推动虚拟现实产业实现爆发式增长。

国内虚拟现实终端较为丰富，最有代表性的是台湾 HTC 开发的 HTC Vive，这是 HTC 与美国电子游戏公司 Valve 合作开发的最新产品，是目前国际上售价最高、销量较好的虚拟现实终端；暴风集团 2014 年 9 月发布的暴风魔镜是国内最早推出的虚拟现实终端，主要搭配手机使用；维阿时代公司开发了灵镜，并且同步开发了灵镜影院和灵镜世界，利用自主开发的虚拟现实平台观看电影、玩游戏；蚁视公司开发了蚁视头盔，这是一款较有代表性的虚拟现实 PC（电脑）端头盔；还有乐视开发的 LeVR COOL1、偶米开发的 Uranus One、乐相开发的 DeePoon、深圳虚拟现实公司开发的 3Glasses、华为开发的 Huawei VR，这些都是虚拟现实终端领域中较有竞争力的产品。

以上虚拟现实终端，主要有三种接入方式：接入电脑、接入手机和内置式。接入电脑的虚拟现实终端包括 Oculus Rift、PlayStation VR、HTC Vive、灵镜、蚁视头盔等，这些终端主要利用电脑的处理系统，头戴式显示器必须有较强的虚拟现实显示功能。接入手机的虚拟现实终端包括 Gear VR、Cardboard、暴风魔镜、LeVR COOL1、Huawei VR 等，这些终端的处理系统和显示系统都需要借助手机的软件、处理器和显示屏来完成，具有操作简单、价格低廉等特色，但是虚拟现实功能及显示效果不如接入电脑的终端。

---

① 拓墣产业研究所：《VR 厂商的竞争与布局》，http：//www.topology.com.tw/DataContent/report/VR 廠商的競爭與布局/14249。

内置式虚拟现实终端不需要借助电脑或手机，而是直接把操作系统、处理器、显示器等内置于终端设备之中，包括 GameFace、AuraVisor 以及暴风魔镜一体机、偶米开发的 Uranus One、深圳虚拟现实公司开发的 3Glasses Blubur 等，都是正在研发或刚刚发布的产品，这种终端摆脱了电脑和手机的辅助，未来将取代电视，成为与电脑、手机并驾齐驱的三大终端之一，甚至取代手机成为虚拟现实时代的第一终端。

## 三 虚拟现实应用的五种文化业态

虚拟现实技术可以应用于很多方面，包括军工、医疗、工程、机械、建筑、生物等领域，但是对影视、游戏、旅游、设计、教育等产生最为直接的影响。

### （一）影视

虚拟现实进入影视文化，改变了观众的观影方式和导演的制作方式。从观影方式来看，虚拟现实电影观众区别于传统观众的特征是沉浸式体验，观众与观众之间、观众与银幕之间都没有任何交流，观众直接进入虚拟现实电影之中，甚至实现了人机交互。比如 Google Spotlight Stories 推出的电影 *Help*，以全景体验来展示故事，使观影者置身其中，并与剧情进行交流；另一部电影 *Special Delivery*，从观影者的角度来调动影片，观影者可以从主角、配角等不同视角选择剧情发展及结局。2016 年，Sundance 电影节还展示了虚拟现实飞翔模拟装置，观影者可以通过滑翔机装置实现场景交互，实现人机交互的沉浸感。

从导演的制作方式来看，360 度的全景观影方式改变了传统的取景、运镜及剪辑方式，导演需要考虑全景的观看效果以及观影者的主观意志，因而必须采取更加丰富的叙事方法。传统电影惯用的蒙太奇手法已经不再适用于虚拟现实电影，蒙太奇的剪辑和频繁切换镜头，会使观众产生眩晕感。虚拟现实电影从视角、声音、画面等多角度确定导演所要传递的信息，如何凸显

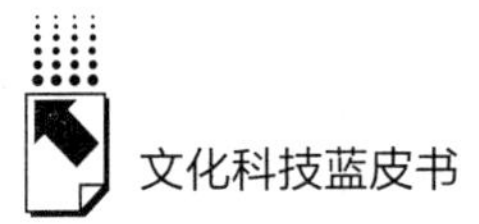


主体意志、如何把握 CG（计算机图形）与演员的关系，是导演所要思考的新命题。比如电视剧《万水千山总是情》，使用 17 个 GoPro 运动相机拼接的奥德赛系统连接 iPhone 手机监拍，在无工作人员在场的情况下表现全景场面，挑战着导演的场面调度技巧。再如美国虚拟现实电影《过失杀人》（2015 年），不是选择全景拍摄，而是拍摄四个场景，最后同时滚动播映 4 个场景，供观众自主选择，这部电影通过三星的 Gear VR 来观看，中国的暴风魔镜也购买了这部电影的版权，不同的虚拟现实观影设备也给导演提出了更大的挑战。可见，虚拟现实电影要求导演有更强的主体把握能力，通过设置多重线索引导观众，调动电影的感官性，使观众完全参与其中，享受沉浸式的体验。

## （二）游戏

游戏是虚拟现实应用最为广泛的领域，目前游戏主要分为单机游戏和网络游戏，网络游戏又分为客户端游戏（端游）、网页游戏（页游）、手机游戏（手游），目前端游占据市场主导，手游超越页游，呈现后来者居上之势。虚拟现实进入游戏之后，改变了游戏格局，由于目前虚拟现实设备通常可以与手机配合使用，所以极大地推动了手游的发展。

虚拟现实游戏以即时性、交互性、构想性打造沉浸式游戏环境，操控即时性与体感交互性是虚拟现实游戏的必要条件。目前虚拟现实游戏占领市场份额最高的三家为 HTC Vive、Oculus Rift 和索尼的 PlayStation VR。同 HTC Vive、Oculus Rift 相比，PlayStation VR 有着更强大的软件开发背景，索尼公司曾连同日本任天堂共同开发游戏，从 PSP 到 PSV、PS4，再到 PlayStation VR 游戏开发，索尼拥有着深厚的游戏开发功底。HTC Vive 和 Oculus Rift 的硬件操控更胜一筹，HTC Vive 重视房间追踪技术，玩家可以根据游戏场景自由走动。Oculus Rift 游戏主要依靠椅子、手柄设备，玩家只要坐着体验游戏。未来趋向偏好哪一种，目前无法确定，但是当硬件发展到一定程度时，内容需求将成为主流导向，虚拟现实技术只是为游戏内容创作提供了更多更新的呈现方式。

腾讯、触控、完美世界、巨人、盛大纷纷布局虚拟现实游戏产业。腾讯推出 Tencent VR SDK，涵盖渲染、音频、输入、账号、支付等多种功能，初步计划依靠原有的微信、QQ 用户继续扩大公司虚拟现实产业。触控与 ARM、高通、Oculus 联合推出虚拟现实游戏，着眼海外发行，寻找游戏 IP 的赢利点。完美世界首款虚拟现实游戏《深海迷航》，开发海洋类游戏 IP，建构虚拟现实游戏生态圈，游戏出口业务也一直处于领先地位。盛大游戏目前正在主导开设中国的 The Void 主题公园，意在开展集内容、设备、平台于一体的大型游戏娱乐场所，同时还投资了 Everst VR、Upload VR 等虚拟现实项目。巨人公司以 Oculus Rift 作为参照标准，开发《3D 征途》虚拟现实游戏项目。可见，国内外大型游戏公司均在虚拟现实领域有所布局，同时以游戏为中心开发各种虚拟现实项目，形成虚拟现实产业生态圈，将推动游戏及相关产业进入跨界融合发展阶段。

### （三）旅游

虚拟现实旅游从线上和线下两方面突破了传统旅游模式。传统旅游需要实地游览，虚拟现实技术则可以实现足不出户游遍世界美景的梦想；与此同时，虚拟现实增强了线下旅游的娱乐体验，通过虚拟影像、互动性、沉浸式等新型旅游方式吸引更多的游客。

线下实体旅游。美国的世界首家虚拟现实主题公园 The Void，意在通过打造虚拟场景丰富娱乐体验，从建筑设计、视觉体验上颠覆真实世界。中国首个虚拟现实历史文化公园“穿越三国”于 2016 年 5 月对外开放，包括三国户外虚拟现实体验园、三国大观虚拟现实竞技园、三国球幕场景穿越园等体验设施，与传统娱乐设施相比，虚拟现实公园在虚拟场景、交流互动、沉浸体验等方面优势明显。虚拟现实装备还将成为高级酒店的标配，如万豪酒店与三星电子合作，推出虚拟现实房间服务（VR room Service），顾客可以享受全天候虚拟体验；微软发布的 Room Alive 通过投影仪和 Kinect 设备，将酒店房间打造成一个独特的虚拟世界。

线上虚拟旅游。暴风科技与澳大利亚旅游局合作开发虚拟现实旅游，用户在家中通过暴风魔镜4与纸魔镜便可沉浸式地体验澳大利亚的风土人情；Felix & Paul工作室邀请美国总统奥巴马拍摄美国国家公园优胜美地宣传片，通过虚拟旅游增强儿童对大自然的热爱。虚拟现实线上旅游节约了旅游成本，旅游景点也可以通过售卖版权的方式营利，尤其对于受制于身体状况、工作时间等要素的旅游者，可以通过虚拟现实营造的360度全景环视完成足不出户的旅游，这也将推动未来旅游方式进入多样化时代。

## （四）设计

虚拟现实能够给予设计师更大的想象空间，设计师可以突破传统的色块与线条的组合，以立体化的虚拟空间形态直观地展示给客户，客户也可以通过虚拟现实对设计作品进行沉浸式体验与检验。

设计的虚拟化。传统设计是二维或三维，或者做成视频，但是虚拟现实可以把设计作品直接做成设计师和客户都可以进入的虚拟世界。比如谷歌推出了一款适配HTC Vive的虚拟现实画图应用Tilt Brush，设计师可以通过虚拟影像实现身临其境的体验，使设计空间更为立体，直接进入虚拟世界进行设计，天马流星的想法可以立即呈现，并在虚拟世界中立即创造出来。Uncity在线设计平台以网页、客户端的形式展示全景设计，在互联网上实现在线实时浏览，用户可以通过Oculus Rift感受一种沉浸式体验。Iray VR制作虚拟现实场景，甚至可以融入光线追踪技术。通过Fuzzy Duck研发的虚拟现实展示APP，客户可以进入虚拟世界体验设计效果。虚拟现实设计将是设计行业的风向标，在简化设计流程、提高设计效率、提高展示效果等方面有着绝对优势。

数据的可视化。虚拟现实可以把设计中所提供的数据，直接转化为虚拟影像，通过可视化处理展示最终设计效果。比如宜家推出的VR Experience，顾客只需要提供厨房数据，设计师就可以把数据变成可视化的虚拟厨房，还能通过更改颜色、材质选取自己喜爱的装修风格。虚拟现实还应用于国内外多家设计公司的样板间虚拟展示，如谷居VR，将设计、装修、监控、验收融为一体，实现线上线下同步模拟；再如InsiteVR工具，将建筑设计直接展示，减少设计师同客户的理解差异。虚拟现实不仅提升了室内设计效果，还将在工业设计、园林设计、环境设计、平面设计等领域逐渐普及，这些领域多数是将数据进行可视化处理，最终变成可以互动、可以进入的虚拟世界。设计以人为核心，虚拟现实在设计领域的应用，能够协调设计与人之间的关系，使设计师的艺术风格、创作导向更容易为客户所理解，通过虚拟现实技术及时预见问题，合理规划设计，顾客也可以从中获得良好的视觉体验。

### （五）教育

虚拟现实之所以对教育行业产生巨大影响，基于它为人们突破三维空间在时间与地域上的感知限制提供了可能，并且生产出用于教育的初代 VR 设备产品。不论是从事虚拟现实技术研究的科技公司还是教育培训企业，甚至是高校与媒体行业都十分看好教育市场对虚拟现实的巨大需求远景。

学校教育。一方面，微软、谷歌等科技巨头纷纷布局虚拟现实教育。微软旗下开发了一款全息计算机头盔 HoloLens，通过内置多个传感器组合将虚拟世界和现实世界融合成数字体验，在微软与美国凯斯西储大学医学院制作的短片中，开发者展示了使用它来学习人体内部结构的知识，这为医学教学提供了全新的教学方法。另一方面，虚拟现实科技公司大力打造虚拟课堂，如幻宇科技与云南教育局合作，为云南中小学提供幻宇虚拟现实一体机设备，搭建国内最大的虚拟现实教学系统。虚拟现实浸入式的学习方式有利于知识的结构化和系统化，让学生对知识进行亲身体验，也将在知识的传递和接收上产生积极作用。

家庭教育。酷开科技将虚拟现实教育纳入其“非生态、大内容”的家庭 VR 酷开系统中，HTC 与美国内容公司 Lifeliqe 联合用虚拟现实打造教育启蒙工具使青少年在“实地”与“互动”情境中完成知识的学习与对世界的探索。虚拟现实公司还针对儿童启蒙教育研发了早教产品，如 VR/AR 的互动早教认知卡、早教涂鸦绘本和早教机等。虚拟现实（VR）与增强现实（AR）技术在教育领域的有效结合，推动了教育产品与教育方式的变革，获得了前所未有的教育效果。

职业教育。龙图教育推出“授权 + 认证 = 教学支持”一体化虚拟现实人才培养体系，打造集“VR 设备 + 软件 + 内容”于一体的完整虚拟现实教育产业化生态链。凤凰传媒旗下的创壹软件推出全国最大的虚拟现实三维互动在线教育云平台“100 唯尔教育网”，拥有全部自主知识产权的虚拟现实技术，初步实现了互联网 + 虚拟现实的职业教育新体系。此外，新东方还携手乐视打造虚拟现实全景式英语教学体系，水晶石教育开办了虚拟现实互动展示专业，我赢职场也推出虚拟现实教育培训课。

## 四　虚拟现实的三大特征

虚拟现实不论是运用在上述文化产业领域，还是应用于军事、医疗、机械、生物等领域，都不能离开虚拟现实的基本特征。笔者认为，虚拟现实的三大特征是：虚拟、交互和沉浸。

虚拟是指虚拟现实创造了虚拟影像、虚拟环境及虚拟世界。虚拟现实这个词本身充满矛盾，既是虚拟、虚构的，又是现实、真实的，但是经过小说家、戏剧家和科学家的改造之后，给我们呈现了一个如同现实、类似真实的虚拟世界。在视觉、听觉、触觉等方面，虚拟现实给予我们一种强烈的真实感和现实感，在心理上也给予我们一种正常的心理错觉，错把虚拟世界当作现实世界；但是，这一切都是通过计算机、光学、电子等技术做出来的虚拟世界。因此，虚拟现实可以应用于各种领域，但是必须始终把握虚拟特征，不能把虚拟当作真实，尤其在军事、医疗等领域；但正是因为虚拟特征，恰恰更适合运用于各种文化科技领域。

交互是指虚拟现实可以实现人与虚拟世界的交流与互动。人是社会动物，人与人的交流是人的最大需求之一，而且人不满足与人交流，还探索与外星人、机器人、虚拟人物交流。虚拟现实实现了人与虚拟人物的交流与互动，甚至让人产生进入虚拟世界的错觉，与整个虚拟世界进行交流。这种交流欲望的满足，不仅体现在影视、游戏等文化产业领域，还可以应用于艺术教育、心理治疗等方面。

沉浸是指虚拟现实可以让人们在虚拟世界中完成沉浸式体验。文学是想象式体验，戏剧是真实的视听体验，电影是声光电的视听体验，“文化产业是以生产和提供精神产品和服务为主要活动的集合，是体验经济最集中的表现形式，可以极大满足客户‘娱乐体验’、‘教育体验’、‘逃避现实的体验’和‘审美的体验’的需求”。[①] 虚拟现实不仅能够融汇这些体验，而且能够完成一种沉浸式体验。我们在虚拟现实中，不再是外在于场景，而是通过虚拟现实的设备，让人们真切地沉浸其中，进入虚拟世界，成为那个世界中的成员，获得一种与现实世界完全不同的全新体验。人们在现实世界中无法实现的愿望，全部可以通过虚拟世界的沉浸式体验来实现，这既是人们创造文学艺术、影视游戏等文化内容的动机，也是虚拟现实必将掀起新一轮产业革命的根源。

① 李凤亮、宗祖盼：《新兴文化业态的几个战略方向》，未刊稿。

# 开源创新篇

Open Sources Innovation Reports

## B.2

## 以教育培养创意文化达至开源创新

马志辉　陈粤佳*

摘　要：从广义的经济观点看，开源创新能提高资源运用的效率及效益，在创新及制作过程中能够令不同的持份者受益。但也有不同的理论指出，在开源文化下，创新者创新的欲望会因不能得到经济上的回报，而直接受影响。纵观世界发展历程，我们常看到不同时期的伟大发明及创新，并不源于个人的经济效益，而是源于创作者个人的创新意识及其内在的原动力。因此，如何增强个人的创新意识，营造创意文化，便成为推动开源创新的原动力。本文作者为如何建立及推动创意及创新文化提供一个教学上的理论框架。此理论框架基于Sternberg的

* 马志辉，香港理工大学设计学院副院长，博士；陈粤佳，香港理工大学设计学院博士生。

"创意投资理论"（Investment Theory of Creativity）及不同学者的建议，包括创意思维风格；独立自主个性；内在推动力及支持创意发展的环境，更提供如何培养及达到目标的方法。不论是开源创新还是创客文化，都建基于我们文化中对创新及创意的追求，本文论述影响创新及创意的元素，并为培养个人的创新及创意态度提供方法。

关键词：　创意　创意文化　开源创新　推动力

## 一　开源创新

开源创新在软件行业有着悠久的历史。近几年，开源创新的冲击衍生出大批开源开发人员进入主流市场。开源发展的主要贡献可以追溯到 20 世纪 80 年代初 Richard Stallman 发起的 GNU 项目和自由软件基金会。GNU 的通用公共许可证（General Public License，GPL）促进了自由软件的源代码的共享，同时，在 GNU 许可的保证下开发软件是免费的。许多成功的案例，如 Linux、Apache 和 Mozilla，皆证明了开源创新是会被公众接受的，而且能建立庞大的用户群体。

Lerner 和 Tirole[①] 认为无偿的开源开发人员常常面对着开源开发项目中的成本和利益问题。显然，开源开发人员的主要机会成本就是时间成本。一个开源开发人员投资于开源项目上的时间，可以用于能够产生金钱回报的商业项目，或在某些方面对他们有利的活动上；另一方面，开源开发人员愿意承担这个项目，是因为他可以通过项目获得额外的知识和经验。这些知识和经验以及对开源发展的贡献，能为他的未来带来更高的金钱回报。此外，开

① Lerner, J. and Tirole, J. "The Economics of Technology Sharing: Open Source and Beyond", *Journal of Economic Perspectives*, 2005, 19 (2): 99 – 120.

源工作让开发人员感觉充实和自主，他们可能会享受其中的内在乐趣，并通过在他的社群中的同行认可而得到满足。[①] Boston Consulting Group（波士顿咨询集团）的一项调查结果显示，求知欲是促使开发人员投入开源项目最重要的因素。[②]这正是挑战自我、追求创新发展的内在推动力。因此，为了促进开源创新的发展，建立创意文化非常重要。从我们的教育体系中培养创意能力，有助于培养社会的创意和创新文化。

## 二　创意的重要性

我们生活在快速变化的时代，知识和技能比过去变化更快了。教育机构不该只局限于传授知识，而是必须促进学生的灵活性和开放性。创意的培养可以帮助学生迎接未来的挑战。[③] 在国家创新和文化教育咨询委员会（NACCCE[④]）的报告中，指出全球教育正面临经济、科技、社会和个人各方面前所未有的挑战。工作性质在快速改变，从传统产业转移到知识和信息型社会，形成对新型人才的需求。开源创新领域的不断扩大，更创造了对可以产生新想法的年轻人的需求。技术的飞速发展已经占据我们生活的各个领域，它为人们的发展和变革提供了巨大的机会。但也可能在社会、情感和想象力的发展中产生巨大的危害，经济和技术的变化正在改造社会景观，这些变化将影响一代人之间的关系和责任的平衡。传统教学质量将不能满足未来的需求，未来的需求强调创意、沟通、同理心和适应能力，而创意及创造力正是应对经济、科技、社会和个人发展挑战的关键。

---

① Hoche, M. W., *A Note on Economics of Open Source*, ResearchGate, http://www. researchgate. net/publication/272943351 accessed on 30 Oct 2015.

② Lerner, J. and Tirole, J., "The Economics of Technology Sharing: Open Source and Beyond", *Journal of Economic Perspectives*. 2005, 19 (2): 99 – 120 quote Boston Consulting Group. 2003. Boston Consulting Group/OSDN Hacker Survey. Boston: Boston Consulting Group.

③ Cropley, A. J., *Creativity in Education & Learning: A Guide for Teachers and Educators*, Psychology Press, 2001.

④ National Advisory Committee on Creative and Cultural Education, All Our Futures: Creativity, Culture and Education, 1999.

## 三　创意的定义

创意是难以界定的，不同的学者有着各自的见解。Czikszentmihalyi 把创意描述为“创意被公认是一个复杂、有争议，未充分理论化的概念”①。Guilford 把“创意”看作一个模糊的词。② Child 认为一个清晰、明确又被广泛接受的关于创意的定义是不存在的。③ Stein④ 提出“创造”是带来“新”和“有效用”事物的一项活动。而 Sternberg 和 Williams 也有类似的想法，他们认为创新意念应该是新颖且有价值的。⑤ Boden 则定义创意为“能够想出新颖、令人惊讶而又有价值的意念的能力”⑥。大多数学者认同创意涉及思维，这思维的目的是产生相对新颖、引人注目的意念或产品⑦。

国家创新及文化教育咨询委员会（NACCCE）把创意定义为“富有想象力的活动，用以产生原创的和有价值的结果”⑧。这个以教育为目标的指向性定义，是基于对创意过程本质的理解。创意过程通常包括：①富想象力的思维或行为；②要求此富想象力的活动具有一定目的；③这活动需要产生原创的东西；④要求结果必须对目的带有价值。这正是 Runco 和 Jaeger⑨ 指出，Stein 是第一个以完全明确的方式提供标准的定义的人，他的标准定义是完全可以被广泛使用的。

---

① Czikszentmihalyi, M. Implications of a systems perspective for the study of creativity. In R. J. Sternberg (Ed.), Handbook of creativity. 313 - 335. New York: Cambridge University Press. 1999. Page 313.

② Guilford, J. P. “Creativity: Retrospect and prospect”. *Journal of Creative Behavior*. 1970, 5: 77 - 87.

③ Child, I. L. “Esthetics”. *Annual Review of Psychology*. 1972, 23: 669 - 694.

④ Stein, M. I. “Creativity and culture”. *The Journal of Psychology*. 1953, 36: 311 - 322.

⑤ Sternberg, R. J. and Williams, W. M. How to Develop Student Creativity. ASCD. 1996.

⑥ Boden, M. A. The Creative Mind: Myths and Mechanisms. Psychology Press. 2004.

⑦ Sternberg, R. J. and Kaufman, J. C. (Eds.). The International Handbook of Creativity. The Cambridge University Press. 2006.

⑧ National Advisory Committee on Creative and Cultural Education. All Our Futures: Creativity, Culture and Education. 1999. Page 30.

⑨ Runco, M. A. & Jaeger, G. J. “The Standard Definition of Creativity”. *Creativity Research Journal*. 2012, 24 (1): 92 - 96.

## 四　创意的等级

创意可以表达成创意表述（如产品）或创意体验，这些创意的结果有着不同的创意程度以及测量方法。区分创意的等级，有助于我们理解创意的各种研究方法。

对创意等级的分类，解释了创意的内在和外在关系的差异。创意的等级通常分为四类，（1）大创意（Big－C），（2）专业创意（Pro－C），（3）小创意（Small－C）和（4）迷你创意（Mini－C）。[①]

（1）大创意是指公认杰出的创意表述。伟大的诗歌或重大的发明作品，如艾米莉·狄金森（Emily Dickinson）的诗歌、约翰·柯川（John Coltrane）的爵士乐或西格蒙·佛洛伊德（Sigmund Freud）的心理学，都被认为属于这一类的创意。

（2）专业创意是指存在于专业层面，尚未达到或不会达到伟大水平的创意表述。[②]

（3）小创意指的是日常生活中客观的创意，这些创意的表述和体验是在我们的日常生活中能够接触到的，例如做一道让家人和朋友享受的新菜肴。[③]

（4）迷你创意是指在日常生活中更主观的创意行为，包括个人、内在、精神上的创新形式。

## 五　创意的4P模型

Rhodes[④] 建立了一个创意的综合理论框架，他研究了文献中 56 种不同

① Merrotsy, P. "A Note on Big－C Creativity and Little-c Creativity". *Creativity Research Journal*, 2013, 25（4）: 474－476.

② Kaufman, J. C. & Beghetto, R. A. "Beyond Big and Little: The Four C Model of Creativity". *Review of General Psychology*. 2009, 13: 1－12.

③ Richards, R. E. "Everyday Creativity and New Views of Human Nature: Psychological, Social, and Spiritual Perspectives". American Psychological Association. 2007.

④ Rhodes, M. "An Analysis of Creativity". Phi Delta Kappan. 1961, 42: 305－310.

的创意定义，并发现这些定义都是围绕着四个重叠而又相互关联的元素。这些元素包括创意人、创意过程、创意产品和创意环境。Isaksen[①] 以创意可以被定义为一个整体的多维概念这样的假设为基础，从 Rhodes 的框架延伸出 4P 模型的概念。这个模型说明了创意的特定部分的重要性，包括人（个性）、产品、过程，以及环境。

“人”的研究方向集中在理解创意人的性格及其个人特质所可能象征或隐藏的创意潜力。其中一些已确定的共同特征包括内在推动力[②]、有较广泛的兴趣[③]、开放性和自主性[④]。此外，最近的一项研究指出，个性被认为是会影响创意，却不是直接导致创意[⑤]的因素。

“产品”的研究方向集中在理解杰出创意人的作品，如艺术作品、发明、出版物、音乐作品等，这是研究创意最客观的方法。然而，“产品”理论的缺点是它不能显示过程和产品之间的关系，以及没法帮助识别尚未成功的创意人的创意潜力。

“过程”的研究方向集中在创意过程的认知理解研究，在不同创意阶段的过程中，创意人的思考模式是如何进行的。主要是把不同阶段的特定的模式看作创意思维的组成元素。比如 Graham Wallas[⑥] 提出的解决问题过程的四个步骤：准备、孵化、阐明及评价。

“环境”的研究方向集中在了解环境如何影响人的创意。大家普遍认为环境条件是能够鼓励或阻碍创意的，如“在有探索和独立工作的机会，以

① Isaksen, S. G. Frontiers of Creativity Research: Beyond the Basics. Buffalo, NY: Bearly. 1987.

② Hennessey, B. A. and Amabile T. M. “Creativity”. Annual Review of Psychology. 2010, 61: 569 – 598.

③ Sternberg, R. J. “The Nature of Creativity”. *Creativity Research Journal*. 2006, 18 (1): 87 – 98.

④ Torrance, E. P. Guiding Creative Talent. Englewood Cliffs, NJ, US: Prentice – Hall. 1962.

⑤ Kozbelt, A., Beghetto, R. A. and Runco, M. A. Theories of Creativity. In Kaufman, J. C. and Sternberg, R. J. (Eds.). The Cambridge Handbook of Creativity. Cambridge University Press. 1987.

⑥ Wallas, G. The Art of Thought. London: Cape. 1926.

及原创得到支持和重视的环境下，更容易发挥创意”①。Sternberg 和 Williams 也证实了培养创意需要一个无批判的环境。②

## 六　创意教育

从以上创意的研究方向，可见许多教育家和学者提出了培养创意的不同方法，也得到不同的成果。其中，Sternberg 的创意融合理论为创意研究提供了较完整而且容易理解的一个理论框架，亦在不同的实践中得到有效的成果。这一理论框架包含一些提升创意的元素，有利于支持创意教学。③ Robert Sternberg 教授是一位著名的心理学家，他现任教于康奈尔大学（Cornell University）人类发展学院。他曾任怀俄明大学（Wyoming University）的校长以及塔夫斯大学（Tufts University）艺术与科学学院院长，他还担任过美国心理学会（American Psychological Association）会长。他的创意融合理论指出，创意是一个复杂的组成，其中各个创意元素都会相互影响。他融合和运用了不同学者的理论观点，作为他的“创意投资理论”（Investment Theory of Creativity）的基础。Sternberg 指出创意并不单靠能力，而更重要的是创意背后支持实践创意的“决定”④。Joubert 也有同样的想法，那就是要有创意“你就必须把自己投入创意的过程中，同时必须想要找到一个解决问题的方法或是一个解决问题或处境的新视角”⑤。

---

① Amabile, T. M. Within you, without you: The Social Psychology of Creativity, and beyond. In M. A. Runco & R. S. Albert (Eds.), Theories of Creativity, 61 - 91. Newbury Park, CA: Sage. 1990.

② Sternberg, R. J. and Williams, W. M. How to Develop Student Creativity. ASCD. 1996.

③ Sternberg, R. J. Wisdom, Intelligence, and Creativity Synthesized. Cambridge University Press. 2003.

④ Sternberg, R. J. “The Nature of Creativity”. *Creativity Research Journal.* 2006, 18 (1): 87 - 98.

⑤ Jubert, M. M. The Art of Creative Teaching: NACCCE and Beyond. In Creativity Education, ed. Craft Anna, Jeffrey, B. and Leibling, M. Continum. 2001. Page 19.

## 七 创意投资理论

“创意投资理论”的核心理念是“低买高卖”[①]。创意人可以识别出不被人们认可和赞赏的潜在意念，并说服人们这些想法是有价值的。人们一开始不承认，甚至可能质疑这些想法的价值。创意人会毫不犹豫地迎接这些挑战，他们的坚持最终会让人相信这些想法是有价值的。从识别不被认可及毫无价值的概念，到一个为人认同及欣赏的理念。创意人具有力排众议而仍然坚持己见的自信心，及成功地令其他人了解及支持的实践能力，就是“创意投资理论”的核心理念。

根据“创意投资理论”，产生创意产品需要结合三种特定的能力，它们分别为合成能力（synthetic ability）、分析能力（analytical ability）和实践能力（practical ability）。合成能力使我们能够自发和有效地联系不同的东西，并产生新的意念。分析能力泛指一种批判性思维能力。它让我们能够对这些意念进行恰当的分析，并判断它的有效性。拥有分析能力，可以帮助我们判断哪一种新的意念更好和更值得推行。

然而，仅仅是“新颖”和“合适”的意念依然不足以成功，我们还需要实践能力去推进这些选择。正如“创意投资理论”中提到的，真正的创意理念一开始通常不会被人们接受，没有强大的实践能力去对抗群众的意见，并积极说服人们这些未被认可的潜在意念的价值，具创意的意念将永远不会被人认可。因此，一个成功的创意人必须具备以上所说的三种能力。Sternberg 在他的研究中，提出了多种方法来提高这些能力。经过仔细地整理他的建议，我们归纳出四大类元素，以帮助我们在教育系统培养学生的创意能力。它们分别是：创意思维风格（creative thinking style）、独立自主个性（independent personality）、内在推动力（intrinsic motivation）和支持创意发展的环境（supporting environment）。

---

① Sternberg, R. J. “The Nature of Creativity”. *Creativity Research Journal*. 2006, 18 (1): 87 - 98.

## 八　创意思维风格

NACCCE 报告，提出“创意的四个特点”，其中想象力是第一个特点。报告指想象力不仅是一些新的想法或概念的心理表征，还是“产生原创的过程：为预期、传统或常规提供另一种选择”。[①] 这是一个过程或思想，同时也是一种行为或思维方式，以不寻常的方式结合或重新解释现有的想法。创意思维风格是指一个人在思考时所倾向抉择的思考模式[②]，最重要的是，它并不是指是否有能力做创新思考，而是指是否愿意抉择以创新的方法去思考问题，融合现有的概念，将之转化成新的构思。

创意活动是一个高度动态的过程。虽然这项活动通常是要达到一个目标，它经常因为发现新想法或可能性而改变。有时人们会遇到一些无法解决的问题，像进入一个困局。然而，如果能适当地从另一个方向再审视这些问题，可能会有不同的理解。通过“重新定义问题”，便可有效地解决问题[③]。

“质疑固有想法”是另一个能够提高创意思维方式的元素。固有想法是一些广泛共享的价值。但这些价值不一定是正确或没有局限性的。创意人质疑这些固有想法，并挖掘出新的可能性，最终可能引发一个突破。[④] Sternberg、Kaufman 和 Grigorenko 提出“社会的错误是倾向强调回答问题而不是问问题”[⑤]。在学校，能背诵知识并快速提供答案的被认为是优秀的学生，然而，John Dewey 指出“我们如何思考比我们思考什么更重要”[⑥]。因此，我们应该鼓励学生质疑固有想法和提出引发思考的问题以助提高学生创意能力。

---

① National Advisory Committee on Creative and Cultural Education. All Our Futures：Creativity, Culture and Education. 1999. Page 31.

② Sternberg, R. J. （Ed.）. Handbook of Creativity. Cambridge University Press. 1999.

③ Sternberg, R. J. , Kaufman, J. C. & Grigorenko, E. L. Applied Intelligence. Cambridge：Cambridge University Press. 2008.

④ Sternberg, R. J. and Williams, W. M. How to Develop Student Creativity. ASCD. 1996.

⑤ Sternberg, R. J. , Kaufman, J. C. & Grigorenko, E. L. Applied Intelligence. Cambridge：Cambridge University Press. 2008. Page 296.

⑥ Sternberg, R. J. and Williams, W. M. How to Develop Student Creativity. ASCD. 1996. Page 13.

## 九 独立自主个性

很多研究指出某些类型个性会对创意有帮助①，它们包括愿意冒合理风险（sensible risk）、愿意忍耐不明确的状态（tolerating ambiguity）、愿意承担责任（self-responsibility）以及强大的自我效能（self-efficacy）。

历史给我们的经验是有很多成功的理论或发明在开始时都不被接受，提出这些理论及发明的人都需要冒一定的风险去把他们的看法推介给其他人，并且要忍受很多质疑和指责。如果这些人不愿意承担这些风险，他们可能不会有成功的机会。同样地，在创作的过程中，创意人总是会遇到很多障碍，他们需要处理不断涌现的困难。而且，创意是需要时间酝酿的。在这个过程中，他们可能会遇到很多选择，他们会在一个很不明确的状态下等一段时间，不知所措的心情是很容易令我们希望尽快找到一条出路，如果他们不能忍耐这不明确的状态，很可能便会快速做出决定，那么创意便没有足够时间酝酿出来，他们也将失去一个成功的机会。

NACCCE 报告也建议提倡自由创新和敢于冒险。② Sternberg 和 Williams 说："有创意的人敢于冒险并产生一些其他人最终欣赏和引领潮流的想法。"③ 在当前的教育体系中，学生是不鼓励去冒险的。这是由于失败或未如理想的成绩在校内会被视为未能达标的水平。④ 此外，目前大多数的教育强调知识的吸收，以及评估标准可能过分强调对事实的记忆。学生对冒险不感兴趣。为了增强学生的创意，教师要鼓励，甚至奖励学生"冒合理风险"。

创意活动既是一种生成性思维方式，又是一种评价性思维方式。前者具

---

① Sternberg, R. J. "The Nature of Creativity". *Creativity Research Journal*. 2006, 18 (1): 87-98.

② National Advisory Committee on Creative and Cultural Education. All Our Futures: Creativity, Culture and Education. 1999.

③ Sternberg, R. J. and Williams, W. M. How to Develop Student Creativity. ASCD. 1996. Page 25.

④ Sternberg, R. J. and Kaufman, J. C. (Eds.). The Cambridge Handbook of Creativity. The Cambridge University Press, 2010.

想象力并包含新意生成的活动，而后者则涉及价值判断的批评活动。创意活动通过对注意力和思维方式的转移，对可行性做出批判和评价，这种转移造成大多数创作的作品有一定的不确定性。

与艺术家和作家一样，当他们开始一个创意项目时，他们必须经过一段不确定的时间，这段时间让他们的创意想法得以发展。通常在最终确定方案之前，他们会产生很多想法，并尝试了许多方法，使他们的项目可行。Sternberg 解释这一时期的特点为“每个人都需要时间来体现创意，部分原因是一个创意想法往往会一点一点地出现，并随着时间的推移而发展。但这一时期往往是令人不舒服的。如果没有时间或容忍不确定性的能力，你可能会选择不是最佳的解决方案。”①“忍耐不明确的状态”也对学生十分重要。有时候，老师们发现学生的工作进度不好，可能会催促学生快速做出决定。这一举动可能会打断学生的创作过程，阻碍学生学习如何处理一个不确定的状态。Sternberg、Kaufman 和 Grigorenko 说：“要培养学生的创意，教师要鼓励他们接受和延长这个不明确的阶段，学生需要明白的不确定性是创意生活的一部分。”②

“承担责任”好像与创意发展没有直接关系，但它其实非常重要，它让创意人更好地理解他们的创作过程，让他们去批判自己及欣赏自己的创意成果。许多研究发现，愿意承担责任的人往往有更好的成就。这是归功于一个事实，愿意承担责任的人，在质疑及挑战固有想法时，或冒风险去推行一些创新想法时，他们都会对自己的提议做足够的思考和自我评价，最后在成功与失败中学习。

“自我效能”是一个心理学的概念，它是指个人对自身拥有能力去完成某个工作或目标的自信度。自我效能跟个人能力无关，而是针对自信心的理论。它可以视为在完成一项工作中的个人坚持力，亦影响一个人的处事决

---

① Sternberg, R. J. “The Nature of Creativity” . *Creativity Research Journal*. 2006, 18 (1): 87 - 98. Page 28.

② Sternberg, R. J. , Kaufman, J. C. & Grigorenko, E. L. Applied Intelligence. Cambridge: Cambridge University Press. 2008. Page 300.

心，面对挑战的能力及抉择的倾向。正如Sternberg所说："学生能力的主要限制是他们认为自己可以做什么……有时老师和家长们会无意中通过明示或暗示对学生能力表示质疑，而限制了学生的潜能。"[①] 人们总是限制自己完成目标的能力，因为他们认为他们没办法完成，或者他们相信其他人告诉他们，他们能力不足。在学生中建立一个"强大的自我效能感"，能使他们坚强地承担风险、克服障碍、培养创意。

## 十 推动力

有效的领导和激励是培养创意的条件，而推动力也被广泛使用在管理实践中。在一些销售活动中，销售人员收到的佣金与产品销售数量挂钩。销售量越高，佣金越多。因此，销售员会很努力地推销他们的产品，而佣金便是一个外在的推动力。在创意工作上，很多学者认为外在推动力会降低创新欲望，而真正能帮助创意的是内在推动力[②]。Hennessy和Amabile定义内在推动力为"做一些事情纯粹为了事情本身的享受、兴趣及个人挑战（而不是某种外在目标），有利于创意"[③]。创意人总是在他们的意志力背后有强烈的动机，他们不断挑战自己和完善自己的想法或作品。使他们用这样一种方式工作正是他们的内在推动力，最终的回报是他们的满足感和自我实现。然而，Sternberg提到，这种推动力并不是与生俱来的，而是需要有自我的选择，愿意被这股力量推动。Sternberg更提出了几种方法来培养学生创意的内在推动力。

"寻求刺激"帮助学生找到什么能够激发他们的内在推动力。如Amabile[④] 所说，只有人们真的爱他们所做的事情，才能够做真正的创意工

① Sternberg, R. J. and Williams, W. M. How to Develop Student Creativity. ASCD. 1996. Page 8.

② Amabile, T. M. Creativity in Context: Update to "the Social Psychology of Creativity." Westview Press. 1996.

③ Hennessy, B, A. and Amabile, T. M. "Creativity". *Annual Review of Psychology*. 2010, 61: 569 – 598. Page 581.

④ Amabile, T. M. The Social Psychology of Creativity. New York: Springer-Verlag. 1983.

作。因此，鼓励学生做他们感兴趣的事情，可以增加他们的内在推动力和创意。

Sternberg 和 William 指出，有时候老师提出不当的问题会限制学生的创意，例如使用多项选择题，我们只能测试学生对所教授资料的了解程度。教师只有通过对学生提出超越所教授资料的问题，才能够开启学生发挥创意的机会。因此，教师通过要求完成学生记忆事实、分析思考和创意思维的作业来“指导和评估创意”，教师可以鼓励学生发挥创造力。正如 Sternberg 和 Williams 所说“作业的唯一限制是取决于教师和学生的想象力”①。

如果我们想要培养学生的创意，我们不应该只是谈论它，而是要奖励学生在创作上付出的努力，因为如果他们只是说说而没有相应的行动，学生迟早会认识到教师的实际想法。“奖励创意的努力”的意义是指学生提出的想法是好是坏不是重点，重点是他们所提出的新意念，是来自自己的思想和现有概念的综合体。②

## 十一　支持创意发展的环境

NACCCE 建议“教师的角色是识别年轻人的创意能力，并提供让他们实现创意的特定条件”③。为了培养学生的创意，我们应该为他们的成长提供一个合适的环境。④ 这种环境应该鼓励和欣赏创新意念的产生，鼓励创意合作以及允许犯错。

有时候学习环境不完全支持创意的表达，通常会对创新意念给予负面的反馈，原因是创意想法都不遵循常规惯例。为了“鼓励创意生成”，无论学生的想法是否有价值，都应该欢迎他们表达，不应该批评。鼓励思考的目的

① Sternberg, R. J. and Williams, W. M. How to Develop Student Creativity. ASCD. 1996. Page 22.

② Sternberg, R. J. and Williams, W. M. How to Develop Student Creativity. ASCD. 1996. Page 23.

③ National Advisory Committee on Creative and Cultural Education. All Our Futures: Creativity, Culture and Education. 1999. Page 11.

④ Sternberg, R. J. Wisdom, intelligence and Creativity Synthesized. Cambridge University Press. 2003.

不是要求好的意念，而是鼓励学生养成创新思维的习惯。

传统的课程设计将学科划分为不同科目，这可能会给学生一个零散学习的印象。然而，创意思想并非来自熟背学习材料，而是来自整合不同学科的知识。因此我们“鼓励意念交流”，通过帮助学生跨学科地思考来激发他们的创意。① 创意合作让我们的学生“从不同角度考虑事情”，这也有助于提高学生的创意能力。

新的意念不一定可行，但能让我们从错误中学习，为其他成功的意念建立一个基础。然而，“学校通常不接受错误。作业中的错误往往会被打上一个明显的×标记”②。为了鼓励学生产生想法，我们应该帮助他们建立自信心。“允许错误”就是让学生知道，每个人都会犯错误，但不代表失败，如果他们不能从他们的错误中受益，这才算是真正的失败。

基于上述信息，培育创新的理论框架见表1。

**表1　培育创新的理论框架**

| 培养学生创意的方法 | 机会 | 鼓励 | 奖励 |
|---|---|---|---|
| 创意思维风格 | | | |
| 重新定义问题(让学生自己做决定) | ○ | | |
| 质疑固有想法(学生如何思考及如何提出问题) | ○ | | |
| 独立自主个性 | | | |
| 承担合理风险 | ○ | ○ | |
| 忍耐不明确的状态(创新意念是逐步地发展出来的) | ○ | | |
| 承担责任 | | ○ | |
| 强大的自我效能(确定学生的能力) | ○ | ○ | |
| 内在推动力 | | | |
| 指导和评估创意(提出激发性的问题) | ○ | | ○ |
| 奖励创新意念和产品 | | | ○ |
| 支持创意发展的环境 | | | |
| 鼓励创意生成 | ○ | | |
| 鼓励意念交流 | ○ | | |
| 允许错误 | ○ | | |

① Sternberg, R. J. and Williams, W. M. How to Develop Student Creativity. ASCD. 1996. Page 18.

② Sternberg, R. J. and Williams, W. M. How to Develop Student Creativity. ASCD. 1996. Page 29.

## 十二　总结

开源创新对社会发展有很多的贡献。为了促进开源创新，在教育中培养创意能力，以及在社会中培养创意文化是非常重要的。创意的研究历史颇短，对如何处理这个主题并未有共识。加上创意是一个复杂且又很难界定的概念，大多数学者认为创意是为了产生相对新颖和引人注目的意念或产品的思维。Stain 在创意定义中指出“新颖”和“合适”是创意的两个重要因素。对于创意的研究有不同的方法和着重点。4P 模型的重点是“人”、“产品”、“过程”和“环境”。把创意程度分为大创意、专业创意、小创意和迷你创意也有助于理解创意研究的各种方法。创意教育是当前教育改革的一个重要课题。经济和社会的快速发展引起了许多变化，培养学生的创意和态度，能够帮助他们面对未来经济、科技、社会和个人等方面的挑战。许多学者提出了各种方式去促进创意教育。Sternberg 的“创意投资理论”是不同理论的融合。然而，该理论强调创意不仅是一种能力，也是一种支持实践创意的“抉择”。能够提高我们创意能力的四个要素包括“创意思维风格”、“独立自主个性”、“推动力”和“支持创意发展的环境”。创意思维风格是指是否愿意选择以创新的方法去思考问题。独立自主个性增强了我们的自信，使我们在面对问题时，愿意承担合理的风险和责任，并有能力从成功和失败中学习。推动力有助于我们在任务中找到成就感，这使我们不断地挑战自己的创意，努力争取最好的成绩。支持创意发展的环境为我们提供了培养成熟创意的自由，而创意合作更能支持和激励我们从不同的角度思考。在我们的教学政策和实践中实施上述的方法，有助于在我们的社会中建立更好的创意文化。

# B.3

# 互联网2.0时代的新型产品设计模式

李卓璇 著　李竞爽 译*

摘　要：　互联网 2.0 时代为新型产品设计与开发模式的产生提供了大量机会。现有的新型设计模式包括合作创新（co-creation）、大众智慧（collective intelligence）、开源（open-source）和开放式设计（open design）。在这些新型产品设计与开发模式中，开放式设计具备了最高度的项目开放性和大众参与性，因而成为最可能利用大众智慧进行新产品开发的模式。然而，目前利用开放式设计作为产品开发模式的项目存在大量问题。究其原因，是此类项目过度追求大众智慧所带来的利益，而忽略了大众参与的用户体验。为了克服现有开放式设计的弱点，本文提出了以大众为核心的开放式设计模式（Crowd-centric Open Design，CCOD）。CCOD 与其他设计范式的不同之处在于：CCOD 强调开源项目与开放式项目中的大众参与的用户体验。本文作者认为 CCOD 可以最大程度上提高开源项目或者开放式项目的大众参与度，从而更好地利用大众智慧，创造出更好的产品。

本文的第一部分提出了 CCOD 的定义并将其与开放式设计进行了比较。第二部分对如何设计 CCOD 项目和平台进行了阐述。第三部分讨论了 CCOD 的经济可行性和潜在商业模式。

关键词：　众包　开放式设计　开源　产品设计

---

* 李卓璇，美国麻省理工学院机械工程系博士研究生；李竞爽，中国艺术研究院公共文化政策研究中心助理研究员。

## 一　问题背景

产品设计与开发（Product design and development）一向被认为是耗费时间、高度循环性的过程，同时还需要大量的知识和资源储备。传统的 PDD 活动一般发生在实体产业中，并且由设计师、工程师这样的专业人士参与。PDD 往往存在于企业或者公司中。在开始新产品的研发之前，大量的资源需要被整合。因而，新产品的开发更多发生在商业环境之中，而不是受个人爱好或者兴趣驱动所能完成的。

在互联网 2.0 时代，也就是交互性互联网的时代，互联网用户可以在网络上获得信息、创造信息、分享信息。这一特点成就了很多网络应用和网络平台，例如 Facebook、Wikipedia、YouTube 以及 Flicker。大众在参与这些网络平台的网络社交的同时，互联网也潜移默化地改变了大众信息分享、在线交流和网络活动参与的习惯和意识。2003 年，杰夫·豪威（Jeff Howe）在他的著作《众包的崛起》（*The Rise of Crowdsourcing*）中总结分析了大众在互联网 2.0 时代的潜在力量，并指出众包（crowdsourcing）在产品开发领域中的应用前景。随着以云技术（cloud technology）和数据网络（data network）为代表的互联网技术的发展，互联网不仅提供了信息共享的平台服务，而且驱动产品开发相关的网络应用程序，例如在线离线交流，在线离线文件传输、在线文件可视化、网络视频、网络数字模拟等。在这种情况下，涌现了很多新型的基于互联网的产品设计与开发模式，如众包、开放式创新、集体智能等。利用这些新型模式的产品研发项目目的是降低产品成本、减小项目风险、提高产品质量、培养未来用户。代表性企业为美国 3D 打印公司 Makerbot，以及美国的 3D 打印汽车 Local Motor 等。尽管如此，直到目前为止，大众能够参与的产品开发项目还非常有限，原因有很多方面，其中包括项目平台设计和知识产权（IP）等。

开放式设计项目通常提供高度开放的项目信息、文件和资源，因此开放式设计最有可能激发大众的潜在创造力。然而，当下的开放式设计项目并不是完全开放知识产权，因而大众创新的结果并不能被大众自由地使用。除此之外，开放式设计项目在项目初始阶段往往目标不够明确，项目预算不足，使得开放式设计项目在项目初建时期往往考虑不到今后的项目参与者的用户体验以及项目管理，也因此使得大众作为项目参与者无法简单而准确地找到项目资料，从而了解项目本身及其进程，进而参与到项目创新中去。项目的可参与程度因而大大下降，使得开放式项目丧失了其开放的本质。本文旨在解决开放式设计项目的大众参与度问题，并提出了一种新的平台设计模式——以大众为中心的开放式设计平台。

## 二　当前开放式项目平台存在的问题

开放式设计旨在利用大众智慧降低和缩短新产品研发的成本和周期。与闭源产品项目中金钱和条约鼓励的机制不同，在开放式设计中参与者的动机更多是非金钱的，例如享受创造、使用产品的乐趣，做公益，或者获得他人的认可等。开放式设计的成功根植于大众创造和大众参与。很多开放式设计项目之所以失败的原因在于没有人参与。通过对现存开放式设计项目的观察，开放式设计项目中大众参与的难点可以总结为以下几方面。

（1）项目资料很难准确方便定位。大部分的资料存在于项目之外的其他的网站中，例如Github，Google Doc等。随着项目的进行，大量的新资料产生，但是大部分新产生的资料并没有合理地建立索引和归类，使得项目参与者难以准确定位其所需资料。

（2）没有项目管理机制，从而使得项目资料、项目人才和项目进程都无法快速有效定位，结果导致随后的项目开展非常困难。

（3）项目的网上交流并非实时交流。同时在线的网上交流对于新参与者来讲通常比较难以理解，使得新参与者对项目本身失去兴趣。

（4）大众参与过程中缺少相应的设计资源，比如CAD或CAM工具，以及手板制造和测试的资源。

（5）开放式设计成果的检验问题。

## 三　以大众为中心开放式项目平台的特性

以大众为中心开放式设计的定义为："一项开源性的产品设计项目，以优化用户体验为手段，提高项目的大众参与度，从而加速产品创新和开发。"以大众为中心的开放式设计是开放式设计的一种拓展。通过对参与者提供一个完全开放、透明的网络平台环境，一目了然的产品创新研发进程，以及良好的项目交流和讨论的平台，以大众为中心的开放式项目将具有长时间的吸引和保持其参与者参与度的能力。以大众为中心的开放式项目通常具备以下几个特点：

（1）项目目标是非营利性的。

（2）项目提供了完全开放的项目信息、资料和资源。

（3）知识产权属于公众。

（4）允许大众在项目开发中的各阶段自由参与。

（5）大众对项目进程和决策有充分控制权。

（6）项目开发者在项目最初要以参与者的用户体验为中心来设计项目和平台。

## 四　管理式开放设计和非管理式开放设计

项目发起人在项目初始必须明确项目目标，并基于该目标选择适当的项目平台设计机制。在此将提到两种主要的以大众为中心的开放式项目设计机制——管理式开放式设计［Supervised Crowd-centric Open Design（SCOD）］和非管理式开放式设计［Unsupervised Crowd-centric Open Design（UCOD）］。

SCOD 和现在出现的虚拟企业概念很像。SCOD 的设计目标是创造一个功能性产品。SCOD 项目诞生于新的思想或者已经存在的设计作品。在项目初始，产品的最主要功能就应该被定义清楚。产品设计所需的相应环节也应该用简单易懂的语言预先定义出来。另外为了保证产品进度，相关主体还应该预先设定项目完成日期。在进行 SCOD 项目的过程中有两个必需要素：后台项目经理和项目参与者。项目经理通常是项目发起人或是由项目发起人雇用的专业人员。后台项目经理的职责是根据设计流程和项目截止日期保证项目进展，保持项目的开放性、透明度和可访问性，处理项目进行当中出现的各方矛盾。大众作为项目的参与者可以加入以下活动：①提供想法、意见和解决方案。②提供建议和容易获取的设计资源。③过滤有用信息。④鉴别可能出现的市场机会。⑤组织和编辑项目文件。⑥收藏、分享、表决、评论、评估设计理念、建议和方案等。

SCOD 项目的发起者往往是政府，非营利性机构和爱好者们，其动机可以为做公益事业，快速推广新的理念，测试新的产品发展方向（尤其是大公司）以及单纯的个人爱好。SCOD 项目参与者的动机和大部分开放式项目参与者的动机相同，主要是非金钱的动机，主要有学习经验（如何去做一项设计项目、如何使用工具），享受创造和开发的快乐，以及被人认可等。SCOD 平台背后的设计理念为：在大众对项目流程非常了解的情况下他们会对项目更有信心和兴趣，从而更多贡献他们的智慧。SCOD 就像一个非营利性的虚拟性企业，是一个由项目创始人创办并由项目经理执行的松散性组织架构。大众参与者更像是志愿者或虚拟员工。现有的 SCOD 模式的案例有 OPENIDEO。

UCOD 的设计目标是优化现有的产品，并且基于当下的设计进行创新。UCOD 起源于已经成型的设计工作，很类似于现有的开源项目或者 DIY 项目。但不同的是 UCOD 项目的目的是促进某种技术或者产品的未来发展，而不是单纯的项目展示。UCOD 项目中没有项目经理，项目管理和项目进程由大众自发进行。为了保证项目的可持续性，项目创始人需要在项目前期做大量的准备工作使得大众能被吸引到项目中来。创始人应该对项目技术发展水平进行非常详细的描述，对存在的问题和风险进行明确的阐述。大众负责产品测试、创新性验证，并基于新出现的创新技术进行产品优化。尽管大众参与所涉及的活动与 SCOD 一样，但他们却可以决定项目开发的方向。与 SCOD 的渐进式创新不同，UCOD 的创新过程是非线性的，并且创新带来的产品发展方向是不可预测的。少部分参与者将创新后产品模型以及其制作方法、程序、样本等开源到项目平台展示或者寻求反馈。绝大多数参与者利用亲身体验（亲自动手制作、模拟等）对这些创新设计进行硬件或软件测试。从长期看来，UCOD 模式平台看起来更像是一个关于某一产品或者某个技术的产品展示平台。大众参与者可以自由地制造、修正、增加、反馈平台上的已有设计。UCOD 专注于提升现存设计工作的水平并且努力使这些提升更具有可见性和参与性。现有的 UCOD 案例为 Reprap 项目。

SCOD 平台的设计框架是线性的，而 UCOD 平台的设计框架是网状的。表 1 展示了 SCOD 和 UCOD 的不同特性。由于开放式设计的连续性，SCOD 和 UCOD 可以在开放式项目的不同阶段共存。

**表 1　对管理式开放设计（SCOD）和非管理式开放设计（UCOD）进行的比较**

| 类　别 | SCOD | UCOD |
|---|---|---|
| 始于一个想法 | × | |
| 始于一个项目 | × | × |
| 流程设计 | × | |
| 设定项目的预期成果 | × | |
| 设定各个环节的截止日期 | × | |
| 设定分支记录 | | × |
| 资料开源 | × | × |
| 线上线下交流系统 | × | × |
| 在线开发系统 | × | × |
| 项目经理 | × | |

## 五　管理式开放设计和非管理式开放设计的平台设计方案

为了解决开放式平台的大众参与困难问题，开放设计平台应该具有以下功能：有效地支持信息分享、搜寻和使用。本文提供了一种对于管理式开放平台和非管理式开放平台的设计方案。

## （一）管理式开放项目平台设计方案（SCOD）

1. 项目启动

不论是始于一个想法还是基于既有的设计工作，项目启动是一个项目进行中最重要的环节。平台初建时应该详细阐述项目背景信息、项目动机、开放该项目的缘由、最终产品所具有的影响力以及大众能从参与该项目中得到何种利益等。好的项目设计启动可以帮助大众更明确地理解项目的意义，唤醒他们对项目的兴趣和责任感，并且加强大众对项目的信心和信任。平台界面设计要便于阅读。利用多媒体（图片、视频）进行背景阐述也是很有必要的。如果平台界面设计具有交互性就更有利于与大众的互动。

2. 项目指南

项目创始人应该提供各个设计环节中的项目许可、项目类型（是基于一种理念还是已有）、项目名称、项目预期成果、设计环节和截止日期等各种细节。这些将帮助大众对产品开发有更清晰的了解。项目指南应列举如何构思、如何寻找可能的解决方案、交流资源、工具资源、文件资源、模版的制造和测试方法等来帮助大众进行设计项目推进。为了让大众更好地理解该指南，应该合理利用图表演示和故事性叙述。

3. 项目管理

项目管理的目标是缩短查找项目信息的时间，以此来提升参与体验。SCOD 的项目管理包括文件管理、人才管理和项目流程管理。建立一个收集项目基础信息的项目百科文档是必要的。对于文件管理，文件控制系统应实现易下载、易上传、可视化、可版本控制、可分享、可标注、可搜寻等功能。对于人才管理，应设计一种用户衡量标准以便反映参与者个体的技能和贡献水平。对于流程管理，项目状态应该是可视化的，比如访客人数的增长、参与者贡献的增加和项目完成速度等。

4. 在线交流

在线交流的质量很大程度上影响着产品创造的质量。邦沃新（Bonvoisin）和布加特（Boujut）提出了不同层次的交流。

（1）同步和非同步的人际交流、信息分享，比如邮件或在线聊天。

（2）同步和非同步的同语境交流，比如对已知信息进行评价和讨论，（例如在3D或2D模型上进行注释和图表示意，或在文本上突出显示）或同时作用于一个对象（例如共享桌面）。

（3）开放式交流空间，例如项目论坛。

除此之外，在线交流应允许点赞、投票和内容收藏以区分对话的影响。优化历史信息，从而帮助新加入者快速了解历史交流记录。

5. 在线工具和资源

在SCOD，预设的设计工具（CAD，CAM）应嵌入平台并免费提供给大众，这样一来大众参与者可以更加自由地开展合作。本文提供了八个在线资源，它们被认为可以为设计嵌入平台工具提供见解。

**表2　八个被认为可以为设计嵌入平台工具提供见解的在线资源**

| | |
|---|---|
| 市场资源 | 调查资源：Amazon Mechanical Turk，SurveyMonkey<br>社会网络资源：Facebook，Twitter<br>免费图片资源：iStock，Pixabay<br>市场系统资源：Hubspot. com<br>Infografic 资源：PiktoChart<br>寻找相似产品：similar web |
| 人力资源 | 自由职业者资源：Upwork，LinkedIn，dribble，GrabCAD，shapeways<br>共同创办人资源：Founders2Be，TechcoFounder |
| 财政资源 | Indigogo，Kickstarter，Chuffed，Fundly，crowdrise，GoFundme，Buzzbnk，Pozible，Startsomegood，JustGiving |
| 数字化设计资源 | 在线/免费 CAD 资源：Onshape，TinkerCAD，NttCAD，Wings3D，openSCAD，autoDESK 123D，MEshmixer 3.0，PTC Creo，Fusion，LeoCAD，Open CasCade，Design Spark，Houdini Apprentice，ZCAD，NaroCAD，LeoCAD<br>设计图库：Thinigverse，GrabCAD，Autodesk online gallery，3DCAD brower，google3D warehouse，3D Content Central，3dtin<br>在线 PCB：Upverter，123D，Circuits，PCBweb，EasyEDA，Pad2Pad<br>在线 CAD 可视化：Auto360 viewer，GrabCAD，ProfiCAD，shareCAD，3d viewer online，Onshape，edrawings |

续表

| | |
|---|---|
| 制造资源 | MFG, quickparts, Ponoko, shapeways, 100kgarage, i. materialize, Sculpteo, moddler, globalspec, Ariba |
| 知识资源 | Innocentive, topcoder, Wikipedia, instructable, hakeaday, dribbble, youtube tutorial, open courseware, Quora |
| 社群资源 | LocalMotor, Reprap, dribbble. com, Fab@ home |
| 管理资源 | GrabCAD, Slack, Uberconference, ASANA, Teambox, Trello, huddle, basecamp |

6. 项目决策

对于 SCOD 项目，项目经理必须在每个环节的截止日期之前做出项目发展的决策。项目流程和决策应由项目经理依据大众的意向决定，但最终决定权属于项目经理。项目经理应充分解释每个阶段决策的原因以保证项目的透明度和大众信心。每个设计阶段的项目决策和决策解释都应被记录在特别的网站页面上，以方便新加入者对于项目的解读和未来管理。

### （二）非管理式开放项目平台设计方案（UCOD）

1. 项目启动

UCOD 项目启动应包含 SCOD 项目启动的所有要求。除此之外，还要求更多的技术解释以便大众完全理解当下设计工作的技术和工艺。

2. 项目指南

UCOD 并不要求项目指南。

3. 项目管理

为了满足每个创新方向，平台应该和 Github 一样保持所有设计创新的分支，记录参与者的贡献。对于平台上发布的任何创新点，平台应该提供方便记录和扩展创新方案的功能。项目文件的存储和在线交流应该根据设计分支拥有单独的空间。管理大众参与者和项目流程的方式与 SCOD 是一样的。

4. 在线交流

在线交流系统与 SCOD 一致。

5. 在线工具与资源

和 SCOD 不同，UCOD 的目标是验证已有设计工作和鼓励创新。项目平台应该具有连接不同设计工具的功能。比如，MIT CAD 开发的开源软件

DOME，就能够使不同的仿真软件程序之间互相兼容。

6. 项目流程与决策

项目流程包括两部分，现有产品的验证和创新过程的讨论。设计工作现有产品的验证可以在相对较短的时间内完成，而创新过程的讨论是不可预料的。同时，因为并没有设定最后期限和可交付的成果，所以 UCOD 项目没有具体的项目流程和项目决策。

## 六　以大众为中心的开放式设计的经济前景

与一般的开放式设计相比，以大众为中心的开放式设计要求项目创始人提供完全开放、透明的网络平台以及可访问的项目信息。此外，以大众为中心的开放式设计并不是简单地号召大众来参与，而是要求项目创始人通过亲自设计项目和项目平台为参与者提供一个舒适的参与体验。显然，以大众为中心的开放式设计要求更多的投资来启动项目。霍华德（Howard）将开放式设计的商业模式总结为以下几方面。

（1）基于商品的客座演讲和公司演讲。

（2）解释如何使用、修改和配置产品的咨询公司。

（3）在产品和网站上发布广告。

（4）直接销售商品或其附带产品。

（5）分拆商品及其服务。

（6）组件推广模型。

尽管如此，所有这些商业模式只有在项目超过一定的群体规模才切实可行。因此笔者建议开源软件爱好者为开放式设计提供标准化的、可拼接的平台框架，从而减少平台建立成本。目前已有的开放式设计平台有 Wevolver 等。

## 七　总结和未来任务

笔者相信通过合理的平台设计和项目环节设计，以大众为中心的开放式设计作为一种新型设计模式能够提高大众在开放式设计活动中的参与度，进而使得大众智慧能够真正应用于加速产品开发和产品创新。为了更好地验证以大众为中心的开放式设计能够成为一个经济上可持续的大众创新模式，以下几方面是未来的工作方向。

（1）探索开放式设计项目的需求。

（2）对建设开放式设计平台进行财政分析。

（3）发掘开放式设计平台的社会影响。

（4）建立一个开放式设计平台，从而收集用户的反馈意见。

## 参考文献


L. Manovich, "The Practice of Everyday (Media) Life: From Mass Consumption to Mass Cultural Production?", Vol. 35, No. 2, pp. 319 - 331, 2016.

T. J. Howard, S. Achiche, A. Özkil and T. C. Mcaloone, " Open Design and Crowdsourcing: Maturity, Methodology and Business Models", pp. 1 - 10, 2012.

L. Thames, D. Rosen, D. Schaefer and J. L. Thames, "Towards a Cloud-based Design and Manufacturing Paradigm: Looking Backward, Looking Forward", no. February 2016, 2012.

C. B. Product, *Product Development in the Socio-sphere.*

V. Chanal, "The Difficulties Involved in Developing Business Models Open to Innovation Communities: The Case of a Crowdsourcing Platform", Vol. 13, No. 4, pp. 318 - 341, 2010.

S. Nambisan and M. S. Sawhney, *The Global Brain: Your Roadmap for Innovating Faster and Smarter in a Networked World*, Upper Saddle River, N. J. : Wharton School Pub. , c2008. , 2008.

I. Conference, O. N. Engineering and P. D. I. Milano, "Open Design Platforms for Open Source Product Development: Current State and Requirements", no. July, pp. 1 - 10, 2015.

# B.4
# 促进创意产业创新的全球化商业模式

斯蒂芬·博伊尔　卡门·瑞拉士　欧文·卡拉巴罗 著*　李竞爽 译

摘　要：本文讨论了提升创意产业价值和推动创意产业创新的商业模式，并且明确了促进创新的所需因素。笔者曾经同时在澳大利亚和中国香港的文化创意组织内部进行一项调查。调查结果凸显了创意组织发展过程中的障碍，笔者通过这些调查结果总结出了一种新型的商业模式框架，这个框架包括企业文化、观念传承、外交合作、团队精神和资源共享。

关键词：创新　创造力　商业模式　澳大利亚　中国香港

## 一　背景简介

本文讨论了提升创意产业价值和推动创意产业创新的商业模式，并且明确了促进创新所需因素。要想让商业模式与创新能够成功结合必须将个人和企业的态度相融合，必须理解与创新实践相结合的文化。本文探讨了从个体和文化角度对待创新的看法和态度，并且试图将这些看法运用到企业运作中去，以建立一个可持续发展的创新商业模式。因为尽管我们从个体和企业角度对待创新的看法有了一定的了解，但还没有能够将这两方面观点整合以达

* 斯蒂芬·博伊尔，澳大利亚南澳大学商学院院长、教授；卡门·瑞拉士，澳大利亚阿德莱德大学研究员；欧文·卡拉巴罗，美国卡佩拉大学研究员；李竞爽，中国艺术研究院公共文化政策研究中心助理研究员。

到一个可持续性的创新商业模式。本文将通过比较澳大利亚和中国香港来发现国际观念的不同。通过国际的比较笔者发现了一种融合个人、文化和企业的新模式，这种新模式将发掘这些公司的潜力使它们在未来变得更有竞争力并具有可持续性。

创新能力和创新产能属于两个不同的区域，个体提出创意观点，企业利用创造力和生产力创新方案、产品和服务。本文探讨了如何重建对待创新的态度、观念和文化之间的关系，以使这个行业在全球化创新方面具有更强的可预测性、更精准的衡量以及更长久的持续。因此有一个恰当的、可以培养创新力以及利用可持续性发展方式发掘创新潜力的商业模式和企业框架至关重要。

商业模式框架是商业战略的关键部分，并且与创新管理密切相关（Lambert & Davison，2012）。商业模式提供了一个描述和定义企业及其活动的框架（Teece，2007）。若想鉴别商业和其行为的组成要素就必须详细了解所有的企业模式并对它们进行比较。通过这些比较结果可以发现成功的企业如何将创意概念转变为商业现实。

然而 Teece 2010：184 指出当企业考虑创新时它们很少想到采用深入分析法去构建合适的商业模式，即"技术成功转化为商业成功"的模式。这表明有效的商业模式设计需要将技术创新置于商业环境之下。要想取得正确的商业模式和创新战略，用 Teece 的话来说即"要想建立可持续性的竞争优势必须实现商业上的可行性"。最终 Teece 总结出了两点——要建设新的商业模式最重要的在于尝试更多的理解和欣赏，并且需要发掘能够将企业战略和创新能力联系在一起的重要因素。

根据 Jalonen（2012）的说法，创新拥有明显的不确定因素，价值创造仍有巨大的潜力尚未被开发。Teece（2009）同意从创新中捕获价值是商业模式的关键要素。然而根据目前已知的可持续性创新实践商业模式设计，引用 Jalonen 对创意文学的回顾总结，在近二十年来的 112 篇创意主题的文章中，只有一篇讨论了商业模式，并且该文章是从市场角度而不是商业角度来讨论的（Verhees & Meulenberg，2004）。

De Medeiros 等（2014）对驱动创新成功的必然因素进行了系统的文献

梳理回顾。在梳理过程中他们发现了一个外部和三个内部的关键因素，分别是市场与法律、研发投入、跨部门合作和创新性学习。他还发现跨部门合作要求企业员工拥有促使价值链之中不同因素进行跨功能区域协作的能力。他们还发现企业在内部实施创新性学习高度依赖于企业内部有文化障碍以及领导的积极主动性。最后他们还提到建设批判性反思分析方法对创新性学习过程非常重要。这说明不论从个体还是组织的角度来说任何想促进企业创新实践的商业模式都必须考虑到自身的内部因素。

因此问题的关键在于我们要了解企业内部的个体是如何定义和理解创新的。要为创新寻找一个统一的定义也同样始于个体对创新的感知。个体对创新的努力态度、评价意见和个人感悟建立在文化、多元化、全球化和战略化等多方面的学科基础上。创新的驱动力包括周围所有一切的创造力、改变和进步（Zhuang，1995）。这三个特征是从人类的角度来定义创新的。个人的创新能力基于其自身的知识储备和态度（Zhuang，1995：15）。人类把这些特征整合在一起以初始化创新过程。Zhuang（1995）曾设计一份有 10 道题目的问卷，目的是调查关于个体对创新的理解，换句话说，他的目的是了解创新对每个人意味着什么。答题者被要求利用李克特五点量表（five-point Likert scale）对每个创新概念投同意或反对票。但经过统计并没有发现这些答题者的答案的平均值有明显差异，尽管这些答案非常多元化（Zhuang 1995）。也许个体的观念差别太大以至于无法确认创新的真实属性。

McAdam and McClelland（2002）利用 Zhuang 对个体创新的定义进行了扩展研究。他们的研究主题集中在创造力在个人和团队层面的世代相传方面。创造力的三个特点——专业、创造性思维、积极的工作驱动力，是创新努力的三个至关重要的因素。尽管目前对“理念来源”的研究仍然有限（McAdam and McClelland，2002：95），但这也为之后的进一步研究提供了机会，尤其是对于个体等创意理念的来源方面。

近期一些关于创造力和创新的论文 Chang（2011）；Girotra，Terwiesch，and Ulrich（2010）；Badke-Schaubm，Goldschmidt & Meijer（2010）；DeCusatis

（2008）都将研究重点放在团队而不是个体层面。然而创造力和创新来自人类的知识和经验，因此确定个体对创新概念的理解似乎比先定义创意概念和思维更加重要。

传统的商业模式历来关注企业的稳定性和可预测性。每个产业都有着相似的商业模式特点，即对可预测性的依赖。然而近年来对创新的重视促使很多企业削弱了对这方面的依赖，传统的商业模式已不再适应于这个动态的全球化环境。

尽管如此在给定的条件下各方面并没有对最合适的商业模式达成共识。学者和企业开始尝试为未来建设成功和可持续的商业模式。

2005 年，经济合作与发展组织（OECD）发布了“奥斯陆手册”，尝试通过制定一系列的指标衡量创新成效。在这本手册中他们将创新明确为具有包括新的或改良型的产品、进程、营销方式、商业实践、工作场所组织或对外关系等特点的概念（欧洲共同体统计办公室，2005：46）。很多对创新的关注点聚集在新商品和新服务上，这些其实很容易量化和衡量。然而围绕商业实践、工作场所组织和对外关系的创新却很难被定义和模式化。不管怎样，显而易见的是从组织创新中的确可以得到长期可持续的发展潜力（欧洲共同体统计办公室，2005：51）。

经济合作与发展组织（OECD）认为创新是一个公司具有可持续竞争力的关键并且对公司业绩有着多方面的影响。这些影响不仅包括对创新性产品的开发，而且改变了需求/成本（欧洲共同体统计办公室，2005：35）。不论是公司的自发性创新还是采用其他公司的创新理念都可以为其带来提升（欧洲共同体统计办公室，2005），并且企业要求新的商业模式有能力充分利用潜在的经济价值。

在创新的道路上他们也会遇到很多障碍，比如技术短缺、缺乏竞争力、资金或资源匮乏等。某些障碍与企业所处的特殊商业环境有关。新的商业模式需要全球市场技术人才、职业能力和信息知识等条件以弥补现有环境的不足。一个企业的创新活动在一定程度上依赖于其所连接的其他公司的数量、类型或者利益相关人的创新空间。新的商业模式鼓励协作、网络化、合作伙伴关系和活动合作，这些因素对协助传播知识和创新至关重要（欧洲共同体统计办公室，2005：76）。

2015年，经济合作与发展组织（OECD）对创新领域进行了重新讨论并拟定了《2015创新战略》。该《战略》提出了能够“帮助世界更强大、更具包容性和可持续的经济增长”的新途径（OECD，2015：2）。他们指出创新是解决方案的一个重要部分，引用其中的话说创新经济“更有效率、更有弹性、更能适应变化并且能够更好地支持更高的生活标准”（OECD，2015：2）。

如果以创新为主导的生产力被很多国家视为经济增长的主要来源（OECD，2015：4），那么对于希望加速创新发展并摆脱传统模式的公司来说，鉴别出什么是促进或阻碍创新的因素则非常重要。此外，公司需要不断地扩大自己的合作对象范围，这要求企业能够充分利用创新和其自身的潜在持续价值（OECD，2015：6）。这些对象覆盖了商业、工业、政府、大学、非营利性机构、科学研究所和普通大众。公司需要对他们的生活环境加以了解并从全球化语境下发掘他们的价值链。经济合作与发展组织（OECD）曾提出这些因素是“通往下一个生产力革命的道路”（OECD，2015：6）。

如果创意产业组织是掀起下一个以创新为主导的生产力革命狂潮的诱因，那么需要新的商业模式让它们与世界其他舞台角色进行交流协作。这项研究的目的在于将创意产业不同领域的个体看法创建为一个模型，以此来鉴别什么是促进或阻碍创新的因素。要比较两个国家的不同看法首先需要了解商业在世界舞台上是如何运作的，并且允许他们在国际背景下提高生产力和竞争力。

## 二　研究方法

本研究的目的是对创造力以及源自个体认知的创新进行定义，并且通过相对同质的澳大利亚研究个体和多样化的中国香港文化创意产业公司雇员之间的比较来观察个体对创造力和创新的认知。

本研究的另外一个目标是从个体视角观察文化企业的创意创新并且尝试寻找促进或阻碍创造力的动力因素。最后将根据研究结果建构一个框架，通过这个框架可以察看基于研究结果的创意产业新商业模式理念。

一项对创新和创造力的调查体现了组织中的个体对创新和创造力的认知。调查组分别将600份问卷发放至澳大利亚和中国香港的创意产业公司管理层，之后管理层将这些调查表随机分发给了文化创意产业公司的人员。最后共收回了432份问卷，回收率为36%。然而由于某些问卷填写不完整，最终只有371份问卷是真实有效的，这371份问卷中有171份是来自中国香港，其余200份来自澳大利亚。

调查表采用了李克特五点量表（five-point Likert scale）方法，受访者被要求在他们的认知层面利用特定语言表达他们对创新的强烈同意或强烈反对。其他问题则采用由“非常重要”到“非常不重要”的评价方式，请受访者做出判断。为判断两个受访群体（澳大利亚和中国香港）之间是否存在显著差异，调查问卷的分析采用了方差分析（ANOVA）的统计分析软件（SPSS）进行分析。

## 三　调查结果

图1显示了双方对创造力定义理解的一致性程度，可以看出澳大利亚和中国香港的答案有着非常大的差异，中国香港受访者对创造力的理解着重于“创意”和“新观念”，而澳大利亚则偏重“改造”、“从不同的角度去思考”以及“引入变化”。中国香港受访者对创新定义的认知是创造新东西以及将新观念传播下去，而澳大利亚受访者对创新的理解是对现有的理念或物品进行改革或提升。超过98%的澳大利亚受访者同意或强烈同意“改变而不是创造”的概念（Sig at.001 level：Invention，New Ideas，Improving，Different perspectives，Introducing change，eta squared range from 3 to 11）。

图2显示了受访者对创新因素的看法。可以清楚地看到澳大利亚受访者将“流程”、“结构”和“文化”作为创新的主要因素，而中国香港受访者则更倾向于将“管理”和“文化”作为创新的主要因素。由此可见两者都同意“文化”是创新的主要因素。

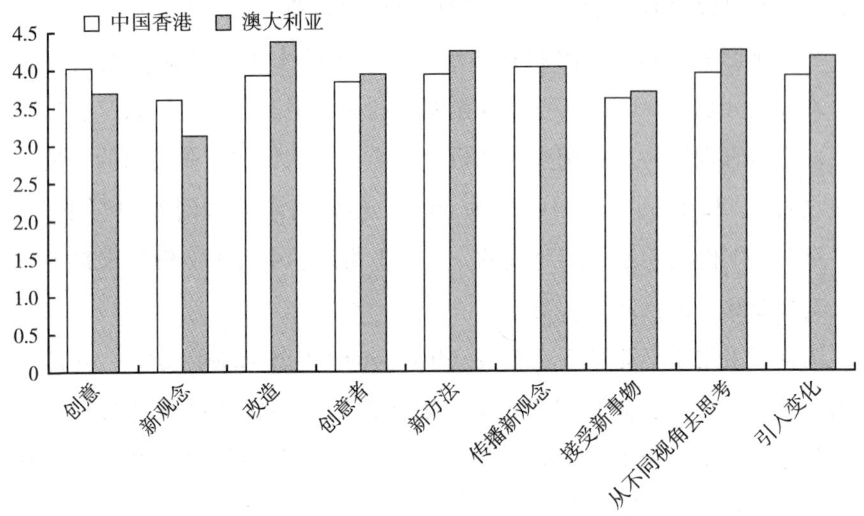


**图 1　澳大利亚与中国香港受访个体对创造力和创新定义理解的程度**

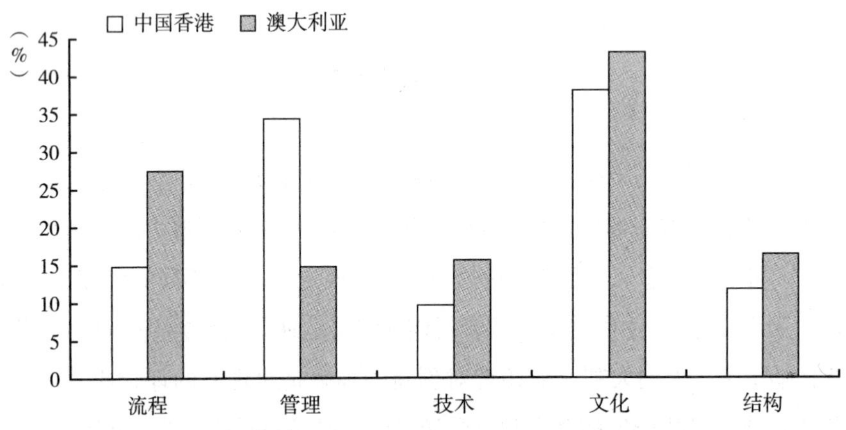


**图 2　澳大利亚与中国香港受访个体对创新和创造力因素的看法**

图 3 显示了受访者对鼓励和支持创新因素的看法。统计结果非常显著地揭示了两个地区之间的差异。澳大利亚受访者将“技术”作为他们推动创新的首要因素，而“管理”则紧随其后。香港受访者则将“文化”作为创新计划的关键要素［t（371）= -3.55，p = 0.000，eta squared = 0.03］。

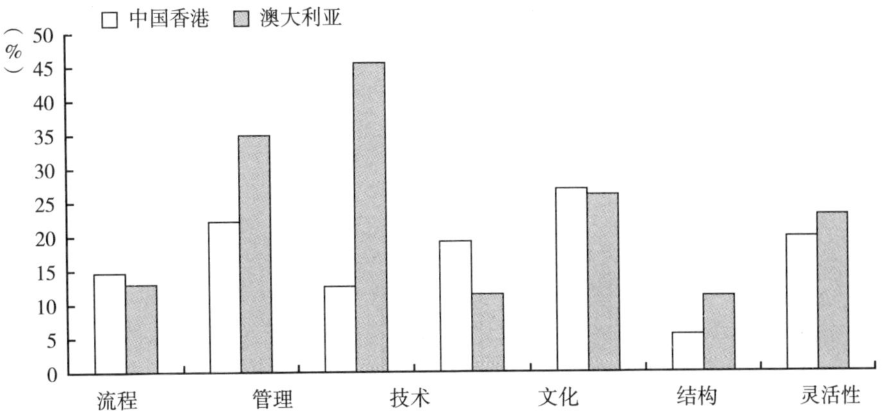


**图 3　澳大利亚和中国香港受访个体对鼓励和支持创造力和创新因素的看法**

图 4 显示了受访者对"什么方面的业务能够真正为企业创造价值"的看法。统计结果再次展示了两个国家受访者观点的不同。澳大利亚受访者认为"商品与服务"是创造价值的关键所在，而中国香港受访者则将"计划"和"内部交流"置于首位 [t (371) = −3.07，p = 0.002，eta squared = 0.03]。

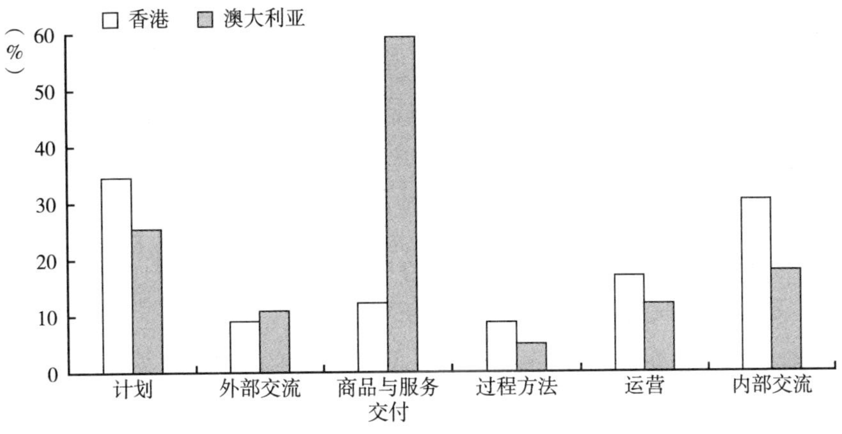


**图 4　澳大利亚和中国香港受访个体对创造价值的关键因素的认同**

最后一个问题是将影响企业绩效的积极性因素进行排序。图 5 是中国香港受访者的回答，他们认为"工作团队"是重要的因素，而澳大利亚受访者的答案则是“人际关系”。但两队受访者一致同意“领导力”是提高企业运行效率的第二个重要因素。

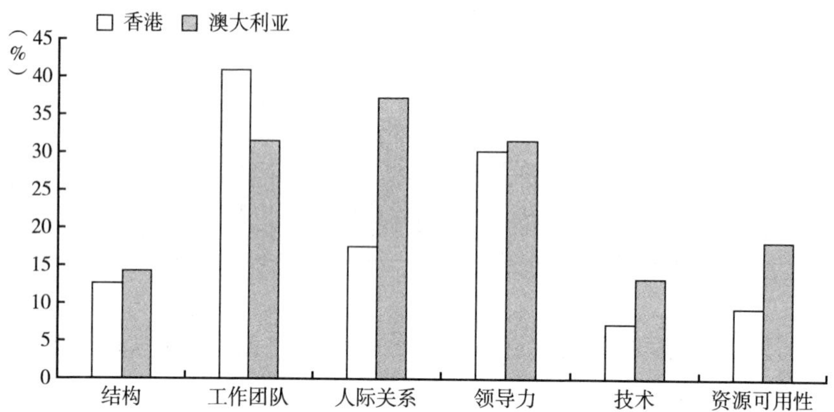


**图 5　澳大利亚和中国香港受访个体对影响企业运行效率的因素的看法**

## 四　结果讨论

以上结果证明了不同地区之间存在着差异，但同时也拥有很多共性。

香港受访者认为规划是价值创造的核心因素，团队和工作团体之间有直接相关的联系。一般被活动计划认可的创新会用于新观念/产品的引入或推动观念/产品改革，在这个过程中还需要通过团队合作的力量。当谈到价值创新时，澳大利亚受访者认为“建立关系”对企业绩效非常重要，这里所指的“建立关系”更倾向于私人之间的关系。

虽然两个受访群体之间存在分歧，但在对待价值创造的关键因素方面，如果产品和服务是给定条件，那么两者对规划和国际交流这两个因素的评价都非常高。综合考虑规划和国际交流对于一些新的商业模式来说是要表明一个很重要的态度，那就是要在企业内部建立合作交流，并且需要在合作交流过程中伴随知识分享且根据规划程序制定决策。

在执行方面，可用资源是重中之重。如果可用资源管理有效，那么理念的可靠性、结构框架和运作过程中的协作和灵活性就变得非常重要。

当谈到创新的障碍时，有观点认为企业文化是阻碍企业在组织内部培养创新并建立可持续商业增长的主要因素。尽管两个被调查群体都将企业文化作为他们面临的最大挑战，但中国香港受访者认为管理是直接问题，而澳大利亚受访者将阻碍因素归结为内部流程。如果想在全球背景下建立成功的新型创意产业，任何新的商业模式都必须考虑到企业文化以及建立新的文化准则、价值观、信仰、管理模式和决策过程等因素。

因此以下几点对于一个企业能够创造新的想法并将它们变成新的创新点以及取得商业成功有着非常大的影响。

（1）一个支持、包容和适应力强的企业文化。

（2）创造和评估新观念的能力。

（3）团队和组织的建设框架。

（4）加强不管内部还是外部的人际关系。

（5）专注于与不同参与者和利益相关者之间的合作。

（6）保证包括人才在内的所需资源的可用性。

过去的商业模式建立在等级、框架、个体、竞争、规则、权威和排他性的基础上。而新的商业模式则将建立在理念分享、包容接纳、联盟协作、团队关系以及最重要的一点——企业文化等因素之上（见图6）。

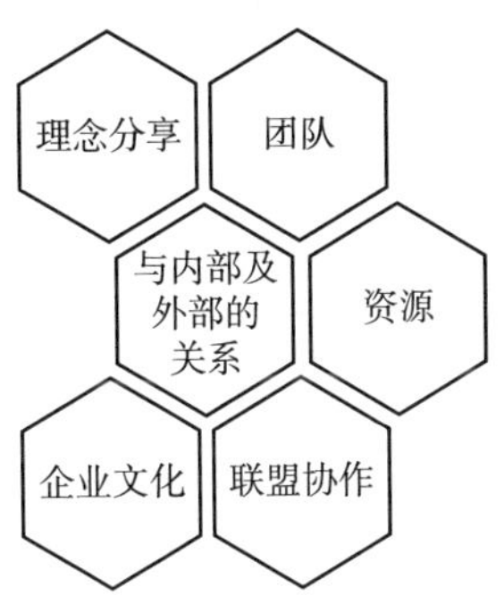


**图6　创新和创造力的新型商业模式框架**

为了更好地繁荣企业内部创造和发展商业创新可利用的创造力，创意产业必须建立起一个允许协作和知识分享的新型商业模式。创意产业从业人员必须发掘他们的可合作对象而不是将注意力集中在对抗外界竞争对手上。直接竞争行为需要转变为联盟建设行动。这样一来他们建立专家网络，让他们在一起工作、分享观念和设计概念。从这点来看企业内部流程可以将概念转变为商业化。

对于企业来说了解文化在促进或抑制创新过程中所占的比重至关重要。在经历从“导演”到“主持人”的转变之后，也许需要重新评价领导能力和管理能力在企业中所发挥的作用。因为创新和创造力是人类独有的本质特征，因此员工的技能发展将非常关键。他们还需要考虑什么是企业内部、跨职能部门合作以及与其他企业的重要职员分享知识和理念的最佳机制。最后还有一个需要解决的问题，那就是为了避免垄断和控制资源分配必须寻找和管理可以为资源分享提供新机遇的渠道。

## 参考文献

Badke-Schaub, P. , Goldschmidt, G. & Meijer, M. , 2010, “How does cognitive conflict in design teams support the development of ideas?” *Creativity and Innovation Management*, 19 (2): 119 - 133.

Chang, C. , 2011, “New organizational designs for promoting creativity: A case study of virtual teams with anonymity and structured interactions”, *Journal of Engineering and Technology Management*, 28 (4): 268 - 282.

De Cusatis, C. , 2008, “Creating, growing and sustaining efficient innovation teams”, *Creativity and Innovation Management*, 12 (2): 155 - 164.

De Medeiros, JF, Duarte Ribeiro, JL & Cortimiglia, MN, 2014, “Success factors for environmentally sustainable product innovation: a systematic literature review”, *Journal of Cleaner Production*, 65: 76 - 86.

Girotra, K. , Terwiesch, C. & Ulrich, K. , 2010, “Idea generation and the quality of the best idea”, *Management Science*, 54 (4): 591 - 605.

Jalonen, H. , 2012, “The uncertainty of innovation: a systematic review of the literature”,

*Journal of Management Research*, 4 (1): 1 – 47.

Lambert & Davison, 2012, "Applications of the business model in studies of enterprise success, innovation and classification: An analysis of empirical research from 1996 to 2010", *European Management Journal*", 36 (6): 668 – 681.

McAdam, R. & McClelland, J. , 2002, "Individual and team-based idea generation within innovation management: organisational and research agendas", *Journal of Innovation Management*, 5 (2): 86 – 97.

Statistical Office of the European Communities, 2005, *Oslo manual: Guidelines for collecting and interpreting innovation data* (No. 4), Publications de l'OCDE.

OECD, 2015, *OECD Innovation Strategy 2015: An Agenda for Policy Action*, Meeting of the OECD Council at Ministerial Level, Paris, 3 – 4 June, 2015, OECD, Paris.

Teece, D. , 2007, "Explicating Dynamic Capabilities: The Nature and Microfoundations of (Sustainable) Enterprise Performance", *Strategic Management Journal*, 28: 1319 – 1350.

Teece, D. , 2010, *Business Models, Business Strategy and Innovation*, Long Range Planning 43 (2/3): 172 – 194.

Verhees, FJHM & Meulenberg, MTG, 2004, "Market Orientation, Innovativeness, Product Innovation, and Performance in Small Firms", *Journal of Small Business Management*, 42 (2): 134 – 154.

Zhuang, L. , 1995, "Bridging the gap between technology and business strategy: A pilot study on the innovation process," *Management Decision*, 33 (8): 13 – 19.

# B.5
# “风土”与创客运动：北美的文化创意产业复兴

乔纳森·帕奎特　奥黑莉·拉卡萨尼　克里斯托弗·冈特 著*　李竞爽 译

摘　要：　创造（Making）是一项社会运动，该运动在欧洲和北美都吸引了大量资金。创造也是一项多元化运动，它的结果丰富多彩，同时也蕴含了很多其他趋势。创造蕴藏了很多渴望改变的心愿，是社会和经济热情替代工业环境下的市场经济的产物。本文定位于北美创客运动（maker movement），并利用理论方法分析讨论了特色“风土”。在北美语境中，作为文化产业的地区条件遵循着以下原则：即与创客运动一致的社会价值观和创业精神。之后本文还讨论了“风土”的概念及其与创造之间的关系，阐释了“风土”在北美文化产业中的主要框架和原则。

关键词：　创客运动　风土　北美文化创意产业

## 一　前言

一股寻找社会经济替代品的渴望与热情正在被掀起。众多对社会未来憧

---

* 乔纳森·帕奎特，加拿大渥太华大学副教授，研究领域为文化政策；奥黑莉·拉卡萨尼，加拿人劳伦森大学研究员；克里斯托弗·冈特，加拿大渥太华大学研究员；李竞爽，中国艺术研究院公共文化政策研究中心助理研究员。

憬的奇思妙想大多建立在“创造”的观念上。在无数关于创造、消费方式、合作渠道等众多想法中，“创造”或“创客运动”被具象化为一个单一的模糊概念。在北美，“创造”在很大程度上排斥密集的消费文化，它也很排斥那些大型产业用一种方法解决所有问题的方式。在“创造”范式中，“代理人”之间的界限是非常模糊的，创客同时可能是用户，商品制造开发的规则随着个体（创客）与他人合作时思维的转变，以及生产时尝试使用新材料、新技术的过程演进不断地被重新定义。

为什么当下世界对创造的热情如此高涨？有两个答案非常流行。首先第一个答案是从哲学维度来考虑这个问题的，它传达了一个清晰的并被社会所接受的概念，那就是我们要与世界紧密接触。“创造”符合很多西方人类学的观点，即通过工作来完成。这种生产和消费的理念潜在地与“Homo Faber”① 紧密结合并再次肯定了这个名词。而第二个答案是从为什么随着社会和经济的愿景转变从而使“创造”变得非常重要这个角度来考虑的。“创造”不仅使社会与技术等其他因素开展合作变得可能，更为经济发展和改革打开了新世界的大门。以上这两个答案绝对是如今社会对“创造”最流行的看法。

本文主要讨论文化产业中的新哲学和文化产品的新经济逻辑。放眼该行业，我们可以轻易定义一些符合创客运动重要原则的新型实践活动。有些创客活动，比如开放性出版和创意性公共出版可以代替垄断出版业而存在。一些艺术家从事艺术衍生品行业（比如：为某本书塑造一个新角色、为某些故事或电影构建另一个结局等等）。然而其他已经建立在文化符号基础上的行为实践对他们进行了严厉的批判，有些创客运动甚至创造了新的文化日常，这种情况常常发生在时尚和设计产业中。在电子游戏行业中，如今的游戏社区用户开始为游戏编程以扩展他们的用户体验，并且与社区中的其他人分享他们对游戏的变换。作为一种观察，我们所见证的文化产业中的大部分创客运动在循环着一个逻辑，那就是努力逃避市场资本主义。换句话说，很

① 意为“工匠”。

多创新是在逃离这种交换经济，它们的计划是为用户提供直接和免费的消费服务。

在从概念上回顾创客运动之后，本文将尝试用“风土”的概念重新思考，“风土”是一种文化概念，与产品和消费逻辑一样遵循着许多适合创客运动的哲学原则。我们将探索北美关于“风土”的历史经验以总结文化产业的这个分支在实践中是如何与低端技术以及高新技术产品相结合的，并且论证它是如何利用文化遗产（在此其属性为普通文化商品）发展创新并制作风格独特的商品的。在“风土”的条件下，笔者认为任何一个文化产业创客运动的努力都意味着其可能是重要的企业发展和经济建设活动。

## 二　创客运动和创造：从概念角度观察

创造的概念同时指代了当代社会的众多方面。芭芭拉（2015）曾在她的文章/著作中提到：“‘创造’包括很多不同种类的活动，包括从个人创造到传统手工艺再到高科技活动等。”就其本身而言，创造并不局限于人类实践的任何特殊领域。实际上，它应用的行业范围广泛，且在新旧的边界之间进行着多样化的实践挑战，除此之外还在高新科技和低端科技之间游走。在本文中笔者论证了创造至少具有三个重要的社会维度：①后现代社会的自我价值和想法；②一种社会运动；③一种经济叙事。

从价值角度来看，创造表达了对另一种介体的渴望，这种渴望建立在与后现代社会固有联系的价值观基础上。创造追求真实可靠性。正如努森等人所描述的（2014）：

> 创客运动精神着重于个人亲手创造物品的乐趣和实现个人的人生意义。它与美国传统的手工制造业交相辉映，这个故事提升了手工业的价值，发扬了朴素和节俭的美德。

这种“乐趣”和对“手工创作”的追求非常排斥工业社会的企业价值

和模式。创造包括尝试与物质重新接触，以及发掘我们在没有材料资源的情况下制定出解决方案的潜力，科技与产品已经为这个目的而奋斗多年。从价值角度来说，创造包括特定的授权意义，作为个人不应该将自己视为解决方案的接受者或解决方案的追寻者，但通过这一模式，他们应该将自己作为解决方案的制定者，并且作为个人应对他们所定义的社会和物质世界之间的关系完全负责。

这些价值在西方哲学中的反射常呈现为焦虑并且在人类学和哲学对生活的反思中扎下了根。从价值角度看，创造的主旋律是真实。对于德国哲学家马丁·海德格尔（1927）来说，现代性让很多人失去了自我，尤其是在对个体预制的当下社会。当人们涉入社会时，他是被投入这个世界并被世界所吞噬。海德格尔认为重要的是成功地摆脱被这个社会塑造的不真实的生活，更重要的是，科技设施已经让每个个体都成为它的追随者。真正的生活需要各方面的肯定。如今，人们可以在创造中寻找到一种对真实的肯定。当下世界追求自定义商品时尚的热情是个体的自我真实性与社会焦虑感协商后所得出的众多战略性方案之一。然而，与马丁·海德格尔（1962）不同，如今创造的支持者在他们追求真实的过程中远离了科技恐惧者。事实上，他们不仅对科技进行实验，并且可以为了达到新目标而颠覆科技的使用方法。

从社会学视角来看，创造为创客运动打造了一个形态。都兰（1965）提出，有三个关键原则可以帮助理解社会运动：身份、对立面和整体。社会运动的首要原则——身份，与它的社会定义有关。每个社会运动都是从集体项目中显露出来的。社会运动的身份基于具体的社会转型项目。比如，创客运动并不是和女权运动具有相同模式的组织运动，当然它和环保运动的初始时期也不尽相同。除了这个事实，我们可以说创造是一种双重身份的社会运动。另外，创客运动被工业社会深深排斥，这为欧洲和北美的创客运动塑造了社会身份的核心。这个身份在很多出版物中得到了证实并被正式化，运动的主要支持者同时也发表了声明（Barba，2015）。这些出版物和支持者都被工业社会所排斥，一些比较娱乐性的观点认为其具有"新资本主义精神"（Boltanski and Chiapello，1998）。可以这么说，他们的身份定义仍旧保持着反主流文化的本源（Anderson，2012）。不管怎样，作为一种社会运动，它具有真实性并从某种意义上改变了我们的世界。对于都兰来说，社会运动也被他们的对立原则所定义。至于创造，对立派非常抵制20世纪出现的技术积累；技术积累的目的在于让人们看到事物的另一面。但最终，作为社会活动的创造还是由其自身的追求和承诺决定自己的定义。根据都兰的信念，可能有人会说创客运动建立在这样一个原则上，那就是每个人都有能力为自己或社区解决日常生活中的各种需求。

最终，创造也可以从经济角度来定义。在这种情况下，对于创造的核心经济身份有多样化的理解。在北美，创造常通过经济话语挑战市场经济。一个人通过自己动手解决问题而不是去市场购买商品——这是一个完全拒绝资本主义的姿态（至少是象征性的）。从这个层面上说，DIY① 文化可以被视为解决资本主义疑难问题的经济成果，尤其是高度消费主义的文化。与此同时，熊彼特的经济概念也引出了一些论点，即视创造为对资本主义基础设施的创造性破坏。但同样矛盾的是创客们也可以被视为新形式资本主义的新代理人。在这种对创客运动的解读中，创客是新类型的经济代理人，它使消费和生产之间的界限变得模糊，同时也重塑了21世纪企业家的概念。在经济层面上，当运动背后的经济价值被定义时总会产生某种意义上的矛盾。

从概念和社会的角度来看创造真的是一种新颖的运动吗？对企业理论的粗略浏览足以帮助我们将这个概念的潜能与社会学分析关联起来。实际上，普通的创客定义并没有让我们联想到法国人类学家列维-斯特劳斯（1966）提到的“bricoleur”② 一词，而企业理论家却在过去十年中重复使用了这个定义用以代表企业代理人的一个种类，这类企业代理人与我们所合作的企业分析“专家”非常不同（Duymedian and Rüling，2010）。他们进一步的相似之处可能在于撰写了丰富的商业和企业研究文献。除此之外，正如本文之前提到的，创造的概念已经在西方人的概念中根深蒂固，但其他文化却对创造

① 自己动手做（Do It Yourself）。——译者注

② 意为心灵手巧的人，善于使用现成工具或物件干各种活的人。——译者注

行为有着不同的理解。例如，西方理论家曾形象描绘中国语境下的“山寨”现象。努森等人（2014）曾提到，“山寨机”是一种产品文化，在某种意义上是协同工作的证据，是试图推翻主流行业人员及其技术的一个身份，它具有知识范围广和地方性强的特点（Qiu，2012）。

## 三 “风土”和文化产业

“风土”（语言学上的发音是 ter'wär）来源于法语，原本用于农业和食品工业，本意是指土地、培养农作物的土壤。现如今该词在英语中有了更广泛的应用，尤其是在红酒业中。正如创造（Making）一词一样，“风土”也同时包括很多含义。“风土”一般与传统手工业和食品业的商品和消费相关。著名的产品例如香槟、罗克福奶酪和佩里戈尔的鹅肝都是与“风土”有关食物的绝佳例子。目前，能被贴上香槟标签的酒必须来自特定地区，并且制造方式必须与传统保持一致。香槟酒是一种源于香槟区并极具价值的手工艺。“风土”在手工业和食品工业中有着两个特点：他们的观念行为遵循着一种特定模式，随着工匠代代相传，最重要的是他们的制造工艺有着很大程度上的地域限制。“风土”的定义让消费者认为冠有“风土”名头的商品都具有特殊的地区限制性。为了明确这些现象，笔者提供了一些补充定义以便读者更好地理解什么是“风土”。所有这些定义都描述了一种复杂的文化现实。

- “风土”是一种文化想象：“风土”是一种传统的文化愿景，它是一种源于农业、手工业和食品工业的传统卓越工艺；“风土”根源于欧洲和某些时期的北美对传统食品有高品质要求的文化价值观。

- “风土”是一种文化规则制度：从历史来看，“风土”与法国建立的保护食物和手工业的制度有关，这种制度是为了保护消费者远离欺诈性的食品。从 19 世纪 80 年代到 20 世纪早期，很多欺诈性的食品出现在市场上，法国政府非常关心食品卫生与安全问题。因此他们建立了一整套的食品工业规则。其中有针对手工食品制定的规则，其他还有针对产业化生产食品制定的标准。对于食品手工制作者的技艺保护规则也紧随食品工业化的兴起在20世纪早期制定出来。“风土”作为系统监管制度产生于这个时期，并且法国政府在1935～1947年不断将其发展和完善。如今，该制度还在通过制定不同的标准来监管食品，比如AOC（Appellations d'origines contrôlées）①或IGP（Indication géographique protégée）②。这些标准分类控制着进入市场的商品质量。并且许多欧洲国家，如意大利、西班牙和葡萄牙都已经复制类似的标准。但在北美，只有2～3个商品受到了类似的合法保护，而地区方面只有加拿大的魁北克省以及美国的佛蒙特州在实施类似制度。

- “风土”是一种社会运动：在欧洲和北美，民众对消费地方特产和手工艺品保持着一定热情。“风土”与创客运动的价值观有很多相似之处；它对生产过程（工艺）和消费实践的真实性有所追求。消费“风土”商品的人们对工艺质量有一定的要求，对此类产品的消费是社会阶层分化的一个标志。消费“风土”商品意味着高品位和高要求。“风土”通常来说比相同类型的工业产品更加昂贵。作为一个运动，“风土”不应该被误解为“本地食品运动”。因为本地食品运动缩短了农业流程，它直接售卖食品，并且是一种由社区主导的可持续型农业形式。尽管“风土”食品具有本地化生产的特性，但该特性却可以根据一定的方法和传统来改变，这个转变过程有可能需要经过长途跋涉。

- “风土”是文化产业的一种：我们曾说“风土”属于文化产业，原因是它与产业的符号制造联系在一起（Hesmondhalgh，2007）。“风土”是建立在文化遗产和文化传统上的生产制造。作为回报，“风土”商品是由于文化原因被消费的，因为它们代表了一种文化体验并涉及某种广泛的文化特质和价值观。“风土”建立在集体想象的基础上并且利用这种想象打开了经济空间的大门。

---

① AOC：保护原产地及品牌的制度。

② IGP：受保护的地域标识。

## 四　无论在欧洲还是北美，“风土”都意味着不同的现实

尽管“风土”的概念传达了区域化产品的观念——或者表明了产品的确切产地——并且尽管它们有着相同的质量和传统手工制造观念，但欧洲针对“风土”建立了一种类似于文化遗产保护体制的保护系统。大部分欧洲“风土”产品，不管是红酒、奶酪、橄榄油、黄油、肉类还是其他食品行业，可以依靠这个现存体制得到保护，并且能够保证商品的地区特点和质量。换句话说，在北美并没有对“常见的地区品牌”进行强制性保护的制度，“风土”商品的特点和工艺仅仅只能根据食品业的一般卫生要求来定义。

“风土”在北美：文化借贷的真实性追求。在北美，“风土”运动在过去二十年中赢得了重要地位。红酒业、地方手工啤酒、高档奶酪、腌制肉类越来越渴望与大型农业保持距离继而转向食品工业的怀抱。这个运动遵循着由中产阶级推动的社会趋势前进，即对地方食品、地方口味和质量的分配权限。该运动不仅由市场或通过消费高级独特的产品的消费者品位定义，它还具有强大的象征意义和文化元素。事实上，该运动还由很多进入食品工业、生产地方食品的小规模企业新代理商塑造。

## 五　社会学前景的生产商

与欧洲不同，“风土”产业如今在北美由新生代的代理人所定义，这些代理人并非来自家庭农业/手工业阶层，并且没有人认为自己是传统的农民。换句话说，北美“风土”产业是由新一代企业家所定义的。虽然“风土”企业家来自不同的阶层背景，但他们的社会成长轨迹非常典型，能够帮助读者理解过去二十年中的这一现象。

（1）社会年轻群体倾向于成为企业家：这类代理人的年龄通常为 20 岁

至40岁。这些人被“风土”文化所吸引并且尝试在该行业创造一份稳定的职业。在经过一段时间的短期就业之后，这些代理人开始从“风土”产业中寻找职业满足感。这些代理人对“风土”充满理想主义，并且他们还是创客群体中的一分子。市场是该项目很重要的因素并且这些代理人将市场战略和区域网络制定得非常具有积极性。

（2）第二职业：在40~50年代，一些代理商决定对职业模式进行戏剧性的改革。改革的导向是引领白领群体向手工业职业转变。这条道路的戏剧性变化在于人对工作的态度。

（3）退休计划：对于一些人来说，“风土”业务的建立与退休计划一致并且与在乡村收购新物业有关。这种业务属于非常小规模的开发。参与到该项目中的人经常可以寻找到自我满足感以及与当前环境的社会关联感。该业务产生的收入大多被视为额外的和可自由支配的。

从价值角度来看，“风土”企业家往往很理想主义，对于他们合作发展的其他领域态度也是一样。参与地方协会以及与其他领域（比如经济开发、生态、慈善等）的协会合作对于这些企业家非常重要。从社会学角度考虑，他们与其他领域的企业家有着同样的共性。他们通常把自己定义为冒险家、愿景家或者是他们领域的领导者。尽管继承家庭农场是“风土”项目的一部分，但其并不是欧洲传统的“风土”代理商发展的主要方向。

## 六　文化借贷与想象真实性

与欧洲相比，北美“风土”产业最引人注目的特点是产品并不是建立在当地传统的基础上，即便是，他们也总是会灵活地利用这些传统。尽管一些欧洲传统食品能在北美某些地方扎根（比如美国的东北地区、加拿大安大略湖的魁北克省），但大部分“风土”产业实际上是彼此相邻的。也就是说欧洲“风土”建立在有数百年之久的传统之上，并且由于法律、消费者认知以及产品特性的原因受到严格的限制；然而在北美，这些新的“风土”商品并没有历史悠久的传统。换句话说，它们有着文化想象、地方特色表现方面的诉求，并且建立在欧洲或北美殖民地过去的历史之上。在这些商品的品牌形象建立方面我们可以看到深刻的欧洲痕迹。“风土”产业是建立在传统、身份和符号价值之上的文化产业。

此外，除了身份需求和新“风土”商品发展过程中的想象过程之外，还有不可忽视的技术借贷（technical borrowings）因素。新奶酪的发展通常以对欧洲手工艺的技术转移（和方法借贷）为基础。一些技术是用来帮助发展奶酪的，尽管这些技术有所变化，但并不只依赖于本地专家的专业知识，而是进行技术转移。其他“风土”商品，比如加利福尼亚和安大略省的红酒是依靠购买生长在欧洲土地上的葡萄藤而发展的。

不管怎样，“风土”产业在北美建立了重要地位。在加拿大和美国，“风土”模式一般是根据社会想象按地区分配，并且地区所代表的意义由生产者和一大批寻找身份认同的消费者所共享。制造商和消费者驱动着这一战略经济发展和企业家对真实性的追求（制造商驱动力源自其对另一模式的追求，而消费者则希望地区产品彰显身份）。在美国，“风土”产业处于一种想象的状态；它们为市场提出了新主张并且时间将会告诉它们“风土”商品是否能获得和在欧洲同等的待遇，即得到同样的地位和保护。能够肯定的是，美国“风土”产业是建立在对文化符号和想象呼吁的基础之上的。

## 七　社会技术网络：建设与合法性

“风土”产业通过对消费者的强烈呼吁建立了其合法性。“风土”的成功可以用商业条款定义。尽管如此，在缺乏强大的商标认证体制的情况下，“风土”产业在北美通过其他的机构获得了其合法性。在本文中，笔者将把重点放在三个相互作用的渠道上，这三条渠道帮助了“风土”产品具有合法性。第一种是给予“风土”产品大量资金和信任，利用媒体认可或打造其形象。报纸的烹饪版被认为是可靠的渠道之一，并且烹饪版的记者一般也被认为是业内的权威。它们对产品的认可是建立合法性非常重要的一条渠道；它给予手工业地位和信任。合法性的第二个来源是“风土”企业家与当地餐厅以及著名厨师之间的合作关系。当“风土”企业家与厨师合作时，他们会共同实施一个高收益的产品发展战略。目前，他们帮助厨师收购（甚至帮助发展）那些可以用于烹饪他们地方特色菜肴的产品并为其他地区创造有利于他们发展的重要产品。在魁北克省，这些关系对厨师非常有利，他们还从那些生产出口自身产品的制造商身上看到了商机，而且，他们还从一些称赞其产品的机构找到了一些重要人物，以此增加另一个合法性来源。第三个合法性战略，也是范围最广的，就是开发农业旅游网络。在美国和加拿大的部分地区，一些农业委员会与旅游业合伙发展新的旅游体验项目，包括参观农场和地方手工业。在他们的执行过程中，这些战略包括开发新的旅游线路以及将不同地区的特产制造者和风景名胜联系起来。参与这些旅游线路和旅客的所见所闻为社会合法性提供了地区经验，并为旅程中的“风土”产品所宣称的可持续性做出了贡献。这三种合法性渠道被用来作为确认和开拓扩张小型“风土”业务的手段。

## 八　当主流产业复制风土产业模式时

“风土”产业被定义为小型至中型规模的业务。他们通常由最小数量的人执行，比如两人一组，或核心参与者不超过五个人。这个部门根据顾客对商品的要求制造出符合“风土”思潮的产品，随之逐渐成为一个获利丰厚的部门。人们偏爱地方特色食物，以此建立地方身份感。在一些“风土”产品领域——比如地方啤酒产业——商业模式的成功吸引了很多业内大咖。加拿大的啤酒产业是一个高度垄断性的产业，“风土”啤酒（也被认为是微型啤酒厂）的出现已经影响大公司的收入。因此，我们看到很多大型企业将小型酒厂收购，并将自己的标准强加给他们。但这样一来很多消费者都不再信任这些品牌。此外，在某些情况下，业内大咖也制造了一些模仿“风土”观念的新产品。这一现象显著地出现在啤酒和奶酪行业——一些新产品试图复制“风土”商品的外观。而当见多识广的消费者注意到该现象时他们表示不屑一顾。这种模仿行为也被“风土”手工业者所批判，他们要求为消费者提供更好的信息以及建立一个标签制度以保护手工业免遭大型企业的欺压。

## 九　总结：“风土”与创客运动

北美“风土”与我们所见证的创客运动遵循着同样的精神和相同的价值观。“风土”呼吁真实性、功能性以及人们的自主性。“风土”还扮演着抵抗大型工业方案的角色，并且推崇小型团队各抒己见的逻辑。此外，它还是重要的社会和经济变革代言人。在北美语境下，“风土”也建立在黑客的逻辑之上。换句话说，“风土”与文化黑客有关，即利用文化模式、欧洲文化和烹饪遗产的技术性能创造适合于该州的新产品、新标准和产品的新身份。关于北美的“风土”产业有趣的一点在于大型企业是如何试图复制其模式，以及如何构建通常并不符合它们商业规模的原则的。总之，北美的“风土”建立在比较温和的复制模式之上——它从欧洲传统获取灵感并且随着新的社会想象重新创建产品。作为一种选择，“风土”产业也被主流商界复制。“风土”的特点使其成为一个非常有趣的案例，主流产业试图将重点放在为小型“风土”企业打造新品牌上。当然，这样适得其反，并且违反了创造的精神和道德。

### 参考文献

Anderson, C. (2012). *Makers: The New Industrial Revolution*. New York: Signal.

Barba, E. (2015). “Three Reasons why the future is in the making”. *Science, Technology and Human Values*, 40 (4): 638 – 650.

Boltanski, L. and Chiapello, E. (1998). *Le nouvel esprit du capitalisme*. Paris: Gallimard.

Beauregard, D. (2012). “The transcendental fan: Navigating the producer-consumer dichotomy and cultural policy in the digital age”, in Paquette, J. (ed.) (2012). *Cultural Policy, Work and Identity: The Creation, Renewal and Negotiation of Professional Subjectivities*.

Farnham, Surrey, UK: Ashgate Publications, pp. 129 – 145.

Duymedjian, R. and C – C. Rüling. (2010). "Towards a foundation of bricolage in organization and management theory", *Organization Studies*, 31 (2): 133 – 151.

Heidegger, M. Être et temps. Paris: Gallimard.

Heidegger, M. (1962). Les chemins qui ne mènent nulle part. Paris: Gallimard.

Hesmondhalgh, D. (2007). The Cultural Industries, 2nd edition. Thousand Oaks, Ca. : Sage Publications.

Knudsen, B. T. , D. R. Christensen and P. Blenker (2014). *Enterprising Initiatives in the Experience Economy: Transforming Social Worlds*. London: Routledge.

Lévi-Strauss, C. (1966). The Savage Mind. Chicago: Chicago University Press.

Qiu, J. L. (2012). "Network Labor: Beyond the hadow of Foxconn", in Hjorth, L. , Burgess, J. , and Richardson, I. *Studying Mobile Media*. London: Routledge, pp. 173 – 189.

Touraine, A. (1965). *Sociologie de l'action*. Paris: Seuil.

# 理论前沿篇

Theoretical Frontiers Reports

## B.6

# 文化治理视域下的舞台演艺生产

于 平*

摘 要： 党的十八届三中全会提出“推进国家治理体系和治理能力的现代化”，文化工作也应正确理解“文化管理”向“文化治理”的观念变化。作为“全面深改”进行中的“文化治理”，至少要关注三方面的深化：一是“一臂之距”的管理；二是“负面清单”的管理；三是“市场作用”的管理。在“文化治理”视域下的舞台演艺生产，要关注传统舞台演艺的现代转化，要实现艺术要素和科技要素的有效集成。这个需要确立的“集成创新”理念，需要强化自主意识、跨界意识、协同意识和整合意识。

* 于平，中国文艺评论家协会副主席、南京艺术学院舞蹈学院院长、博士生导师、教授、博士。

关键词： 文化治理　文艺创作生产　社会主义文艺灵魂　舞台演艺　集成创新

## 一　关于“推进国家治理体系和治理能力的现代化”

2015 年 10 月 29 日，中共十八届五中全会通过了《关于制定国民经济和社会发展第十三个五年规划的建议》。该《建议》强调“必须把创新摆在国家发展全局的核心位置，不断推进理论创新、制度创新、科技创新、文化创新等各方面的创新，让创新贯穿党和国家一切工作，让创新在全社会蔚然成风”。从“摆在国家发展全局的核心位置”的“创新发展”来看，“文化发展”，显而易见，也是要培育文化发展新动力，拓展文化发展新空间，实施文化发展新战略，支持文化发展新产业，构建文化发展新体制。在这里，笔者认为“构建文化发展新体制”对于文化管理者而言是需要认真对待、认真思考、认真实行的。对此，我们应当认真理解党的十八届三中全会提出的“全面深化改革的总目标”，这就是“完善和发展中国特色社会主义制度，推进国家治理体系和治理能力的现代化”。

“国家治理体系”是指“规范社会权力运行和维护公共秩序的一系列制度和程序”。政府治理、市场治理和社会治理是现代国家治理体系中三个最重要的次级体系。有效的国家治理涉及三个基本问题，即谁治理、如何治理、治理效果。“谁治理”指的是“治理主体”，“如何治理”指的是“治理制度和机制”，“治理效果”指的是“治理工具的有效性”。具体到我们所说的“文化治理”，最需明确的是“如何治理”的问题。也就是说，我们如何从既往的“文化管理”走向当前所倡导的“文化治理”。

## 二　如何理解“文化管理”向“文化治理”的观念变化

笔者想把问题集中一下，即从“促进文艺创作生产”的“工具”来反观“文化治理”。笔者在文化部艺术司工作8年，在文化科技司工作6年，前者更多地促进文艺创作，促进繁荣；后者更多地促进学术研究，提升智库。我们知道，政府部门主要是“依法行政”，但我们其实并没有“文艺创作促进法”。促进文艺创作的“工具”或曰“抓手”，一是项目资金扶持，二是评比奖励引导，三是评论氛围营造。但一个时期，“红包”评论已极大地扩大了评论的负面效应，“评奖”文艺也极大地影响了文艺的社会效果；只有“项目资金”还在扶持“文艺生产”，但它的一个潜在隐患是“文化包工头”在掏空我们正常的文艺生产机制和文艺产品的影响力。

如何理解既往“文化管理”向当下“文化治理”的观念变化呢？就文化管理部门而言，我们一直强调的是要由“办文化”向“管文化”转变。很显然，“办”一是指“直接”，二是指“具体”，“管”则是不要太“直接”也不要太“具体”。现在，有不少学者（文化人）希望文化管理部门“管文化”不是狭隘的、部门的“文化工作”，而是广阔的、社会的“文化建设”。这个意义上的“管文化”，体现为党的十八届三中全会部署“全面深改”所期待实现的结果，即“让一切劳动、知识、技术、管理、资本的活力竞相迸发，让一切创造社会财富的源泉充分涌流，让发展成果更多更公平惠及全体人民”。

## 三 “文化治理”体现“全面深改”目标的“三个举措”

如果说“文化治理”有别于“文化管理”的理念，应当体现“全面深改”的目标与举措的话，那么至少要关注三个方面的变化：一是“一臂之距”的管理。这就是前述“谁治理”的问题。也就是说，政府的文化管理部门无须事必躬亲，事必操办，事必“抓紧”，事必“推动”。需要发挥社会组织、社会资金在这个“一臂之距”间的能动性，文化管理部门多一些服务、扶持、引导、支撑的理念为好。二是“负面清单”的管理。前述“如何治理”关乎于此。“负面清单”管理是现代治理能力的国际惯例。简单些说，以往是“什么事能干，要经过审批”；这里是“没说不能干的就都能干”。这体现出文化发展空间的宽松，而“宽松”是文化发展的重要机理。三是“市场作用”的管理。这关涉前述“治理效果”。完整地说，“市场作用”的管理指的是“市场在资源配置中的决定性作用”。“市场在资源配置中的决定性作用”是党的十八届三中全会关于经济建设的重要论断。对于文化建设而言，习总书记认为“在发展社会主义经济的条件下，许多文化产品要通过市场实现价值，当然不能完全不考虑经济效益……优秀的文艺作品，最好能在思想上、艺术上取得成功，又能在市场上受到欢迎”。

## 四　习总书记“讲话”是“文化治理”的重要指针

毫无疑问，“习近平在文艺工作座谈会上的讲话”（2014 年 10 月 15 日）是我们当前文化治理的重要指针，是他与文艺界分析现状、交流思想、共同磋商的“文艺繁荣发展大计”。习总书记讲了五个问题：一是为什么要高度重视文艺和文艺工作？概而言之，就是要“举精神之旗、立精神之柱、建精神家园”，要“弘扬中国精神、凝聚中国力量，鼓舞全国各族人民朝气蓬勃迈向未来”。二是什么是文艺工作者的“中心任务”？也即“静下心来、精益求精搞创作，把最好的精神食粮奉献给人民”；为此，文艺工作者“除了要有好的专业素养外，还要有高尚的人格修为，有‘铁肩担道义’的社会责任感”。三是“为什么人的问题”这个文艺工作的根本问题、原则问题。这就是旗帜鲜明提出了“坚持以人民为中心的创作导向”。什么叫“以人民为中心”呢？总书记提出“人民的需要是文艺存在的根本价值所在”。而要“满足人民的需要”，就“不能以自己个人的感受代替人民的感受”，就要“从人民的伟大实践和丰富多彩的生活中汲取营养”。四是什么是社会主义文艺的灵魂？简言之，这灵魂是“中国精神”，是“爱国主义”。为什么这么说呢？因为弘扬当代中国精神，就是培育和弘扬社会主义核心价值观；而“社会主义核心价值观中，最深层、最根本、最永恒的是爱国主义”。事实上，历代文艺经典都以“家国情怀”为根本，“家国情怀”是国人最恒远、最坚定的信仰。五是如何繁荣发展社会主义文艺？总书记提出“加强和改进党对文艺工作的领导”要“把握住两条”：一是紧紧依靠广大文艺工作者，二是尊重和遵循文艺规律。

## 五 治理“文艺创作生产”的根本目标和重要遵循

习总书记所说的“五个问题”，也可以说其中第二至四个问题更是与文艺工作者“交流思想”的；而就我们的文化管理者而言，一定要深刻理解第一、第五两个问题，这事关我们“文化治理”的根本目标和重要遵循。实际上，我们“文艺创作生产”的根本目标就是“鼓舞全国各民族人民朝气蓬勃迈向未来”，而它的重要遵循就是“紧紧依靠广大文艺工作者”、通过依靠他们实现“尊重和遵循文艺规律”。就根本目标而言，“讲话”把文艺的“为人民”落实为对人民、对民族精神世界的丰富和精神力量的提升，落实为对其共同情感和价值、共同理想和精神的培育。实际上，“举旗、立柱、建家园”就“精神”丰富和提升而言是三位一体的；而“弘扬、凝聚和鼓舞”也是密切关联的——“弘扬”是“凝聚”和“鼓舞”的基石，而能否“凝聚”和“鼓舞”则决定着对“弘扬”内涵的抉择。

就“文艺创作生产”来看“文化治理”的重要遵循，“紧紧依靠广大文艺工作者”与“尊重和遵循文艺规律”是一个问题的两个方面。用习总书记的话来说，叫作“要尊重文艺工作者的创作个性和创造性劳动，政治上充分信任，创作上热情支持，营造有利于文艺创作的良好环境”。总书记还强调：“现在，文艺工作的对象、方式、手段、机制出现了许多新情况、新特点，文艺创作生产的格局、人民群众的审美要求发生了很大变化……这方面，我们必须跟上节拍，下功夫研究解决。要通过深化改革、完善政策、健全体制，形成不断出精品、出人才的生动局面。”在这里，习总书记还特别强调“要高度重视和切实加强文艺评论工作”，希望文艺评论成为“引导创作、多出精品、提高审美、引领风尚”的重要力量。换言之，“文艺批评”也是我们“一臂之距”的文化治理之“臂”，但如何发挥好这一“臂”的作用还需精研。在某种意义上，“网络大V”作为“意见领袖”也是重要的“文艺批评”力量，但目前这些“大V”显然缺乏“正能量”及其“跟帖”，多的是不断“删帖”中的“负能量”。

## 六　“四个方面”铸就“社会主义文艺的灵魂”

我们注意到，为落实习近平总书记《在文艺工作座谈会上的讲话》的第四个问题——中国精神是社会主义文艺的灵魂，《中共中央关于繁荣发展社会主义文艺的意见》在第三部分以“让中国精神成为社会主义文艺的灵魂”为题，强调了以下四个方面：一是聚焦中国梦的时代主题。要求“不断丰富拓展中国梦的表现内容，既讲好国家民族宏大故事，又讲好百姓身边日常故事；用生动的艺术形象和叙事体现中国梦的丰富内涵，见人、见事、见精神”。二是培育和弘扬社会主义核心价值观。要求“通过精彩的故事、鲜活的语言、丰满的形象，使核心价值观生动活泼、活灵活现地体现在文艺作品中，潜移默化、滋养人心，让人们在文化熏陶中感悟认同主流价值”。三是唱响爱国主义主旋律。强调“不管历史条件发生任何变化，凡是为中华民族做出历史贡献的英雄，都应得到尊敬、受到颂扬，被人民记忆、由文艺书写。组织和支持爱国主义题材文艺创作，大力讴歌民族英雄，倾诉家园情怀，弘扬集体主义精神，不断增强做中国人的骨气和底气”。四是传承和弘扬中华优秀传统文化。强调“坚守中华文化立场，坚持古为今用、推陈出新，秉持客观科学礼敬的态度，努力实现创造性转化和创新性发展。弃其糟粕，取其精华，从传统文化中提炼符合当今时代需要的思想理念、道德规范、价值追求，赋予新意、创新形式，进行艺术转化和提升，创作更多具有中华文化底色、鲜明中国精神的文艺作品”。

## 七　要关注传统舞台演艺的现代转化

在文艺创作生产中，除影视创作外，最需要用“文化治理”理念来审度的是舞台演艺。舞台演艺是演艺文化的传统。它的特征有：一是表演时空的限定性，二是表演对象的在场性。这使得它必须在限定的表演时空中对在场的观赏对象进行适应中的引领，应对适用性的理智。使演艺文化超越“限定性”和“在场性”特征的是影视演艺的华丽亮相和迅猛扩张。在既往的视野中，我们已经注意到影视演艺是科技进步催生的演艺新业态，也已经注意到这种新业态的演艺创新在吸引大众的眼球之时也俘获了大众的心灵；其实我们还应该注意的是，由科技进步催生的影视演艺不仅一如既往地关注着不断进步的高新科技，而且在其生产方式中倾注着不断前行的产业化运作理念。可以毫不夸张地说，没有高科技集成创新和产业化运作理念的共谋，就没有演艺文化的新兴业态。

面对新兴文化业态的崛起，包括舞台演艺在内的传统文化业态至少可以在三个方面有所作为：一是借鉴新兴业态的生产手段，这主要是高科技手段的集成创新，包括光效、音效、LED 视屏和机械装置舞台的“景效”等，不要以所谓“维护本体”来“拒绝创新”。因为艺术发展的历史证明，“本体”是由历史进程中无数个“具体”不断建构起来的。二是借用新兴业态的生产方式，这主要是分工专业化、生产流水化、运营连锁化等。三是借助新兴业态的生产平台，因为不断更新的电视业、网络业、手机业等文化传播业已经把人们带入电视、电脑、手机的“三屏”时代，具有更强传承力的传统舞台演艺必须认识到，只有借助新兴文化业态的传播力，才能更有效地强化自身的生存力并实现其在新的历史条件下的传承。

## 八　舞台演艺创新需要集成艺术要素和科技要素

习近平总书记在文艺工作座谈会上的讲话中指出：“文艺创作是观念和手段相结合、内容和形式相融合的深度创新，是各种艺术要素和技术要素的集成，是胸怀和创意的对接。”增强文艺原创能力，在当今时代无疑要特别强调“各种艺术要素和技术要求的集成”。注意到历史上东西方舞台演艺观念差异的人，都知道“集成”的观念在以我国戏曲为代表的东方舞台演艺中是根深蒂固的。西方的说、唱、跳分立成“剧”，话剧、歌剧、舞剧分庭演“艺”；我国戏曲则是唱、念、做、打“四功一体”，各种艺术要素“集成”创新。不知道这是否根源于农耕文明的“自给自足”和工业革命的“分工整合”，但当“音乐剧”这一新的舞台演艺类型亮相百老汇，一种新的“集成创新”的舞台演艺观念迅速蔓延开来。为什么说音乐剧是新的集成创新的舞台演艺观念？在于它不同于我国戏曲艺术专注的“艺术要素集成”，而是全面地追求“艺术要素和技术要素的集成”。后者的“集成”更体现出工业化和都市化进程的要求。

舞台演艺“集成创新”不仅需要“集成艺术要素”而且需要“集成技术要素”，这是当今时代的要求；这是文化科技融合实现“开源创新”的一个重要方面，也是我们增强文艺原创能力、适应文艺观念变化的一个重要方面。需要指出的是，“集成创新”作为一种具有当今时代特征的创新观念，特别强调视野的开放性和胸怀的包容性。这一创新理念的实践，通常需要凝聚一个创造理念，谋划一条实践路径，优化一批集成要素，创生一台有效作品。为了实现舞台演艺“集成创新”的有效性，我们的文艺创作生产需要强化四种意识：一是自主意识，即集成要素的选择、优化要服从创作主体“问题意识”（提出并解决问题）的需要。二是跨界意识。这里不仅包括各种艺术要素之间的跨界，也包括艺术要素和技术要素之间的跨界。三是协同意识，即通过突破创新主体之间的壁垒，实现创新资源和要素的有效汇聚。四是整合意识，即实现各种创新要素的有机配置，使文艺创作的目标、功能都体现出统一的整体性。

# B.7
# 寻求文化与科学的通约性

约翰·哈特利　贾森·波茨 著　何道宽 译*

《文化科学》的中文版问世，令我们十分高兴。我们感谢本书译者深圳大学的何道宽教授。他承担这一任务，面对不熟悉的题材而卓有成效，并不吝赞赏本书的“创意视角”。我们为此而深感荣幸。当人们试图用新的方式说新事物时，难免会遭遇特殊的问题：令我们放心的是，中国读者在何教授的手里“十分安全”。当然，任何可能的误读概由我们承担责任。

我们还感谢深圳大学文化产业研究院（SICI）的同仁，我们当中一人（哈特利）自2013年以来在此担任客座教授。这里的同仁有：深圳大学副校长、文化产业研究院院长李凤亮教授、该院项目发展部主任温雯博士。温雯博士是我们文化与创意经济研究项目的同事。我们赞赏深圳大学文化产业研究院勇于担当，推出文产研究的一套译丛，并将本书纳入其中，借以促进不同“亚部落”的思想交流。

本书中文版的出版对我们而言是一个重要事件，不仅因为它使我们的成果送达中国读者手中，而且标示了我们这本书的主题。跨界传播是新信息最重要的意图，也是任何文化创新的源头。在过去的20年间，全球快速社会经济变革的热点一直是中国。但文化和思想交流往往要慢半拍，发展也不均衡。在充满不确定性的时代，世界各地的人通过社交媒体、通俗文化、贸易和旅游前所未有地连接在一起，但苦于不同的知识和感知。全球性媒介化的意义与地方的群体身份发生冲突。

---

* 约翰·哈特利，澳大利亚科廷大学教授；贾森·波茨，澳大利亚皇家墨尔本理工大学教授；何道宽，著名翻译家，深圳大学传播学院教授、文化产业研究院研究员。

学术研究承担特殊的责任去理解并转化陌生人的思想和经验。然而，像不同的民族文化一样，学术文化常常抗拒外来影响，就像我们习惯于（颇有道理）逗留在我们的学科边界和专业特长里，习惯于满足本地机构、组织与读者的需求一样。建构一个通用的模式，以显示文化如何运转，何为文化功能，同时又显示在众多地方差异的语境下如何分析文化的运行机制，而文化差异往往既意味着群体的合作与交流，又意味着竞争与冲突——在这样的情况下，建构一个通用的模式是否可能呢？本书对此做出了肯定的回答。

为撰写本书，首先要跨越的边界之一是两位作者之间的学科边界。贾森·波茨的领域是演化经济学和制度经济学，他兼有自然科学和社会科学训练；约翰·哈特利是媒介理论家和文化理论家，兼有文学研究和符号学训练。这些不同专业的方法论迥然殊异，而且常常是相互对立的，它们含有意识形态的附属关系，而这些关系又很容易挑起“我们”和“他们”立场的对立。那么对这类分殊的文化、传播和创意路径如何整合呢？多年来，澳大利亚研究委员会属下的创意产业中心（Australian Research Council's Centre of Excellence for Creative Industries and Innovation/CCI）努力回答了这个问题。本书就是这样的研究成果。

如今，我们把思想袒露在世人面前，类似的挑战就摆在作者面前了：面对各有独特思想的社群，如何表达有关文化的新鲜而有用的问题呢？面对中国时，这是一个特别微妙的问题。中国历史很悠久，人口又最多，有5000年绵延不绝的历史和全套独特的治理机构。几百年间，中国与域外人的关系动荡不定，中国人常感到痛苦。难怪它对外来思想的疑虑挥之不去：这不仅是对恶邻的防卫机制，而且是有能力面对任何挑战而感到骄傲的标志。

与此同时，对政治思想和经济实践的西方影响，中国又持开放态度——虽然有时它不太情愿让外来影响覆盖民族文化的现存模式。在目前的语境下，在新兴的网络技术和媒介这些经济建设和文化表达的全球平台上，这个复杂的过程尤其明显。互联网技术是中性的，但中国的互联网使用和规制是独特的。结果，和有些互联网技术发明、思想和革新源头的西方国家相比，中国就产生了非常独特的用户生成内容的创意产业和文化产业。在这样的语境下，历史和政治在互联网故事中发挥了重要的作用，就像经济学家和文化学者对各种过程感兴趣一样。在这样的情况下，像其他学科解释自然（气候、洋流）和文化（贸易、名望）的全球性模式一样，构建一个通用的文化理论，以解释思想和想象的进出口，那就不仅更难，而且更为重要了。

中国的经济已赢得世界的钦慕，但中国文化的国际影响尚不广泛。中国仍然是思想的“净进口国”，在科学（在形式知识领域）和审美（在消费文化领域）两方面都要进口。无论在制造业和运输系统所需的工程技术方面，还是开发吸引人的时尚品牌方面，中国的声音并不经常在世界市场上响起。无疑，中国各级政府（国家、省、区、市）大量投资创意产业和文化产业，其原因是：发展经济基础和国内市场；把重点从低成本、模仿-追赶的制造业转向高价值的创意革新，以促进中国的文化产品和创意产品。在这个过程中，中国自己的文化也传播到世界各地，成为中国的“软实力”。这是提升国家竞争力的至关重要的战略。

也许，这些抱负意味着，中国与世界各国无异：一个“我们”社群需要确保自己与其他任何外部的“他们”社群有所不同，同时它又用自己的历史和文化给人留下深刻的印象，使自己的身份、故事、价值以及产品和服务在世界舞台上流行，还有什么比这更好的结果吗？无疑，这有利于中国的政治经济福利，能促进国内外的和谐，使世界各国更好地理解中国，促进未来的合作、减轻有些国家对中国崛起的担心，同时又使世界各国多带上一点点中国味。

由此可见，无论看上去多么独特，任何一种文化都是全球体系的一部分。从长时期来看，影响是相互的，就像对话是有来有往的轮换一样。21世纪有可能是“中国世纪”，中国正强有力地传播自己的声音，让他人倾听，以前的中国不得不耐着性子听他人说话。但仔细分析这个过程时，有必要识别文化和创意生产力的大系统，这样的交流成就于大系统。这个系统是全球性的；其产品各有不同。

## 一　全球化与差异的加速

电脑、电信、媒体和互联网广布全球，全球的知识流布日益广泛，但文化“领域”仍然是撕裂的。我们至今难以把“符号圈”（Lotman，1990）表征为单一的单位，因为其变量要素使用不同的语言、技术和软件去表达不同的信仰或不同的政治，去生成表面上看不可通约的现实；在这里，“差异”被视为对立的、敌对的。在民族文化层次上，你们的全球性娱乐（美国）被视为对我们的现实的入侵（习近平领导下的中国；激进伊斯兰；纪录片《第一批人类》）。在个人层次上，“差异”并非总是受欢迎。它遭遇的可能是强化边界的敌视（常常因制度框架比如新闻业或政党而层层叠加），我们看到一个更大的网络，人们的身份可能各不相同。

目前，全球符号圈处在过渡期，位于“微观”的攻击性狭隘主义和“中观”的全球综合的半途；攻击性狭隘主义需要的是承认差异，使之维持异质的地位；在全球综合的层次上，典型的交流立场是不制造敌人，而是转变，是跨越文化的（居间的）和知识的（跨系科的）边界。在公司基础设施的层次上（标准化平台上），这个过程运行良好，至于促进不同人群间共享“互操作性”的文化，人们给予的关注却要少得多。技术进步固然受欢迎，同时又显示，在新思想的社会传播、吸收和普遍使用上，我们还任重而道远。技术壁垒妨碍人的社会交往，使人难以通达全人类不同的群体，这样的障碍仍然使人望而生畏。而文化的防卫机制更加令人望而生畏：“我们的”群体要防御“你们的”群体，不惜一切代价。

这一切似乎都影响我们如何考虑社交媒介和数字文化，这是在以美国为中心的英语用户强大环境中产生的媒介和文化。和许多现代科学一样，和全球新闻、小说和娱乐的凯歌高奏的形式一样，在技术（科学－军事）和商业方面，互联网都是英语用户的技术，从域名开始直到1990年代开始主宰互联网的公司，互联网都是英语用户的技术。于是，把“我们”（用英语的美国）用来指称“世界上的每个人”的泛化习惯就轻而易举迁移到社交媒介了，因此，对许多国家的许多用户而言，尤其对有组织的新闻界和评论界而言，“互联网”就意味着谷歌、亚马逊、脸书、亿贝等美国降生的技术巨头。

这是很容易养成的习惯，因为直到不久前，世界上最大的公司往往都是美国公司。1995 年，在世界互联网公司 15 强（以市场资本化为标准）中，只有两家的总部不在美国（见表 1）。到 2015 年，市场资本化已从 17 亿美元增长到 2.4 万亿美元，但这 15 强里只剩下一家美国公司，其余的美国公司都被取代了。现在的 15 强包括 4 家中国公司：阿里巴巴、腾讯、百度（在中国名为 BAT）和京东。显然，互联网创业的“天”在变！

**表 1　顶尖互联网公司比较，1995～2015＊**

| Public Internet Company Market Capitalizations – 1995 →2015... Top 15 Companies by Market Capitalization = 1995@ $17Billion →2015@ $2.4 Trillio | | | | | | | |
|---|---|---|---|---|---|---|---|
| Global Public Internet Companies, Ranked by Market Capitalization | | | | | | | |
| As of December, 1995 | | | | As of May, 2015 | | | |
| | Company | Home Country | Market Cap. ($MM) | | Company | Home Country | Market Cap. ($MM) |
| 1 | Netscape | USA | 5415 | 1 | Apple | USA | 763567 |
| 2 | Apple | USA | 3918 | 2 | Google | USA | 373437 |
| 3 | Axel Springer | Germany | 2317 | 3 | Allbaba | China | 232755 |
| 4 | RentPath | USA | 1555 | 4 | Facebook | USA | 226009 |
| 5 | Web. com | USA | 962 | 5 | Amazon. com | USA | 199139 |
| 6 | PSINet | USA | 742 | 6 | Tencent | China | 190110 |
| 7 | Netcom On-Line | USA | 399 | 7 | eBay | USA | 72549 |
| 8 | IAC/Interactive | USA | 326 | 8 | Baidu | China | 71581 |
| 9 | Copart | USA | 325 | 9 | Priceline. com | USA | 62645 |
| 10 | Wavo Corporation | USA | 203 | 10 | Salestorce. com | USA | 49173 |
| 11 | iStar Internet | Canada | 174 | 11 | JD. com | China | 47711 |
| 12 | Firefox Communications | USA | 158 | 12 | Yahoo! | USA | 40808 |
| 13 | Storage Computer Corp. | USA | 95 | 13 | Netflix | USA | 37700 |
| 14 | Live Microsystems | USA | 86 | 14 | Linkedin | USA | 24718 |
| 15 | iLive | USA | 57 | 15 | Twitter | USA | 23965 |
| Total Market Cap of Top 15 | | | 16752 | Total Market Cap of Top 15 | | | 2415867 |

＊ Source: “Internet Trends 2015” by Mary Meeker of Kleiner Perkins Caufield & Byers. Published by *Business Insider Australia*, http://www.businessinsider.com.au/mary-meekers-2015-internet-presentation-2015-5#-6.

互联网是世界网，这个意识已经增强，但互联网的表达仍然是陈旧狭隘的民族国家竞争力：“我们的比你们的大。”就公司而言，局面仍然是“白雪公主”（谷歌）对“7 个小矮人”（所有其他公司）（见图 1）。

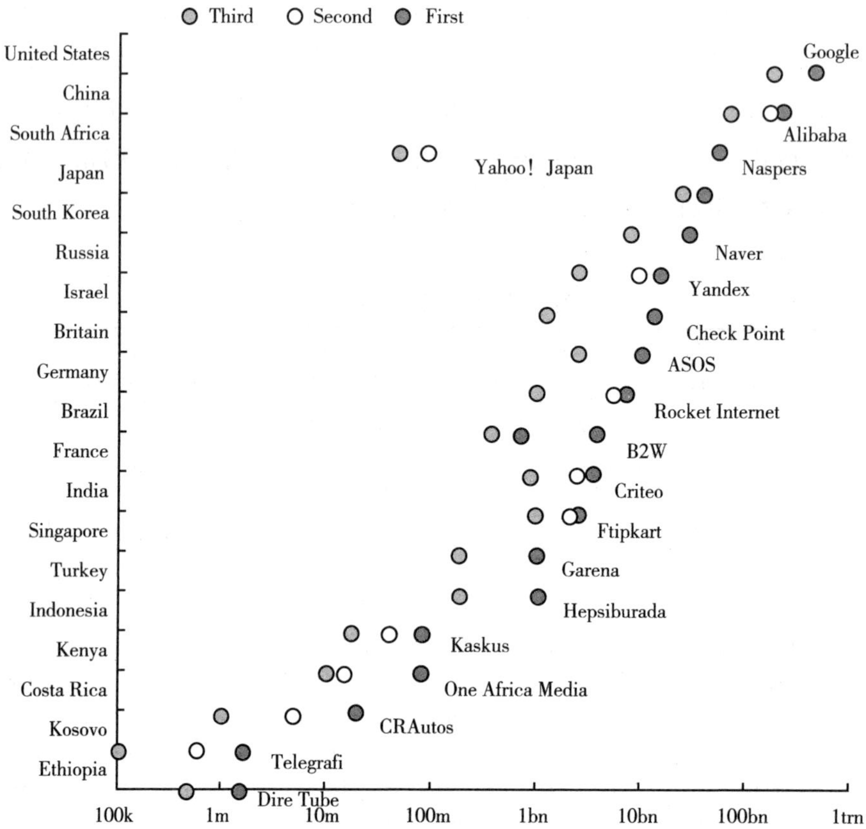

**图 1　互联网巨头的国别分布比较（2014）**

* *The Economist*, July 12, 2014, http://www.economist.com/news/business/21606850 - biggest - internet - companies.

注意图 2 的比例尺是对数。《经济学家》（*The Economist*）的解释是：美国的亚马逊和脸书排名第二和第三，除了中国，它们在任何国家都算最大。谷歌大于其余 48 国顶尖的互联网公司巅峰价值的总和（*The Economist*, July 12, 2014）。

然而，商务和新闻话语的记录显示，中国正在“赶上”，它还有庞大的未联网的人力资源库去为互联网的发展提供动力。“普通话互联网”的议论在 2010 ~ 2012 年间已开始流传。

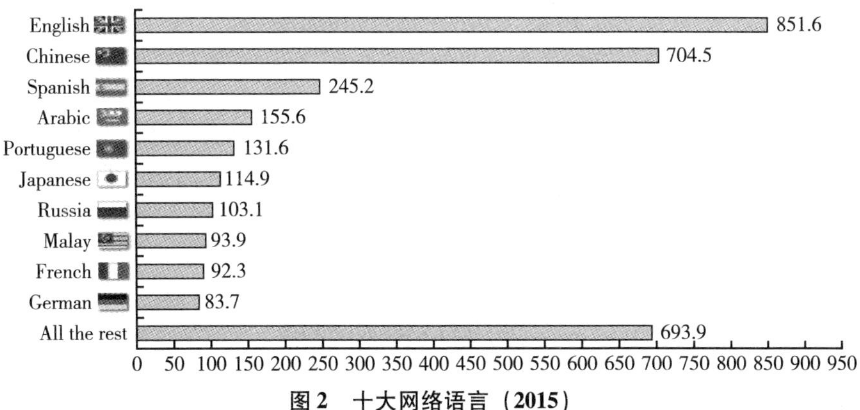


**图 2　十大网络语言（2015）**

* Source：Internet World Stats，http：//www. internetworldstats. com/stats7. htm.

与此同时，中国公司也在国际化，领头的是电子商务巨头阿里巴巴（总部在杭州）和电信公司华为（总部在深圳）。中国互联网公司的规模和实力（见图 3）显示，许多中国公司在接踵而至。

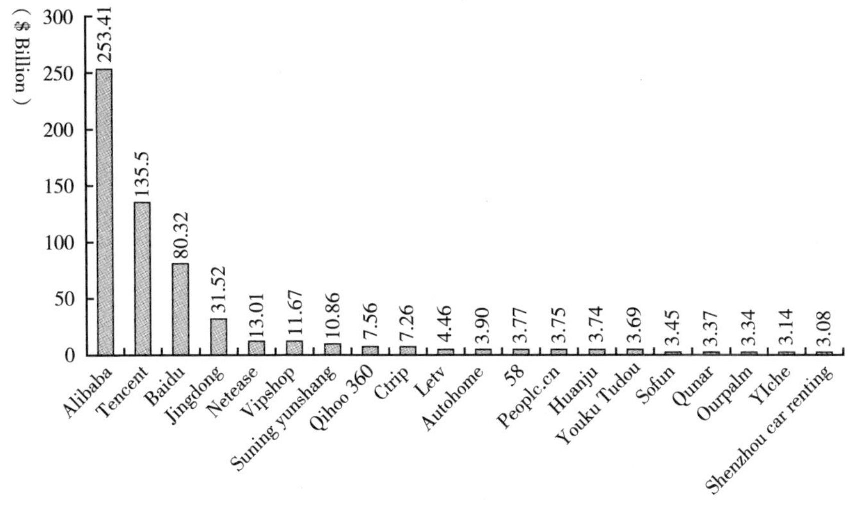


**图 3　中国最大互联网公司的市值（2014）**

* Source：*China Internet Watch*，http：//www. chinainternetwatch. com/13008/top – 20 – internet – companies – value – 2014/.

自然，西方守成国对自己的领先和市场份额感到不安。正如总部位于伦敦的《经济学家》所言："令欧洲焦虑的是，在互联网五强中，没有一个是欧洲国家。"对其他英语国家比如澳大利亚和加拿大而言，情况更令人焦虑。它们根本就没有在顶尖的排行榜中露过脸。印度尼西亚、肯尼亚、哥斯达黎加、科索沃和埃塞俄比亚都排在它们前面。信息是清楚的：全球对话的主要参与者在交换位置，新的语言在世界舞台上发声。我们还需要理解这个舞台。

## 二　新时代的新对话

1820 年代，贝多芬写道：①

> 朋友啊，不弹奏这样的音调！
> 调换调子，弹奏更愉悦的乐章！

沐浴在贝多芬欢快对话的精神里，我们用一个对话结束这篇中文版序。我们的英国出版社布鲁姆伯利（因出版轰动全球的文化创意作品《哈利·波特》系列而声名鹊起）想要为读者提供我们的洞见，并介绍《文化科学》，因为这个书名可以归入两类书单：媒体类和经济学。于是他们采访我们两位作者，为其布鲁姆伯利学术片《电影与媒体博客》拍一个短片。② 以下是经过编辑的访谈：

布鲁姆伯利（以下简称为"布"）导语：

① 贝多芬的抒情调，他在合唱交响曲里介绍席勒的《欢乐颂》（同时改变古典－浪漫音乐的方向，为下一个世纪的音乐铺路）。Source：*Wikipedia*，"Symphony No. 9 (Beethoven)"，http://en.wikipedia.org/wiki/Symphony_No._9_%28Beethoven%29.

② See http://bloomsburyfilmandmedia.typepad.com/continuum_film_and_media/2014/10/author-qa-john-hartley-and-jason-potts-of-cultural-science.html.

出版社将许多电影和媒介研究的成果与电影一并研究是非常合适的，它们谈的是导演、电影、样式、国家电影业和跨国电影业；其他一些书适合放进媒介研究，它们探索媒介权力、广告效应、名流麇集的文化都会。偶尔之间，我们出的书却摆脱了一切清晰界定的范畴。

无疑，《文化科学：故事、亚部落、知识与革新的自然历史》就是这样一本难以归类的书，显然，它至少是一本论文化的书。但除了把人民、世代、地点等一网打尽之外，文化这个用起来方便的语词究竟意味着什么呢？如果用近乎科学的方式，你如何研究一个如此宏大、难以界定、难以名状的领域呢？

约翰·哈特利、贾森·波茨两位作者综合了跨度可观的若干学科，推出一种新的文化研究方法，即进化论的研究方法。因为这本书几乎难以归类，所以我们请他们向读者介绍这一开疆拓土的工作。

布：对没有专门知识的读者，你们如何解释本书的概念和轨迹呢？

作者：这本书讲“文化的性质”。那是什么呢？我们怎么知道文化的性质呢？问题就从这里开始！

我们两人在同一研究所（澳大利亚研究委员会的创意产业中心）共事，但我们的学科背景迥然不同，所以研究“文化”问题时，我们很难有共同语言；我们理解文化、探索文化的方式影响我们对知识、创意、权力和增长等当代问题的处理，在这些方面，我们的共同语言少之又少。学科语言和传统对我们帮助有限，阻碍却相当大。

文化研究的基本问题是，它不是科学研究。研究文化建构成了进步学术运动，它表征的是政治问题。有一段时间，“政治”遮蔽了“文化”。文化研究被用来抗拒媒介与社会的当代问题，尤其是有关媒介化身份和关系的政治维度问题，至于文化研究里的基本文化观念究竟为何物，反而不清楚了。于是，从外部引进新观念，似乎是好主意，从进化科学和复杂科学（经济学、生物学、网络理论和知识论）引进新观念，尤其是好主意。

但另一条路径——文化的科学研究——也带来问题。比如，进化人类学研究并不是文化研究。这是一个反问题。换言之，文化的自然科学苦于理解

"意义"，难以理解文化在日常情况下的建构和使用。原则上，这正是文化研究的长处。

起初，笔者准备用书名"表意功能的演化"（*The Evolution of Meaningfulness*），可见笔者心比天高——试图重新发明文化研究，笔者的意图是：利用科学方法的最佳方面，绕开其弱点（意义研究），将其与文化研究最富有洞见的方面结合起来，同时又抛弃文化研究预先选边站的倾向。

这就是本文开题时遭遇的"问题"：知识问题。知识问题也是本书的课题，因为我们断定，用知识系统和技术的进化来解释文化是最好的方式。

"文化用作什么目的?"笔者提出不一样的答案。在理科里，文化是社会复制的信息，是一种机制，一类信息借以在社会里传承——正如基因是生物复制信息的单位一样。在文化研究里，文化是权力和较量的场所；文化研究并没有在功能上分析文化。笔者提出的答案是，文化造就群体，这就是"文化科学"的路径。这就是文化的功能。创造知识的是群体，通过与其他群体的互动，群体创造知识。文化造就的群体是创造知识的群体，这就是我们所谓的"亚部落"（deme），亚部落由语言和故事等元素组成。

故事的基本特征是，既有主角，又有"我们"（英雄）和"他们"（恶棍）的区分。亚部落也有这两种人。对内部人而言，亚部落是知识之源，能解释世间的一切，其范围遍及寰宇。同时，"我们的"知识是有对手的——原则上"我们的"知识与"他们的"知识对立。在讲故事的系统里，从新闻业到娱乐业，都可以见到这种对立的形态结构。同理，科学也难免这样的"对立主义"。由此可见，文化造就的知识是亚部落的——文化偏爱和复制与他人竞争的群体。因此笔者认为，不同的亚部落互动和竞争时，革新和知识增长的力度最大：知识变化，并且在群体之间的边界（又是敌对的边界）上冒出来。

布：循着同一思路，你们如何用一句话解释"亚部落"?

作者：在生物学里，亚部落是一个杂交的种群；在政治学里，亚部落是一个投票选举的群体；在文化科学里，亚部落是一个互相认识的人群；他们与其他亚部落争夺新知识。

布：什么力量吸引你们去论述“亚部落”？

作者：波茨是演化经济学家，这门学科建基于进化生物学；在进化生物学里，“亚部落”概念和总体的种群思维高度发展、司空见惯。哈特利长期研究文化突变、故事、新闻和受众（“民众”）。他注意到自己的领域与演化经济学知识增长概念的关系。我们都欣赏卡尔·波普尔，这把我们联系在一起，这就是本书核心概念孕育的起点！

关键的突破是我们认识到，亚部落概念使我们能绕开个人层次和群体层次的战场，那是经济学家和生物学家两军对垒的战场。亚部落站在两边，既是经济学概念，又是生物学概念。这一突破是人类行为在种群层次上的解释，使我们能对文化研究的许多概念进行再加工，隐含的结果令人吃惊；比如在市民身份、文化崩溃与征服、故事的创作和新闻的意义等概念方面，我们都有了新的发现。这就开辟了一个全新的研究计划。反过来，这就为经济学提出了新的问题：我们挑战经济学的方法论个人主义，以及它对行为（可观察到的选择）的倚重，而不是对知识（群体分享的意义）的倚重。

布：撰写书稿的过程中，你们向谁求助？换句话说，你们发现什么书需要反复参考？为什么？

作者：我们追踪几个典型的跨系科作家，他们进入的领地与我们类似。何梦笔（Carsten Hermann-Pillath）尤其给我们启迪。他提出文化科学的演化经济学逻辑。他是演化经济学家、汉学家。最近，他把这两方面结合起来，完成了一部重要的著作《中国的经济文化：国家与市场的仪式秩序》（*China's Economic Culture: The Ritual Order of State and Markets*）。[①] 进化生物学和语言学家马克·培杰尔深深地吸引了我们；他关于语言演化的基本观点与我们提出的观点路子相同。在我们推出合作模型方面，数学家和经济学家赫伯特·金迪斯（Herbert Gintis）起到了推动的作用。我们并不认识培杰尔

① Routledge“亚洲经济发展研究丛书”（Studies in the Growth Economies of Asia series）（2017），https：//www. routledge. com/Chinas－Economic－Culture－The－Ritual－Order－of－State－and－Markets/Herrmann－Pillath/p/book/9780415711272. 何梦笔的个人网站解释他研究中国的路径，我们的研究借鉴这一路径，http：//www. cahepil. net/8. html。

和金迪斯，无缘谋面，承蒙他们对本书进行评论。

赫伯特·金迪斯是美国圣塔菲研究所外聘教授、匈牙利中欧大学经济系教授，与人合著《合作的物种：人的互惠性及其演化》（*A Cooperative Species*：*Human Reciprocity and its Evolution* 2011）。他写道：

> 人在演化过程中重造文化，亦如鸟类在进化过程中筑巢、蜘蛛在进化过程中结网。更说明问题的是，文化数十万年间演化，使人性如此。在这本雄心勃勃、说服力强的书里，哈特利和波茨向我们展示行为科学和文化研究统一的愿景，粉碎了传统学科的疆界。

马克·培杰尔在英国雷丁大学执教，是进化生物学教授、英国皇家学会会员，著有《联通的文化》（*Wired for Culture*，2012）。他写道：

> 哈特利和波茨的《文化科学》牢牢扎根于达尔文的进化论框架，强调指出：知识、道德、革新甚至个人身份如何在群体或亚部落的力量中兴起，亚部落追求共同的目标，常常与其他类似的亚部落竞争。《文化科学》适合非专业读者，也是现代学术型文化研究的参考文献。①

不过，对我们影响最大的也许是语言学家和社会学家尤里·洛特曼（Yuri Lotman）、尼克拉斯·卢曼（Nikolas Luhmann）、大卫·斯塔克（David Stark）的著作。它们研究语言、社会和组织的路径是系统本位的和进化论的。这些著作使群体的形成和冲突建立在坚实的基础上，将群体的形成和冲突视为自然界根本的创造力。

布：请描绘这个思想的形成过程。你们是否始于一个立场、终于另一个立场呢？

作者：我们初始的模式聚焦于社会学习，将其视为文化机制。这是演化

① See also，http：//www. bloomsbury. com/au/cultural - science - 9781849666046/.

人类学家认可的模式，演化经济学家也会认可这一模式。这是标准的文化演化的一步棋。过了一阵子，我们才意识到这个模式（基于个人行为）的局限性，它漏掉了一些东西，尤其漏掉了意义的社会元素和创意元素。于是，我们开始研究亚部落的概念，将其视为系统生成的、划定边界的过程，它最终把我们引向本书的核心理念：一个两阶段模式，文化造就群体；群体创造知识，知识在（冲突的）群体边界上强劲增长。自此，一切都纲举目张、各得其所了。

布：你们觉得，这本书的探索里有什么其他学术著作里没有充分探究的东西吗？

作者：我们重温英国作家 C. P. 斯诺 1950 年代率先提出的“两种文化”理念，他借此描绘自己感知到的科学和人文学科的割裂。我们认为，我们这个版本的“文化科学”实际上是两者的调和，是文化的“现代综合”——文化与科学是“一致的”（爱德华·威尔逊语）。我们兴趣盎然地期待读者对这个问题的想法。

本书的重点是推出革新理论的全新路径，这是源自文化动力学而不是经济环境的研究路径。实际上它探索的是这个全新概念的结果，在一些令人惊异的方向追踪其发展：这些方向瞄准公民身份、城市性质、湮灭、浪费和征服——这些领域是革新的标准模式通常不问津的地方。所以笔者认为，我们在这里开启了一种新的对话。

布：写作过程中哪一段最令人愉快？

作者：这本书里有大量的跨界探索，它把文化研究、语义学、符号学、复杂理论和进化论、社会性、人类学、认识论哲学糅合在一起。杂交的东西免不了样子难看，难以在学界讨人喜欢，学界朋友往往对它投以怀疑的目光。所以，我们在世界各地的研讨会邂逅了千锤百炼的辩论，比如，经济学家本能地讨厌它，因为它有那么多文化研究的元素；文化研究专家本能地讨厌它，因为他们觉得我们的书有一些新自由主义成分，如此等等，每一群人都有各自的异议。

正如珍视学术界激烈交锋的人所体验的，最令人愉快的是，这些交锋令

人深省，亦令人惊叹。本书就是在跨越这些不同方法论和世界观而“获利”的过程中闯荡出来的。我们从中找到核心的概念，并以为，这些概念既简单明了又极富价值。

布：还有其他让我们分享的收获吗?

作者：我们想说，像电影《卡萨布兰卡》（*Casablanca*）的人物里克（亨弗莱·鲍嘉饰）和路易（克劳德·雷恩斯饰）一样，我们认为，“这是美好友谊的萌芽”——科学与文化的交友。这是电影的最后一句台词，但我们希望这一友谊在“银屏”上继续上映。文化科学如初生婴儿，我们的《文化科学》是第一卷，系列的故事将陆续登场。

其中一些故事将用中文来讲。

# B.8
# 创客运动与创客群体的文化认同

欧阳友权　吴 钊*

摘　要：　创客运动需要文化基因的根脉传承。培育创客文化、构建创客群体文化认同，应该成为中国创客运动的文化基础和深层驱动力。从身份认同、情感认同、行为认同、目标认同四个维度着手构建创客的文化品格，培育创客群体的文化心理，并从中提炼出"开放包容、实干创新、开源协作、自我实现"的文化精髓，以树立中国创客群体的文化价值观，是实现创客运动可持续发展的关键。

关键词：　创客运动　创客群体　文化认同

美国《连线》杂志主编克里斯·安德森这样总结二十年创新史："过去的十年，人们在找寻通过互联网创造、发明以及合作的新方式；未来的十年，人们将把这些经验应用于现实世界中。"① "创客运动"就在这个时代应运而生，并迅速引起了世界各国的密切关注。尤其是在美国，创客运动已成为推动制造业新一轮发展的重要引擎。近年来，创客运动走进中国，并得到迅速发展，从国内首家创客空间——上海新车间的成立，到深圳、北京、杭

---

* 欧阳友权，中南大学文学院文学博士、教授，研究领域为文艺理论、网络文学和文化产业；吴钊，中南大学文学与新闻传播学院博士，研究领域为文化产业。

① 〔美〕克里斯·安德森：《创客：新工业革命》，萧潇译，中信出版社，2015，第25页。

州、成都等城市创客空间的生根发芽，创客运动已从小荷初露开始走向蔚为大观。不过，国内学者对创客的研究起步较晚，研究的问题主要集中于“创客空间”和“创客教育”两大方面。从长远来看，研究和解决文化认同问题是创客可持续发展的关键。

## 一　创客运动的兴起

1968 年，美国作家斯图尔特·布兰德（Stewart Brand）在《全球概览》创刊号第一页上写道：“一个关乎私密的个人力量的领域正在蓬勃发展——这样的力量可以让个人实现自己的教育，找到自己的灵感，塑造自己的环境，与任何感兴趣的人分享自己的经历。”[①] 从这段话中我们看到了“创客”的影子，因为创客的灵感正是来源于我们自身的学习和生活经历，创客的动力来源于对创新和实干精神的追求，而创客的意义则在于自给自足和开源共享。

一个国家要真正强大起来，离不开坚实的制造业基础。然而，全球制造业市场的持续疲软已经让多个国家的经济遭受打击。恰如加拿大科利·多克托罗（Cory Doctorow，2009）所说，“通用电气、通用磨坊、通用汽车等大公司的时代已经终结。桌面上的钱就像无数个小小的磷虾：无数的创业机会等待着有创意的聪明人去发现、去探索”。[②] 因此，再谈制造业的发展，一定不能重走大型工厂的老路子，而是要建立一种与互联网密切相关的、自下而上的、广泛覆盖的全新发展模式，这种模式便是“创客模式”。事实上，美国等西方国家早就已经意识到，仅凭几个工业巨头要衍生出几千个对利基市场各个击破的小公司是不可能的，只有大力推动创客运动才能帮助它们捕捉到小如磷虾却多如牛毛的市场机会，重拾已经丧失的制造业实力。因此，在过去的四年里，奥巴马政府在 1000 所美国学校中引入“创

---

① 〔美〕沃尔特·艾萨克森：《史蒂夫·乔布斯传》（第 2 版），中信出版社，2014，第 52 页。

② Cory Doctorow. *Makers*. New York：Tor Books，1988：139.

客空间”，并为其配备了3D打印机和激光切割机等数字制造工具，其目的不再是培训技能型蓝领工人，而是培养新一代的系统设计师和生产创新者。2014年6月18日，奥巴马举办了第一届白宫创客嘉年华活动，并宣布了一系列政策支持初创企业和创客空间的发展，他更是将这一天定为“国家创客日”。有人将今天的创客运动比作1985年的个人电脑革命，是因为创客运动的发展速度完全可以与个人电脑诞生之初的发展速度相媲美。或许，我们从创客运动中可以看到21世纪全球制造业经济的轮廓与未来。

以中国第一个创客空间上海“新车间”为标志，创客运动真正传入我国的时间应该是在2010年。在这短短五年时间里，国内已具规模的创客空间已达二十多家，以北京、上海、深圳三地居多，广州、杭州、南京、武汉、成都等地也已开始覆盖，其中“北京创客空间”、“上海新车间”、“深圳柴火空间”、“杭州洋葱胶囊”等最具影响力。此外，清华大学、北京大学、哈尔滨工业大学、深圳大学等国内知名高校都逐步建立起了校园创客空间。有数据显示，在全球1000多个可以共享生产设备的创客空间中，国内仅上海一个城市就有100多个，可见创客运动在国内的发展速度已十分惊人。不难理解，国内创客运动的迅猛发展与我国强大的制造业生态体系、丰富的人力资源、雄厚的资本实力和艺术积淀密切相关。除此之外，还有一股巨大推力则来自数字技术、信息技术、网络技术的进步。事实上，创客运动兴起之时，制造业本身就正处在数字化转型过程之中，过去实体物品的设计工作是在工厂里、图纸上完成的，现在取而代之的是工作室和电脑屏幕，并且这些设计成果可以以文件形式在线共享。创客运动的魅力也就在于人们可以走出工厂、走出企业，自由营造自己的工作空间，将自己的创意和想法变成屏幕上的种种设计，并且利用一些功能强大的数字桌面制造工具将这些设计转变为触手可及的实体物品。因此，人们既可以感受互联网带来的设计灵感和联通快感，又可以体验到旧时作坊中“叮当捶打”的匠人工作形态。正如克里斯·安德森所预言的，未来十年，虚拟世界和实体世界将充分联结在一起。

## 二 中国创客文化的现实缺失

人类对这个世界的认识和感知源于形形色色的“交往行为”，“创客运动”就是其中一种。那么，如何实现“创客运动”这种“交往行为”的合理化呢？哈贝马斯交往理论认为，交往行为合理化首先是主体交往行为在道德实践上的理性化，而不是工具或策略行为上的理性化。或者说，交往行为合理化不能依赖技术手段、策略方法等功能理性方式而实现，而要依赖交往主体意向表达的真诚性，以及主体之间行之有效的并能以一定仪式巩固下来的社会规范来实现。[①] 因而，交往主体意向表达的真诚度以及对社会规范的遵从度，在一定程度上取决于主体之间存在共同的文化价值观，对其所属群体产生文化认同。当今社会，文化认同已经成为个人或群体界定自我、区分他者，加强彼此之间同一感、真诚感，从而凝结成具有共同文化价值观的群体的标志。[②] 因此，要促进创客运动的合理化发展，首先要在“交往”活动中形成特定的“创客文化”，其次是要使“创客”这个群体对其“创客文化”产生植根性的认同感。

创客运动兴起于美国的原因就在于其深刻的创客文化历史基因，譬如车库文化。车库原本是存放私家车的专属空间，闲置之时却成为美国人兴趣制作和个性创新的小天堂，正因为如此，美国人的车库里诞生了迪士尼、苹果、亚马逊、惠普、谷歌等一系列全球知名品牌。此外，美国创客文化基因还包括硅谷文化、DIY[③] 文化、黑客文化等。据此，丁大琴将欧美创客文化的内核总结为“实践、创新、创业、风投、创意、动手、开源、分享”十六字，正是这“十六字”精髓受到了欧美创客们的广泛认同和追求。在他

① 傅永军：《哈贝马斯交往行为合理化理论述评》，《山东大学学报》（哲学社会科学版）2003年第3期，第9~14页。

② 参见张旭鹏《文化认同理论与欧洲一体化》，《欧洲研究》2004年第4期，第66~77页。

③ DIY是“Do It Yourself”的英文缩写，简单来说，DIY就是自己动手，没有性别、年龄的区别，每个人都可以做，每个人都能从自己的DIY物品中感受到自在与舒适。

们看来，创客是一种信仰，是一种主义，更是一种时代精神。

其实，“创客精神”中国古已有之，比如从《天工开物》《考工记》《齐民要术》《梦溪笔谈》等一些百科全书式著作中就可以看出中国“创客”的发展端倪。现代创客运动虽然起源于欧美，但由于国家管理体制、文化背景等诸多方面的不同，欧美创客文化并不完全适用于中国创客。那么，中国创客文化的精髓是什么？显然这个问题并没有现成的答案。当前，中国创客所推崇的依然是那些从欧美创客文化中“拿来”的创新、创意、开源、共享等普适性创客文化观，而中国独有的创客文化精髓在他们的意识和观念中是缺失的。从个人意志养成来看，造成这种缺失的原因无外乎三个方面：其一，西方创客文化先入为主，导致国内创客盲目崇拜西方文化。不难发现，大多数国内创客空间的创办者有国外工作的经历，回国后他们会不自觉地将国外创客文化带到自己的工作中，甚至有少数创客盲目崇拜西方精神、轻视本国文化，因此造成本国文化认同缺失。其二，中国创客文化含蓄内敛，致使国内创客难以产生共鸣而遭到忽略。其三，小部分国内创客随波逐流，不重视创客文化的重要性，对创客中的文化根脉传承重视不够，故而不能融入中国创客群体之中。费孝通先生（1998）曾提到，生活在一定文化中的人要对其文化有自知之明。有“自知之明”不是要“复归”，也不是主张“全盘西化”或“全盘他化”，而是为了取得适应新环境、新时代的文化选择的自主地位。所以，今天我们必须面对的一个现实问题就是如何构建创客群体文化认同。

## 三　构建创客群体文化认同

文化是特定社会或社会集体里所有与众不同的精神和物质、知识和情感的集合，除了艺术和文学，它还包括生活方式、人权、价值体系、传统以及信仰等①，这种“与众不同”不是为了标新立异，而是一种界定自我、区分

① Schafer D. P. *Culture*：*Beacon of the Future*. Twickenham：Adamantine Press，1998：28.

他者的共识。所以我们应该清醒地认识到，在这个由“原子”和“比特”构成的世界里，只有“文化”才是身份的永恒象征。尤其是对于创客这个年轻又特殊的群体，在管理体制和运作模式都不尽完善的发展初期，发挥文化所独有的凝聚、约束、激励、导向作用显得尤为重要，因此“构建文化认同”更应该被摆在一个重要的位置。笔者认为，要构建创客群体文化认同，首先必须明确以下四个核心问题。

核心问题之一是“我们是何人”，即身份认同。与一般的创业者不同，无须大量投资建造工厂或雇用大量劳动力，也无须丰富的企业管理经验或强大的资本运作能力，创客即可将创意转化为现实。因此，首先要明确一点：无论你过去是企业家还是打工仔，也无论你是专业人士还是草根出身，只要你足够有想法、有创意，并且敢于付诸行动，你就可能成为一个伟大的创客。在创客模式里，制造新产品不再是少数人的专业，而是多数人的机会。其次，投身创客运动之中，不是要创办大企业，恰恰是要把自己从大企业的体制中解放出来；也不是要做市场风向标，而是要做一个自由的、纯粹的拓荒者。最后，创客运动不能只是纸上谈兵，数字时代的“原住民”不让创意仅仅停留在设计层面，还要让这些设计从屏幕里走向屏幕外，最终转变成为看得见摸得着的实体物品，所以创客还应该是“发明家”和“实践家”的合体。

核心问题之二是“我们的初心是什么”，即情感认同。情感认同的前提是有情感投入。北京创客空间创始人王盛林曾这样介绍自己的创客空间：“我们建造一个可以制造任何东西的梦想实验室，并让全世界以创造为乐的人可以以此为生。”① 创客因为梦想、兴趣和爱好而集结，因此，创客创造的产品应该是有温度的，而不是像物联网一样仅仅是一个冰冷的装置而已；创客创造的文化也应该是有温度的文化，是能够在创客群体中产生情感共鸣的文化。乔布斯曾经极力推崇《华严经》中的一句话“不忘初心，方得始终”，意思就是做事要有信仰、有信念，这句话后来也被运用到许多广告文

① 牛禄青：《创客：中国创新新势力》，《新经济导刊》2014 年第 12 期，第 10 ~ 17 页。

案之中。在笔者看来，“创客”一词本身就蕴含着一种来自信仰和信念的品质和力量。

核心问题之三是“我们要怎么实现”，即行为认同。创客运动最本质的特点，一个是“开源”，另一个是“创新”。“开源”最初是软件概念，譬如安卓手机以及大部分网站在使用的 Linux 网络服务器就是一种开源软件。在比特世界里，所有软件、设计文件以及其他可以用数字来表示的形式都可以实现在线免费共享，甚至未来在硬件领域都可能实现开放共享。从某种程度上说，中国的“山寨现象”也与创客运动的开源理念有相似之处。“创新”可以有两种理解，一种是“对市场变化的反应能力”，另一种是“对市场空白的挖掘能力”，创客运动中的“创新”属于后者。因此，这种“创新”不再由大公司、大企业自上而下推进，而是由业余爱好者、创业者、专业人士等无数个人自下而上地开拓。光有“开源创新”还不够，还需要不断地与外界进行交流与协作。正如深圳柴火创客空间创始人潘昊所说，要“为大家提供一个跨界交流与协作的据点，一个带着想法过来就能组队实现的地方”。当今制造业发展模式与十年前截然不同：传统一体化企业可以完成一项实体产品中多个甚至所有零部件的生产与组装，而现代企业的运作一般是建立在开放、复杂的供应链之上的。2009 年，哈佛大学商学院教授大卫·皮萨诺（David Pisano）和史兆威（Willy Shih）在《恢复美国竞争力》一文中就声明，亚马逊已无法在美国制造出 Kindle2 了。原因在于 Kindle2 的大多数零部件已转移至国外生产，比如柔性电路连接器、精良注射成型外壳、控制板、锂聚合物电池等部件在中国内地制造，电泳显示屏在中国台湾制造，无线卡则在韩国制造。由此可见，寻求跨界合作、跨域合作将是未来制造业中不可回避的话题，而合作，就是一种行为认同。

核心问题之四是“我们的价值何来”，即目标认同。国内有学者将“创客”定义为“不以盈利为目标，努力把创意转变为现实的一类人”①，显然这一定义有些片面。从盈利目标来看，创客应当分为三种类型：第一类创客

---

① 沈萍：《高校图书馆“创客空间”构建》，《现代情报》2014 年第 9 期，第 158 ~ 165 页。

是不以营利为目标的，学界把他们称为“公益型创客”。这类创客创造的产品纯粹是为了公益事业，其社会效益远大于经济效益。2015 年末，卡耐基梅隆大学公民与环境工程专业博士后特丽萨·丹科维斯基发明的一本“神奇之书”被《时代》周刊评选为“2015 年度世界最棒的 25 个设计”之一，并将它称为“可以喝的书”。这本书实际上是一种饮用水过滤系统，过滤器就是书的包装盒，书中的每一页纸就是一个过滤装置，它利用纳米银离子的抗菌性能，可以除去水中 99% 的细菌，饮用标准超过美国的直饮水。每张纸大概可以过滤 100 公升的水，也就是说，一本书就可以满足一个人 4 年的饮用水需求。然而，这本书又不仅仅是一个简单的水过滤系统，因为书上每一页都用食用级墨水印刷着最全面的安全卫生饮水知识，以达到传播知识的目的。更让人惊讶的是，经估算，只要产量达到一定规模，书中每页纸的成本可降低到 0.5 ~0.6 元人民币。有外媒断言，这项设计一旦成功推广，它将改变全球 6.63 亿无法喝到干净饮用水的人的命运。于这项发明而言，特丽萨·丹科维斯基虽然不能算是一个纯粹的“创客”，但她所投身的事业应该成为真正“创客”的努力方向。第二类是“自给型创客”，克里斯·安德森认为，未来的创客运动可能更贴近自给自足精神，即为自己制造产品，而不是创立企业。因此，这类创客表面上不以营利为目的，实际上还是一种间接盈利行为。第三类是“盈利型创客”，这类创客虽然也是出于兴趣和爱好才投身于这场运动中，但它们创造新产品的最终目的还是经济价值。与一般市场不同，创客市场的盈利点在于“市场利基型产品而非大众化产品”、“市场补充型产品而非替代性产品”，所以，从产品结构优化之需来看，“盈利型创客”仍然是使命般地存在；并且，从长远看，盈利必将成为创客的最终驱动力。

## 四　中国创客文化精髓

如前所述，我国学者丁大琴曾将欧美创客文化归纳为“实践、创新、创业、风投、创意、动手、开源、分享”，笔者认为，这个概念仅仅表现的是西方实用理性和工具理性层面的意义，对“文化”在创客中的作用重视不够，而如果缺少可供认同的文化心理和文化价值观，是很难实现创客运动的可持续发展的。从前文的论述中发现，经过近年来的快速发展，草根、专业、自由、纯粹、发明、实践、梦想、兴趣、温度、信仰、信念、品质、开源、创新、免费、共享、交流、协作、公益、盈利、自给自足等观念已成为中国创客和中国创客运动的全部写照，因此，根据中国文化精神和创客实践，笔者认为，中国创客文化的精髓似可概括为：“开放包容、实干创新、开源协作、自我实现”。

首先，中国创客要有开放包容的心态。如果说开放是一种“外向式”心态，那么包容则是一种“内向式”心理，对于中国创客来说，两者缺一不可。开放是一种与时俱进的时代精神，在中国现代化进程中，它的意义是极其深远的。英国哲学家卡尔·波普尔曾说过，“只有在开放的思想与社会中，我们才能进行真正地、自由地思考”。[①] 作为一个新兴的社会群体，中国创客更要以开放的思想、开阔的视野去应对来自创客市场的机遇和挑战。包容是社会适应能力的一种体现。创客运动不是精英群体的专利，而是社会性的大众行为，它既没有身份的歧视，也没有学历的偏见。因此，在这场运动中，创客必须学会接受来自不同人的思想、习惯、见解甚至价值观，避免以自我为中心，只有这样才能建立中国创客群体共同的行为规范和生活准则。

其次，中国创客要有实干创新的品格。创客运动是中国制造业发展史上一场新的革命，它需要开拓创新的精神，更不能缺少脚踏实地的干劲。创客的创新不能只是燃起一个想法、设计一个模型，还要将它们付诸生产实践，并且经得住市场的检验，因此创新不是口号，不是空谈，而是在实干中解决问题的一种方法。中国自古有“空谈误国，实干兴邦”的历史遗训，因此要坚信，只有以实干为基础、以创新为翅膀，中国创客运动才能在这个时代

---

① 〔奥地利〕卡尔·波普尔：《开放社会及其敌人》，陆衡等译，中国社会科学出版社，1999，第189页。

的“风口”上放飞起来。

再次，中国创客要有开源协作的精神。荀子的经济思想中曾有“开源节流”之说，其中的“开源”指的是“发展生产，开辟新的来源”，创客运动中的“开源”精神与之不同，它指的是“开放资源，免费分享”，这一规则需要创客们来共同遵守、共同维护。同时，在“开源”之下，中国创客还要团结协作，正如深圳柴火创客空间的名字取意，“众人拾柴火焰高”就是在倡导这样的精神。

最后，中国创客要秉持自我实现的使命。在马斯洛需求层次理论中，自我实现被认为是人类需求的最高层次。创客因为梦想、兴趣、爱好而投身于这场“运动”，就是要以实现个人理想、抱负为使命，将自身潜力发掘到最大程度，完成与自身能力相称的一切事情，从而在自我实现中得到真正的精神享受和物质满足。

故而言之，这个十六字创客文化，蕴含了创客的文化心理，概括了创客者的文化品格，表征了创客运动的文化精神，体现了创客们的文化使命，也应该成为创客群体认同的文化价值观。

B.9

# 论文化科技金融协同创新与法律保障*

张 军**

**摘 要：** 文化产业是满足人民群众精神文化需求的重要途径，是实现我国经济体制转变的重要方式，推动产业升级是经济、社会与文化健康发展所面临的难题。然而，我国文化科技金融合作中制度系统性差、层级较低、法制环境问题等因素制约着文化产业的健康发展，经济转型背景下文化、科技与金融合作必须基于“大文化”、“大科技”、“大金融”的理念，完善文化科技金融相关政策法规是我国文化产业发展的动力所在。文化与科技结合，重点要发挥市场机制促进文化科技的转化作用，利用好国内外两个市场，必须高度重视《科学技术进步法》、《专利法》的基础性及引导性作用，高度重视文化科技融合的知识产权保护。

**关键词：** 文化 科技 金融 创新融合 法律保障

当下，4D球幕影院、陪伴型小机器人、数字图书馆、交互式翻书机、虚拟博物馆……无论是传统产业的“转型升级”，还是新兴文化业态的“互联网+”，都离不开科学技术的广泛应用。“科技金融”一词，最早出现在

* 项目来源：国家社科基金艺术学项目“构建我国特色文化产业立法体系”（项目编号：16BH126）。

** 张军，华南师范大学文化产业法制研究中心主任、副教授，研究领域为文化产业法规与政策、文化产业战略与投融资、民商法与经济法。

深圳，1993年7月，《科学技术进步法》颁布，在立法层面推动了我国科学技术进一步发展。在互联网+时代，科技、金融与文化广泛而深度融合是必然趋势，文化成为一个国家“软实力”的核心要素，文化企业的主要价值在于知识产权，美国、日本等发达国家在文化科技与文化产业融资方面已经迅速发展，中国要进一步提升综合国力，加强产品的国际竞争力，就必须高度重视文化产业中的知识产权保护。如何加速文化科技金融协同创新，推动文化产业成为国民经济的支柱产业，达到“共赢”与社会文化法治的效果是值得我们探讨的。

## 一 文化科技金融合作：一种新的经济范式

有创新的城市善于把发明创造转化成为产业，通过金融、科技和产业为人类创造更多的财富。从文化城市，到创意城市，再到创新城市，是一个层层递进的过程。创意经济缘起于文化。创意经济把创意这种属于思想观念和文化层面的内容融入产业化过程，生产出具有深厚文化底蕴和浓厚文化色彩的产品。文化创意产业，是融合文化、经济、科技创意为一体的新兴产业①，文化产业要通过企业运作和市场行为使文化价值转换为市场经济中的商业价值，又以文化商品和服务的市场消费过程来实现文化价值的社会传播，使文化逐渐转化为知识经济。在知识经济下，拥有知识产权就拥有了财富，知识产权在各种财富形态中居于最重要的地位。文化产业的无形资产作为企业的强大优势，以其为资本出资，提高企业自有资本的利用率，充分发挥自身特点。数字环境是创意产业的基础和新势力。随着社会的发展、科技的进步，人类社会将迎来以数字媒体为标志的新型媒体传播方式和以文化艺术为主的创意经济。

在全球经济竞争的浪潮中，创意经济更加依赖于科技前沿的支撑，科技

① 王素娟：《我国文化创意产业发展过程中涉及的主要法律问题》，《科技管理研究》2012年第12期。

一直都在持续推动创意经济的发展，现代科技业也越来越依靠金融与文化发展创新来创造发展空间，三者呈现出一种灵活的互动关系，实现文化与科技、文化与金融、科技与金融的有机结合。一方面，文化科技发展促进了金融创新，包括组织形式创新、金融工具创新、金融服务技术创新、金融机构竞争模式创新等；另一方面，金融发展支持了文化科技的发展。现代文化科技创新越来越呈现出高投入、高风险和高收益的特点。文化科技的实验性质说明存在着诸多不确定因素，不仅技术开发失败的概率一般高于成功的概率，还存在市场开发的风险。文化科技金融三者之间是相辅相成、互为补充的关系，是一种新的经济范式，即文化创意与科技革命是大众创业、万众创新的引擎，金融是大众创业、万众创新的燃料，三者合作起来就是大众创业、万众创新的动力所在。

在我国，文化产业投融资风险高、融资信息渠道不畅通，外资准入程序和投资形式受到限制、文化科技金融合作中制度系统性差、层级较低、科技成果转化不畅，法制保障不力等问题制约着我国文化产业的健康发展。文化科技研发阶段需要政府资本主导，即在此阶段政府不仅要发挥统筹规划作用，还需要引导银行资本进入文化科技研发阶段；在文化科技转移与扩散阶段，需要引入风险资本推进文化科技的扩散，实现文化科技再次增值。此阶段，第一，政府主导投资为文化科研成果与企业需求搭建桥梁；第二，通过政府行为与市场行为的结合建立风险投资机制；第三，完善文化评估机制，疏导文化科技供需双方交流渠道。经济转型背景下文化科技金融合作必须基于“大文化”、“大科技”、“大金融”的理念，为此，有必要从制度机制的层面保障文化科技金融的长足发展。文化产业主体在变政府主导为市场主导的基础上，部分非物质文化的产业内容则应由市场和非营利组织、行业公会加以有效配置、监管。民间物质文化的传承与文化科技转型同等重要，传承中必须有所创新和发明，实现“重返民间”，让文化企业、科技企业和金融机构真正回归到市场主体的本质上去，成为一种新的经济增长点和新的经济范式，实现经济效益和社会效益双丰收。

## 二　文化科技融合知识产权保护的国际启示

### （一）英国

英国是世界上第一个在政策上推动创意产业发展的国家。① 早在1997年，英国首相布莱尔成立了“创意产业特别工作组”，积极推动英国本土的创意产业发展，该工作组分别在1998年和2001年做出两次工作报告，针对国内创意产业的发展和完善提出了发展战略的建议。21世纪，全球进入信息化时代，数字化技术不但降低了创作的成本，提高了产品创作的效率和质量，也大大缩短了产品传播的周期，促使创意产品的传播和消费者消费习惯的不断改变（如在线销售、在线消费等）。英国在面对数字技术快速发展的形势，也采取了相应的政策：1998年，英国政府对下议院提出的“多媒体革命”进行了积极响应，并且做出相应的对策顺应数字化技术的发展；2000年，英国的创意产业专责小组对互联网的影响提出了研究报告，英国政府也做出了相应政策的调整；2002年，Screen Digest Report on the Implications of Digital Technology for the Film Industry 关注了数字技术发展对于电影电视等方面的影响，英国政府对此也做出了具体规定。②

### （二）美国

通过著作权贸易输出其文化价值，是美国发展文化创意产业的基本准则，因此，美国更多地将重心放在对著作权立法的规定上，以此来保障著作权交易中的利益不受损害。在数字化著作权保护方面，1993年美国率先提出了信息高速公路计划，使网络数字技术得到极大的发展，著作权产业

---

① 张养志：《发达国家文化创意产业发展模式研究》，《国外社会科学》2009年第5期，第90～94页。

② 何修文：《数字环境下创意产业的著作权保护》，上海大学硕士学位论文，2007。

的传播倾向网络化、全球化和高速化。同时，这种发展趋势也对传统的著作权体系带来冲击，导致美国开始对著作权体系不断进行修改。1995 年和 1998 年，美国国会相继通过了《录音制品数字表演权法》（*DPRA*）和《跨世纪数字版权法》（*DMCA*），针对数字环境和网络技术的特点，对美国著作权法进行了修订，为技术发展提供法律保护，同时对传统著作权法的概念进行延伸。20 世纪 70 年代后，美国的文化创意产业飞速发展，美国将文化创意产业的中心发展到著作权贸易上，成为世界上最大的著作权产品出口国。美国随后相继加入《伯尔尼公约》和签订了 *Trips* 协议，利用其强大的经济优势和国际地位，迫使其他国家加强对美国著作权的保护。美国积极推动创意产业著作权的发展，不仅使国际条约向着有利于美国著作权利益的趋势发展，更是在国际贸易中直接为本国创意产业的产品提供了周密的保护。①

### （三）日本

早在 2005 年，日本文化创意产业的国内市场产值就达到了 9130 亿元人民币，占全世界的 9.4%，仅屈居于美国。其动漫产业更是日本文化创意市场中的佼佼者。日本政府通过对政策法规配套措施的健全来推动产业合理化的发展。早在 1970 年，日本就颁布了《著作权法》并且经过了二十多次的修改。面对数字环境的发展，2000 年之后，日本政府相继推出了《IT 基本法》《文化艺术振兴基本法》《知识产权基本法》等，这些法律都具有很强的可操作性和针对性。除了立法上的不断发展完善，日本政府还积极推动企业参与国际性与地区性的文化创意产业的竞争与交流，日本各大文化创意的活动大多是由企业和公司资助，而各大体育文化赛事等则依赖于大型媒体来举办和承办。同时，日本社会各界如行业协会与行业组织均对文化创意产业的保护做出了辅助的作用。日本社会建立了数字内容协会、数字传媒协会、内容产业协会等，这些协会不仅作用于协助政府颁发的法律法规

---

① 冯梅：《中国文化创意产业发展问题研究》，经济科学出版社，2009。

的实施，并且通过对各个行业的监督管理，维护行业的经营秩序，在各行业的著作权保护方面起到了防范风险的作用，如定期向各文化创意企业发布预警信号等。

### （四）韩国

韩国文化创意经济的成功很大程度取决于政府制定合理的经济发展计划和发展战略，对文化创意产业的发展起着积极的引导、指导和预测作用。近年来，韩国针对数字化技术发展的需要，逐步修订了《著作权法》《演出法》《广播法》《唱片录像带暨游戏制品法》等，修改的幅度在70%以上。立法不仅包括基本法的制定，对于特定领域相关法律的法规韩国政府也相当重视。因此，自1999年，韩国文化创意产业的年均增长达到30%以上，到2002年文化创意产业规模为157亿美元。韩国创意文化的发展战略有了显著的成效。

## 三　创新文化科技金融深度融合与保障

### （一）构建文化科技金融合作示范园区

2014年，国务院印发了《关于推进文化创意和设计服务与相关产业融合发展的若干意见》，对发挥文化创意产业与相关产业提出了明确要求和具体措施。全国文化产业与信息业、科技业、旅游业、制造业等相关产业融合发展趋势明显，如深圳雅图数字视频技术有限公司成立于1998年，在“文化+科技”模式下，雅图在投影行业中成为具有国际竞争力和影响力的企业。深圳市要在“文化+科技型示范企业”的基础上主动打造“国家级文化+科技+金融合作实验园区”，探索在深圳市前海新区、南山区，建立政府、文化科技企业、金融等多部门沟通协同机制，通过创新资金投入方式，在实验区内实行包括资金、土地、财税、复合型人才在内的文化科技好政策，推动知识产权证券化、文化融资租赁、文化科技银行、文件投资基金、文化信托、文化科技众筹、文化保险等集聚发展，并在文化科技融合区的实践基础上，鼓励有条件的区建立世界文化科技金融集聚区，探索文化科技金融合作模式创新。

## （二）发挥集群效应搭建产学研服务平台

深圳曾被世人讥为文化沙漠之地，近几年，深圳“文化+科技”、“文化+旅游”、“文化+创意”等产业发展新模式正在形成，在智能机器人、数字音乐、创意设计、动漫游戏、互联网信息服务、高端印刷等领域涌现出一批逆势上扬的企业。深圳文博会上，科技型文化产业的成交额已经达到440.71亿元，比上届增长36.95亿元。高速增长的骨干企业，成为引领深圳文化产业发展的中坚力量，如深圳华侨城文化旅游科技有限公司、深圳雅图数字视频技术有限公司、华强文化科技集团、深圳普乐方文化科技有限公司、深圳鼎峰动漫文化科技有限公司、深圳水木年华科技文化公司。实践证明，深圳市要充分发挥国家级、省级文化产业园区（基地）、北京大学深圳市本科校区和研究生院、清华大学深圳市研究生院、武汉大学深圳市研究生院、中山大学深圳市本科校区和海外在深圳办学的资源聚集优势，搭建公共技术服务支撑平台，能够有力促进产学研用合作，通过与世界具有竞争力领域先进单位合作，协同创新。建立深圳市竞争力技术产业基地。将比较优势升级为竞争优势。立足深圳市文化创意产业发展需求，建设一批有竞争力的工业研究中心、技术中心和博士后工作站等研发平台；建立高校科研单位与企业的技术创新联盟；建立跨区域（港澳）、国际性的竞争力发展合作机制和营商环境联盟。

## （三）完善知识产权证券化融资运行的法制环境

为了保障知识产权证券化的顺利发展，必须建立完善知识产权价值评估服务机构管理和风险控制体系，提高其服务水平。建议针对目前现有评级系统难以准确评估中小文化企业风险和信用状况的现状，银行应重新制定信用评级系统的指标及衡量标准，建立起一套适用的信用和风险评价体系，进一步改善自己的风险管理，有效地识别、计量、管控风险。另外，由于中小文化企业自身规模小，抗风险能力相对较弱，出现风险变化快，因此对企业贷后应特别加以重视，增加贷后检查频次，加强跟踪管理，对出现的风险异常信号应高度关注，及时采取措施减少或避免风险的发生。金融机构要考虑到文化企业对资金融通的特殊需求，在现有的金融产品的基础上，开发适合文化产业融资的金融产品。银行应当加强对文化产业融资特殊性研究，深入把握其营利模式，针对文化企业特有的风险，通过产品创新为文化企业特别是中小文化企业提供金融支持。在具体做法上应充分利用文化产品精神性，以版权为轴心，在版权的创作、运用、交易等环节开发相应的金融产品；金融机构之间要相互沟通进行金融创新研究，共同开展文化产业的金融服务业务，形成较为系统全面的资金供应渠道。组建专门针对文化产业的金融平台开发适合文化产业融资的金融产品。

### （四）文化科技金融合作需要法律予以规范与保障

法律是正义的化身，是世界公认的公正不偏的权衡标准，是理性的体现，是文明的契约。要加大文化科技法制宣传，夯实文化科技基本法这个基础，加强文化科技市场执法的监督和检查。文化与科技金融协同创新，必须充分发挥市场机制促进文化科技的转化，利用好国内外两个市场，高度重视《科学技术进步法》、《专利法》和《商标法》的基础性、引导性和保障性的作用。笔者建议出台《深圳市促进文化科技金融发展条例》，同时建议由深圳市文改办、市文体旅游局联合科技创新委制定《深圳市（2016～2020）文化科技金融结合实施办法》。在融资方面，建议在国务院部的部署下，由文化部、科技部、中国人民银行、银监会共同制定《促进文化科技型企业贷款细则》，国务院应尽快出台《担保法实施办法》。在保险制度方面，中国保监会可出台《文化创意科技型企业保险实施意见》。制度安排对文化科技金融发展具有弥补市场机制不足、促进资源与要素有效整合、推进文化科技企业发展壮大、推动经济跨越式发展等功能，把促进文化科技金融发展纳入法治轨道，加快形成制度保障机制，为大众创业、万众创新提供有力保障。在文化与科技融合方面，要建立健全传统知识保护制度，同时创新知识产权保护制度，应从四个方面构建创意保护的法律制度：其一，在性质上，将创意界定为一种独立的知识财产；其二，在保护范围上，坚持创意判断上的相对新颖性和具体性标准；其三，在保护模式上，确立以著作权法为主导、以合同法等法律为补充的系统保护机制；其四，在保护内容上，完善文化科技的认定保护机制，形成一批具有较强影响力和市场竞争力的文化科技产品品牌，加大文化与科技融合知识产权的保护利用和刑法惩罚力度。

## 四　结语

创意经济涉及了诸多的行业，包括了音乐、动漫、出版、电影等产业。在数字时代下，这些产业都面临着新的传播方式和使用方式的巨大挑战，网络的快速发展和 P2P 技术等数字技术的出现更加威胁到创意产业权利人的权益。国际组织和许多国家针对文化科技融合与数字化出现等新问题，进一步修改了相关的法律和国际条约，也出台了许多新的法律和条约。这些修改大多针对扩大著作权人和邻接权人的利益，如扩大“复制”的概念。但同时，著作权利人与用户合理使用的矛盾再次被激化，而且一直未能得到解决。因此，我国应当在顺应文化、科技、金融协同创新时，始终坚持着立法的宗旨和目的，即促进科学和文学艺术作品的传播的同时，保护著作权人的合法权益不受侵害，从而实现社会利益的平衡。科技时代的到来引发了著作权保护体系的危机，众多的著作权利人和重叠的权利给商业市场增加了成本因素。一个行为若要经过多重授权方能使用，必定会阻碍该行为的发展。因此，政府应重视《科学技术进步法》、《专利法》的基础性及引导性作用，高度重视文化科技融合的知识产权保护，建立著作权集体管理组织。只有这样，才能充分发挥知识经济的优势，使市场交易变得更加容易、顺畅，从而促进新的传播方式的发展。

## 参考文献

赵昌文：《科技金融》，科学出版社，2009。

顾江：《文化产业经济学》，南京大学出版社，2007。

熊澄宇：《世界文化产业研究》，清华大学出版社，2012。

何敏：《文化产业政策激励与法治保障》，法律出版社，2011。

祁述裕：《文化与科技融合引领文化产业发展》，《国家行政管理学院学报》2011 年第 6 期。

何慧芳：《广东文化与科技融合发展现状、问题与建设》，《科技管理研究》2013 年第 5 期。

孙若风：《中国文化产业发展状况及政策》，《文化产业导刊》2014 年第 7 期。

张军：《文化产业法律制度的困惑与思考》，《理论月刊》2011 年第 12 期。

周斌：《文化产业政策法规研究》，南京师范大学博士学位论文，2005。

杨刚：《科技与金融相结合的机制与对策研究》，吉林大学博士学位论文，2006。

# 产业观察篇

Industry Observation Reports

## B.10

# 互联网背景下东西方创客群落及产业集聚范式研究

李　敏*

**摘　要：** 自李克强总理在《政府工作报告》中首次提出“互联网+”行动计划，“互联网+”就受到社会各界广泛关注，并成为社会舆论和越来越多的创投人士讨论的焦点。而本文一方面探讨这个时代最重要的一拨人——创客，以及创客群落的范式、创客群落范式类型、创客群落的特征；另一方面探讨为什么这个时代出现大量创客、创客的表现形式和全球化时代产业集聚与创客的关系等问题。自2005年始笔者一直在跟踪和研究几个发达国家创意园区、创客、创客群落、产业集聚

* 李敏，上海大学数码艺术学院副教授、文学博士，研究领域为艺术创意产业规划与管理、艺术市场与管理、设计理论及文化遗产研究。

等问题，并试图通过对这些问题的研究推动中国文化创意产业在互联网 + 时代的发展并提出一些可行性的建议。

关键词： 创客 创客群落 产业集聚 互联网 + 时代

## 一 研究背景

21 世纪信息技术的快速发展，互联网的广泛运用，使全球化和世界经济一体化成为必然，并预示着三大趋势的到来：一是互联网时代的到来。正如管理学大师德鲁克（Peter F. Drucker，1909 ~ 2005）说："互联网消除了距离，让地球成为交流无障碍的'地球村'，这是它最大的影响。"① 二是创意经济时代的到来。科技与艺术的有机结合成为这个时代创意发展的新亮点，而触发这一亮点产生的直接原因来自信息沟通方式、交往方式、工作方式的巨大改变，互联网创意经济成为时代的主角，创造力、创新力成为竞争中核心的能力。三是学科交叉跨界融合时代的到来。由信息化带来的大数据、云计算、物联网、电子商务、文化创意产业相互之间形成你中有我、我中有你的学科交叉已成为这个时代的新形态、新常态。它最大的特征可以归纳为五个方面：一是"互联网 + N"。而 N 所代表的门类可以涉及已知的所有，无论是传统也好，新兴产业也好，都可以在虚拟世界里产生爆发式行业效应。二是创客出现 + 集聚化。创客和集聚化的诞生包裹着人类商业文明的窠臼，创客的特质往往带有一种常人没有的热情与偏执，他们的创业往往寻找着经济的洼地，而群聚又是人类作为社会化群体不可摆脱的、智性动物的必然选择。三是东西方文化 + 相互渗透。东西方文化的相互影响和渗透自古就在国际的商贸中涌动着，但是这种渗透的深度、力度和广度却是过去从没有过的，互

① 艾瑞克·肖恩菲尔德（Erick Schonfeld）编著《商业 2. 0》（*Business 2. 0*），《大师中的大师》（The Guru's Guru）一文，2001。

联网技术带来的信息流通，犹如阡陌纵横的河流一样，交织在一起。四是艺术生活化+生活艺术化。网络化时代的艺术与技术、艺术与生活伴随着数字艺术新媒体的诞生。艺术已消解与生活的边界，人们对艺术的追求比过去任何时代都更加强烈。五是文化产业化+产业创意化+创意专利化。综观西方发达国家对专利的要求比任何其他发展中国家都严格，对智力产品、技术、工艺、材料、外观、关键链的保护意识都更加强烈，这是网络化时代的关键要害，而更为要害的应该是比专利更强有力的人的创新力，而创新离不开创客，因此，创客将成为新的信息文明的主角，这可能是互联网时代注定的。

## 二　问题的提出

从世界范围内来看，技术的进步、社会的发展，推动了科技创新模式的嬗变，特别是移动互联网时代的到来将云计算、大数据转变成一个国家综合国力的重要组成部分，虚拟网络世界与现实世界交融在一起，构成了现代人类社会崭新的形态，越来越多的“创客”（Maker）① 活跃在这个舞台上。近几年“创客”经济成长速度非常快，从美国硅谷生长出来的一群，以 IT 要素发展起来的小型创客团队如雨后春笋般崛起，并且很快对世界各国产生影响。过去，创客重点集中在设计领域、艺术领域、技术领域，但现在几乎涉及在各个领域。那么，何为创客？创客的表现形式如何？全球化时代产业集聚与创客的关系怎样？创客群落有什么特征？产业聚集的范式如何等问题就成为本文要探讨的核心。

## 三　创客群落范式史源

要了解创客群落的范式（paradigm）史源，首先要了解何谓“创客”。

① 〔美〕克里斯·安德森（Chris Anderson），《连线》杂志主编，在百度百家（The BIG Talk）第四期活动上发表《开放式创新之潮》，第一次提出“创客”理念，2014 年 9 月。

“创客”是最近一两年出现的新鲜词汇，该词就其词义而言来源于英文“Maker”。虽然，笔者也认为“Creator”这个词更接近于创新、创造，但“Maker”一词转译为中文时其意义和谐音被更多中国学者认同，因为它有更多将创意思想、设计转变为实际动手并创造出来的意义，“Maker”一词核心要旨正是表征那些出于兴趣与爱好，努力把各种创意 Idea 转变为现实的人，而创客的生存环境有赖于它的整体创客群落的形成和巩固。笔者与复旦大学管理学院教授在对创客群落和创客之间关系的认识有着很多共识，研究发现国内外大量产业集聚区，如创意集聚区、IT 集聚区、金融集聚区等都与自然界生物群落发展的机制有着很多相似之处。从生态学看，生物学家把特定时间、占据一定空间的同种生物的集合称为种群（population），而把聚集在一定地域或生境中所有生物种群的集合称为群落（community 或 biocoenosis）。自然界的生物群落是一个完美的复杂适应系统（complex adaptive system），其可持续循环优化发展机制、共生进化机制及对环境的自主适应性机制等生态学机制都使整个群落在较长的演化过程中总能面对生境的不断变化而朝向物质与能力交换最优的“顶级群落”① 方向发展。笔者从 2005 年开始一直在跟踪和研究创意城市、创意园区、创客、创客群落、产业集聚等问题，对产业集聚区创客及群落发展的本质与自然界的生物群落的发展本质进行了对比，并总结出他们族群的一些相似规律。

### （一）生物群落与创客群落本原分析

从自然界生物生存环境和时空进行生态群落分析，从生态环境与时间流的三个阶段与它们进入生态群落的渐进过程得出，自然界生物自我调节适应并向高一级循环发展过程，以此推理得出创客及创客群落生态链形成的基本规律。从而阐述任何一个具有可持续发展能力并能不断优化的创客群落均须具备以下条件：①具有在创新生态链上发挥不同作用，并能协调发展的完整

① F. E. Clements *Plant Succession: an Analysis of the Development of Vegetation* Carnegie Institution of Washington, 1916.

“群落”体系；②具备完整的生态链循环体系，并能够顺利地实现内在与外在环节的价值交换与要素还原；③具有有效的调节机制并能维持内外在循环系统的动态平衡和应对环境的各种变化。由此我们可以得出该创客生态群有持续发展的动力。从分析生物群落生态结构的过程中，我们得出相似的结论（见图1）。

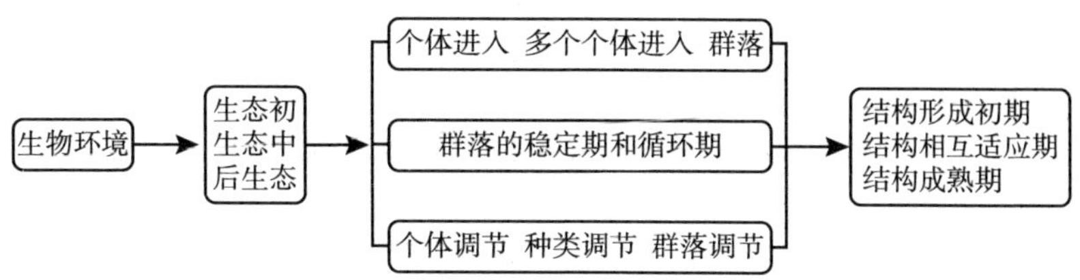


**图1 生物群落与创客群落相似性本原分析**

### （二）创客群落范式史源分析之一

从生物群落生态结构分析到创客群落相似性分析，再到创客群落范式史源的分析，我们可能得出更为准确的结论。就西方现代创客群落而言，最早的创客及创客群落出现可以追溯到19世纪中叶的英国。英国创客及创客群落的出现与英国万国博览会发展有关。英国工业革命催生了活跃于制造业、加工业、设计业的大批勇于实践的创客。维多利亚执政时期，以科尔为首的设计师们创建了《设计导报》（*Journal of Design*）并聚集了一大批理论家、设计师、制造商等创客。而世博会的举办为创客，即设计师们提供了发挥创造力的舞台。阿尔伯特亲王以政治家的眼光积极推动这一历史性事件的发展，这无疑为英国创客的集聚提供了良好的生态环境。新的思想、新的思维方式、新的生活方式、新的材料应用、新兴产业需求及新型市场都为创客的集聚提供了条件。特别是万国博览会以后，南肯辛顿博物馆的成立，围绕博物馆、展览馆、艺术中心，大量的学术团体、研究机构、重要企业和各类学校、大学、协会均向南肯辛顿集聚，将大批创客或者说是艺术家、设计师、科学家、技术工程师吸引到这里，由此形成了英国维多利亚时代特殊的创客群落文化范式。

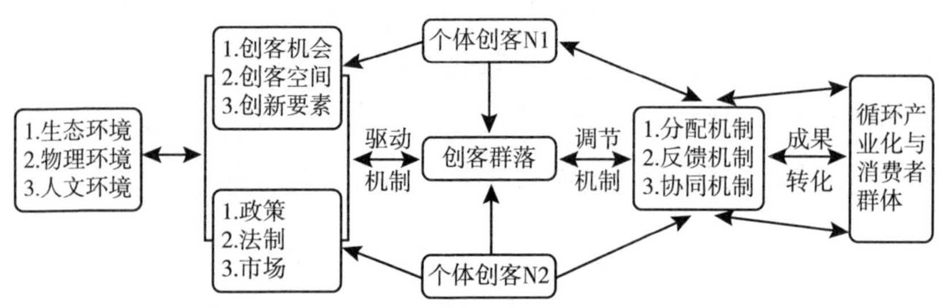


**图 2　生物群落与创客群落特殊的文化范式构成**

## （三）创客群落范式史源分析之二

东方现代创客及创客群落集聚现象最具有代表性的是日本、韩国和中国。日本创客及群落的代表，我们可以从一批动画创客设计师及群落的集聚来看日本动漫产业范式的表征。20 世纪 70 年代末到 80 年代是日本动漫宫崎骏崛起的时代，以宫崎骏为代表的一群热爱动漫艺术的创客设计师群体，以大大小小的工作室为单位集聚在一起，为日本乃至世界动漫创造了很多经典的作品，日本占据了世界动漫市场的半壁江山。宫崎骏吉卜力工作室就是集聚动漫创客的一个基地，它呈现了日本以某一艺术类别为核心产品的创客及创客群落集聚范式。韩国与日本不同，该创客及创客群体的出现晚于日本，1998 年的亚洲金融危机使韩国的经济遭受重创，但是韩国政府以其敏感的触角很快发现 21 世纪创客在社会发展中的重要作用。他们以重金培育和打造创客集聚的文创产业，使韩国在动漫游戏行业和影视剧产业迅速崛起。在这两个行业中越来越多的创客集聚一起，同时也与韩国三星手机联手挖掘手机终端世界市场、移动手游的创意开发，这很快被世界市场认可，韩国动漫游戏终端的走强，让大量创客富集于这些优势行业。韩国扶持的韩剧产业创客及集聚的催化效应又将韩剧推向国际市场，韩剧在中国流行并占领中国市场份额逐年上升，韩式手游、韩剧创客及群落的集聚也成为世界创客群落的一种特殊范式。中国的创客及创客群聚与中国的两大历史性事件紧密联系，一是北京申办 2000 年奥运会和申办 2008 年奥运会，两次申奥为中国创意产业的发展集聚了大量创客、设计师、工程设计师，他们集聚于北京；二是上海申办世界博览会，为申请举办世界博览会，上海举全市市民之力，从2001年开始历经近十年在申博的道路上奋争，集聚了大量创客人才并集聚于上海。两大历史事件的成功举办也形成了中国特殊的创客和创客集聚文化范式。

## 四　创客群落范式类型及案例

美国著名科学家、哲学家库恩（Thomas Kuhn）在《科学革命的结构》（*The Structure of Scientific Revolutions*）中提出范式的概念和理论，他指出：范式是指一个共同体成员所共享的信仰、价值、技术等的集合，指常规科学所赖以运作的理论基础和实践规范，是从事某一科学的研究者群体所共同遵从的世界观和行为方式。[①] 库恩对范式的研究揭示了人类创造性的内在机制，其新颖的观点被广泛采纳并推演成影响社会学、史学、经济学的理论。我们社会生活中现在出现的创客及创客群落可以说是一种范式升级、演变和扩展。正如生物群落，当有适宜的温度、良好的环境、有空间、有能量地交换时，生物就会聚集在一起，并相互影响产生演变，而且向着更高级别的"顶级生物群"发展。人类社会发展到当今的"互联网+"时代，一种新的范式正在确立，这种范式正是新的历史条件下的创客及创客集聚，这种力量比以往任何时候都来得强大，富集的蝴蝶效应将在未来显示它超级巨大的能量。21世纪以来世界范围内兴起的创意产业更是创客云集的洼地，美国、英国的一些特殊区域都是创客的首选，那么，为了更清楚地分析、了解创客的表现形式、群落集聚与创客的关系和创客群落的特征，笔者选取英国SOHO、美国纽约Broadway和中国深圳为案例比较各国创客及创客集聚的镜像。

① 〔美〕托马斯·库恩（Thomas Kuhn）：《科学革命的结构》（第4版），金吾伦、胡新和译，北京大学出版社，2012，第6~7页。

英国是世界上最早形成创客及创客集聚的国家。伦敦不仅是世界的经济、金融、贸易中心，而且是世界创意潮流的中心。伦敦被人们称为“国际设计之都”，伦敦几乎聚集了英国1/3以上的设计师创客企业或机构，而这些机构有3/4以上在世界各地设有分支机构。而伦敦SOHO区则是最有特色的新媒体创客及创客群落的富集区。这一区域有牛津街（Oxford）、查理十字街（Charing Cross）、沙夫茨伯里街（Shaffesbury）和摄政王街（Regent），虽然地方不是很大，但是它是目前世界上最成熟的影视制作创客和公司集聚的地区之一，有数以百计的影视制作、广告制作、音乐、摄影、设计公司以及休闲娱乐场所，构成了一个产业结构完善的密集新传媒集聚区，其特点一是产业垂直联系、链条完整、规模优势突出。二是企业管理既保持本土化特色又遵循全球化发展，即依托本土市场为英国本行业服务，同时又吸收海外资本开展全球服务与合作，形成了自己独特的全媒体创客集聚范式。

美国值得探讨的创客、产业集聚、创客群落很多都分散在美国的各大州，有纽约的百老汇（Broadway）、洛杉矶的好莱坞（Hollywood）、奥兰多的迪士尼（Disney）、加尼福尼亚州的硅谷（Silicon Valley）等，这些创客集聚区都各有特色。以纽约百老汇为例，百老汇集聚了大批歌剧创客团队以及服务于歌剧产业链的剧院和商业队伍。该产业园内以剧场为主体分布着大大小小五百多个，且剧场因性质的不同，分属为正剧场、项目试验性剧场和边缘性剧场，另外还有配套服务设施。这里每天都在上演传统剧目歌剧、实验性歌剧、编排创作剧等，其创作的氛围极强。百老汇在原创与商业运作上最大的特点是商非合作，即商业剧院设立有非营利机构，商业剧院又结盟非营利机构，投资非营利剧院的实验剧。这种商业助推艺术原创的方式让百老汇保持着歌剧的青春和活力，这种独特的集聚型创作范式让歌剧因商业链条的良性循环而发展。

中国业内人士在分析文创产业发展、创客及创客群落集聚时常常说到，十年看深圳，百年看上海，千年看北京，确实很有道理。虽然，中国创客发展和群落集聚晚于世界发达国家，但中国文化底蕴深厚，发展的潜力巨大。

就深圳十多年的产业集聚我们可以看到创客数量的增加和产业集聚的高速发展。深圳 F518 就是时尚创客群落集聚的一种范式，这里最有代表性的是有大批创客研发设计团队，有先锋原创艺术家，还有大批被孵化的项目等都促进了时尚创客群落的形成和发展壮大，而完善的公共服务平台和生活设施配套使这里成为深圳时尚集聚的创客区。

## 结　论

综上所述，通过对不同国家、不同地区创客群落集聚的范式研究，笔者可以得出以下结论：其一，英国创客及创客群落集聚范式，即以展览带动创意设计、创意思想、创意实物的呈现，将创客的一个点子转化为成功的一个历史事件，并成为影响世界的一种文化范式和一种以特殊专业为依托形成创客群落集聚的 SOHO 产业范式。其二，美国创客及创客群落集聚范式，即以地理坐标、品牌街区为核心形成的歌剧产业为特点的创客群落集聚的百老汇范式。其三，中国深圳创客及创客群落集聚的范式，即以政府大力扶持、倡导的以设计团队组合集合进入园区的设计类创客范式。

### 参考文献

F. E. Clements *Plant Succession: an Analysis of the Development of Vegetation* Carnegie Institution of Washington, 1916.

〔英〕佩夫斯纳：《现代建筑与设计的源泉》，殷灵云等译，生活·读书·新知三联书店，2001；艾英旭：《“水晶宫”的建筑创新启示》（*The Architectural Innovation of the Crystal Palace*），《建筑历史》2009 年第 27 卷第 7 期。

俞力：《1851 年英国伦敦第一届博览会》，世博网，http://www.cnki.net。

Hobhouse, Christopher 1851 and the Crystal Palace: being an account of the Great Exhibition and its contents of Sir Joseph Paxton and the erection, the subsequent history and the destruction of his masterpiece, Osbert Lancaster Illustrated, London: Butler &Tanner Ltd. Press, 1950 pp. 68.

# B.11
# 音乐“创客”了没？
## ——重探中国“独立音乐”

曲舒文*

摘　要：　本文尝试用“创客”概念去思考中国地下摇滚文化之后出现的“独立音乐”生态，但并不是试图给出一个正确的“独立音乐”定义，而是去分析“独立音乐”崇尚的DIY策略在不同语境下可以有着怎样不同的美学和政治经济学意义。本文试图思考数字音乐时代音乐产业和“创客”文化的关系，同时探讨独立音乐的制作和传播层面呈现出的两种“创客”实践，即“作曲作为方法”和“乐迷作为方法”，可以为“独立音乐”提供一些新颖、开放的理解思路。

关键词：　创客　独立音乐　地下摇滚　DIY

2015年10月4日至10月6日，由台湾著名音乐制作人李宗盛和张培仁策划发起的“2015简单生活节”在上海圆满结束。“简单生活节”坚持一个清晰的定位：发现日常生活的美学、强调个体手作创意和制作，它不做硬摇滚和另类音乐，只做悦耳动听“小而美”的独立音乐。2015年生活节的口号把这个精神发扬到了极致，活动主题为“We Are Makers. We Are Beautiful”的网路宣传通稿打出了“音乐‘创客’嘉年华”的响亮招牌。这

* 曲舒文，暨南大学深圳旅游学院助理教授，研究领域为文化创意产业。

里的“创客”和时下流行的科技DIY“创客文化”的内涵有所不同，是一个泛化的创意概念，它呼应了当下文艺青年独立自主的生活美学和创意实践。这次音乐节的“创客”宗旨除了坚守和发掘日常生活的创意美学之外，亮点是在全国六个城市选拔出优秀的原创音乐人到音乐节舞台上表演，“迎接来自四面八方的每一位创造者”①。发掘和选拔原创独立的音乐人是此次创客音乐节的重点。笔者感兴趣的问题是：此次简单生活节主打创客精神只是一次呼应时下“创客”讨论的时髦营销吗？崇尚DIY精神的“独立音乐”和“创客”之间的联系有着怎样的深意？本文尝试用“创客”的思路重探中国“独立音乐”的历史和内涵，梳理“独立音乐”的发展脉络，挖掘创客DIY策略对“独立”音乐人的创作实践以及其音乐传播有哪些启发和贡献。

## 一　从“Maker”到“创客”：文化解码

首先，笔者想简单回顾一下“Maker”这个源自美国的概念是如何旅行到中国变成了“创客”一词。通过文献梳理，笔者发现“Maker”的意义始终是变化的，其概念的发散和演进过程呈现了它在中国本土化过程中所涉及的不同主体、逻辑和策略所带出的变动意义。“Make”一词的诞生要追溯到美国2005年出版的*Make：Technology on Your Time*这本杂志。该杂志由以电脑资讯闻名的O'Reilly出版社出版，旗下还有《黑客（Hack系列）》和《玩家硬件黑客改装计划》两本杂志。很快这种只局限在软硬件玩家的微观装配实验室（Fabrication Laboratory）的小众科技极客文化扩散到了更大众的范围。除了杂志，Make Media公司同时举办Maker Fair嘉年华活动鼓励大众参与，让Make超越了高科技极客范畴渗透到社会生活的更多层面，正如Make Faire官网上明确写道：“Make Faire并不只是科技领域的创新，它旨在

① 徐明睿：《李宗盛发起上海简单生活节，造就音乐“创客”嘉年华》，http：//finance.ourxun.com/n2322651c38.aspx。

展示科学、工程、艺术、表演和手工业的所有创新和实验。”然而，2012 年 Chris Anderson《创客：新工业革命》一书的讨论把创客的主体聚焦在那些利用开源软硬件平台（Arduino）和 3D 打印技术来进行个性化（定制）生产的人。安德森一书的巨大影响再次把创客的讨论拉回到科技和互联网层面，专指那些用以数字化技术为手段、用互联网平台分享和交流、利用“在线商铺”和“众筹网站”融资，动手将创意改变为硬件的一群技术极客。①

“Maker”和“Make”文化在几年间迅速获得全球关注，一方面是因为全球都面临制造业转型的问题，Make 文化无疑会激发制造业讨论，解决就业和重振制造业。② 这股热潮到达中国是在 2011 年，IT 出身的张浩将“Maker”翻译和引入中国变为“创客”。张浩对“创客”的理解是“你创造了一个东西，你就是创客，你创造的东西如果具有了商业价值，你就可以选择去创业。”③ 2011 年他在北京创立了北京创客空间，2012 年创办了第一个创客嘉年华活动。Maker 从字面意义上讲可直接译为“制作者”，然而张浩没有选择中性的“制”而是选择了意义更有指向性的“创”字。2011 年“创客”一词因为“创”可以迅速让人联想到“创新”、“创造”和“创业”等概念，迎合了当下社会对中国制造业转型引发的国家和社会层面对创新创业的讨论。2015 年 1 月 28 日，李克强总理在国务院常务会议上指出要培育“创客文化”、出台政策措施支持“创客空间”，鼓励社会各层面为“创业创新”搭建平台。“创客”一词声名鹊起，民间各地创办的创客团体、创客空间和创客嘉年华活动也陆续出现。2015 年“创客”被正式写入国家政府工作报告。

以上，正是基于“创客”这个模糊和灵活的概念，“创客”在中国语境

① 谢莹：《制造业创新与转型：深圳创客空间调查》，《科技进步与对策》2015 年第 2 期，第 60 页。

② 温雯：《“创客”文化的历史图景与未来路径》，《福建论坛》2015 年第 8 期，第 55 页。

③ 《他，译出了“创客”这个词》，http://szsb.sznews.com/html/2015-05/04/content_3213229.htm。

下的文化解码是扩散和灵活的。它可以被不同群体挪用，既可以是民间的艺术家跨界机构，也可以是安德森关注的科技微观装配创客空间，也可以是提供数字创新服务的公共事业部门，包括图书馆、教育机构、文化创意产业机构和政府部门等。学者温雯提到，受到创新、创业热潮的驱动，我国的创客空间有朝着“创业孵化器”发展的趋势，但大部分的创新创业孵化器还并不是国际认可的创客空间。[①] 她还是倾向于区分创客空间和创业创新空间，且认为创客空间是有一个国际认可的标准。这里笔者暂时还不清楚这个国际认可的标准是什么，但至少可以发现在中国“创客”概念的外延并不只是局限在3D打印和开源软硬件应用下的制造业应用，不同的知识主体可以赋予其不同的意义。

就笔者目前的观察来看，国内音乐圈直接用开源软硬件进行创作的音乐人或是机构并不多见，Arduino在音乐层面的应用也仅限于一些音乐爱好者的音乐播放器的组装尝试。合成器公司Korg和被称为“Ipad世代的乐高玩具”的Little Bits曾合作出过一款模块化的电子元件套装Syn Kits。Little Bits只有一堆简单的电路、灯、蜂鸣器和按钮，音乐爱好者可以像组装乐高玩具一样搭载各种配件、拼装自己想要的合成器，不过这股风潮还只是局限在极少数的科技极客中间。因此，如果从狭义的、以3D打印和开源软硬件出发，音乐圈的“创客”主体和“创客”文化非常有限，因此本文试图从广义的创客DIY原则出发思考独立音乐场景可能的“创客”主体，以及发生过的和正在发生的“创客”文化。

## 二　独立音乐：DIY的政治经济学

中国当代流行音乐的发端要从1979年说起。经过“文革”的“文化清洗”改革开放让中国大陆民众如饥似渴地拥抱港台和欧美的流行音乐，虽然没有版权法律制度和成熟的商业运作手段，但是整个20世纪80年代的音

① 温雯：《“创客”文化的历史图景与未来路径》，《福建论坛》2015年第8期。

乐产业（从业者、配套生产宣传机构）踩着计划经济的尾巴，在传统的国有出版社的制作理念下和发行渠道上迅猛地增长。二十世纪九十年代初版权法颁布之后，国际资本的投注和港台唱片公司的进驻带来了成熟的商业运作模式，流行音乐的生产和消费在 20 世纪 90 年代中期达到一个发展的顶峰。①

20 世纪 90 年代中期是中国唱片时代的重要转折点。90 年代中期之后，全球实体唱片遭遇危机，唱片公司的收购和合并潮开始出现，中国大陆由于长期没有版权保护而造成盗版的泛滥，更是加速了实体音乐工业的黄金时代的结束。歌手频繁解约、唱片公司倒闭的消息在全国蔓延开来。中大型唱片公司瘦身成工作室和独立音乐公司，传统唱片的新华书店销售渠道被几家大的分销寡头垄断。由于唱片公司不再出血本雇用专业的人员制作精良唱片，那些能够自己作词作曲编曲和后期制作的乐队和音乐人获得了公司的青睐。这时，外省朋克乐队、地下噪声实验摇滚乐队开始出现。朋克和地下摇滚的出现在音乐工业转型的节骨眼并不是偶然事件，它提倡的 DIY 制作、反抗精细商业制作的制作模式解决了音乐公司无心制作唱片、资金不足的困境。摩登天空创办人沈黎晖坦言，省去大量制作费用是 2000 年左右的独立音乐公司能够度过唱片音乐工业转型难关的秘密。DIY 是音乐人和唱片公司必要的生存手段，这种音乐“创客”精神第一次解救了流行音乐工业，也进一步改变着音乐人的身份、音乐生产的分工以及音乐产业的面貌。

让我们来看 DIY 对音乐人的影响。那些有野心、乐于革命创新的乐手变成 DIY 的独立音乐家。他们用机器代替乐器，用拼贴、循环、合成的作曲方法代替传统规整的旋律、节奏、和声三要件的作曲方法。科技的进步，尤其是音乐制作以及录音后期的软硬件的逐渐普及，让更多的音乐人有机会自学，用较低的成本完成歌曲的编曲和录制。掌握技术是这些音乐人的“创客”手段，比如四轨机。不少音乐人都提到四轨机的出现更新了编曲思维和音响识别能力，90 年代中期左右很多音乐人都是用 walkman 的一轨拼

① 金兆钧：《光天化日下的流行：亲历中国流行音乐》，人民音乐出版社，2002。

贴的方式进行录音，不能后期修改和调整。四轨机的出现让音乐人快速进步，一个人要完成三四个乐手的工作。[①] 1999 年，鄂西大学生胡吗个没有受过专业音乐训练，无师自通地用吉他和一台四轨机录制了一张唱片《人人都有个小板凳，我的不带入二十一世纪》，成都音乐人王磊 1996 年用四轨机录制的《来回》预示着地下摇滚音乐人独立录制的大门被彻底打开。1997～2002 年出现了不少打着 low-fi、小样、地下字样流通的磁带和 CD。这背后的政治经济学是个人游击式的实验、编录、设计、手工印制、朋友间小范围流通实践，尚未构成一个完善的传播和生产网络。

这些成长在地下摇滚/小样文化地图里，通过乐手的 DIY 游击实践简化音乐制作的分工，手工生产传播的方式可以称为中国独立音乐的“独立前传”，为之后“独立时代”的来临打下基础。“独立时代”的正式开启要从 2002 年算起，标志是地下摇滚时期的独立传播网络出现。作为地下摇滚文化著名的参与者和文化推手乐评人，颜峻认为 2002 年之前外省朋克音乐催生的地下摇滚属于“小样”文化，和 2002 之后出现的独立音乐有区别。颜峻写道：“2002 年之后，独立时代。”颜峻给出了一个“本真的”（authentic）独立音乐生长的必要养分：蚊型独立唱片、松散唱片合约、独立发行的公司和独立书店以及网店、基金会（针对实验演出）、电台（网络电台等）、杂志（小量、低成本）、演出场地。[②] 如此，相比之下同时期几家中型的独立唱片公司如摩登天空（现已成为国内最大的独立唱片公司）、嚎叫唱片、新蜂唱片的运作相比之下就没有那么“本真”，他们选择了一条折中路线，依附在主流制作和发行系统的边缘。内容上制作另类实验的音乐，分工环节也缩减，但发行系统并没有从传统的发行渠道脱离出去。[③] 不过，颜峻创立的 Sub Jam 和观音唱片，用他的话说是在最大程度上践行他心中的“本真”的

① 颜峻：《野兽日记》，http：//www. subjam. org/wp－content/uploads/2014/12/animal_ archives－v1. pdf。

② 颜峻：《灰飞烟灭》，花城出版社，2006，第 160～164 页。

③ Guo Jieming and Su Fei, *Modern Sky Empire*, http：//www. beijingscene. com/v06i008/feature/feature. html (accessed September, 2014).

独立音乐政治经济学，这套独立音乐的 DIY 哲学也影响了后来一批蚊型唱片公司，包括 1724、倦鸟唱片，甚至是中小型独立唱片公司，如兵马司唱片公司。

笔者认为颜峻对独立音乐的理解基本延续了全球独立音乐文化政治，是西方社会朋克浪潮后衍生的独立音乐文化政治的一部分。在这个独立文化的网络内，每个人依循类似的品位随意联结，就像草莓匍匐蔓延的根茎，去中心、发散、DIY 是每个参与者的哲学。颜峻用“草莓的事业”这一浪漫的想象，来描述他心中德勒兹式的独立音乐文化根茎。

> 事实上所有的独立厂牌都有这样的性质——作为个人存在的延伸，作为若干个人、思想、行动、物质存在的你中有我我中有你的网络状延伸。从平面设计来讲，Sub Jam 一开始没有固定的设计师，要么艺人自己设计，要么艺人找朋友设计，要么我找朋友设计。大家 DIY，没有统一风格但是符合当时的生猛，而且大家都在行动中试验并提高，文件格式、字体字库、油墨、盒子的级别和品质、胶片保存问题等等，今天可以在一分钟内做出的判断，都曾经耗费了许多时间，甚至钱。所有的设计师都可以看作这个独立圈子的一分子，或偶然闯入者，他们是 Sub Jam 星系的一小部分，Sub Jam 也是他们星系中有着一次或许多次联系的分支。当这种关系得到发展，上海的音乐家兼设计师 B6 就变成了 Sub Jam 和观音唱片的专职设计师，他成为我的一根手指，反之亦然——关键是反之亦然，B6 自己也有唱片厂牌、分支乐队、朋友圈，正如一个同人音乐网站的招牌所说，每个人都是一棵树。成为树以前，我们是游击的摇滚战士。在独立时代，游击变成了移动中的组合、变形、互换，草莓在枝蔓间游历，没有中心，大家同时是种子、养料、树。①

---

① 颜峻：《草莓的事业》，http：//www.yanjun.org/archives/917，2006 年 4 月 26 日。

颜峻笔下的这种德勒兹式的独立政治（自摇滚体系成长下的独立音乐网络），以及之前提到过的、走折中路线的大型独立音乐公司如摩登天空等同时继承了先锋、批判的衣钵，这也同时构成了它的局限。虽然2000年左右的地下摇滚圈已经容纳来自学校、报社、工厂、文艺行业或者无业愤青的不同草根群体，但和10年前封闭的北京摇滚贵族相比，变得民主和草根了。令人尴尬的是，这些音乐的受众仍然是小资和受过良好教育的听众，并没有真的走到底层和草根群体。例如，左小祖咒写的《苦鬼》和胡吗个《一部分土豆进城》的追随者是诗人、乐评人，而并不是他们口中的底层人群。这种（摇滚谱系生长出的）独立音乐的先锋气质和知识分子的关怀非常明显。其次，这时期虽然音乐制作的软硬件已经出现，逐渐从唱片工业的制作人那里（三宝、祝小民和张亚东）脱离，然而音乐制作的理念和技术、音乐制作的知识分享还不透明，很多时候依赖音乐人的裙带关系和社会资本。笔者的田野调查曾发现1997～2002年活跃的地下摇滚圈男性同盟前帮后带的音乐分享和交流方式，排斥女性参与创作的讨论和分享。没有社会资源的乐手习得音乐技巧和制作经验的困难重重，这时的“独立”还是一种男性、精英、先锋、小众的话语。

笔者想强调的是，“独立音乐”（indie music）虽然在欧美国家意味着一套独特的音乐学谱系（以垃圾摇滚和之后的后朋克和后摇滚为主）和独立传播网络的机构政治。[①] 然而在中国，笔者认为“独立音乐”的音乐指涉非常流动，除了包括后摇滚、后朋克、电子、实验、噪音、流行、民谣等，甚至可以融合一些另类的网络音乐，随着媒介的发展，独立还在生发新的意义。因此，笔者的问题是，除了颜峻笔下的西化的“独立音乐”政治经济学之外，我们是否可以有一个更加宽容和开放的态度去理解“独立音乐”在中国的意义？

2000年初发端于地下摇滚圈实体DIY网络的“独立”已经不同于2008

① Wendy Fonarow, *Empire of Dirt: The Aesthetics and Rituals of British Indie Music*, Middletown, Conn.: Wesleyan University Press, 2006, 315.

年之后互联网端数字平台上的“独立”。前一个时期（2002～2007）更多的是音乐人独立自主的制作能力，即强调一种作曲能力和完整的音乐把控力（下文的作曲作为方法）；而后一个时期（2008～）除了继续挖掘这种独立的音乐制作能力之外，由于音乐传播的渠道进一步碎片化，音乐人如何抓住“自己的”市场更加重要，也就是具有企业家精神把握资源、整合音乐传播渠道的能力（下文的乐迷作为方法）。也就是说，后一个阶段更重要的是考验音乐人把握互联网端的各种平台、抓住乐迷的能力；随着 UGC 平台端的成长和智能手机的普及，乐迷受众的碎片化场景开始出现，音乐人除了制作之外，和市场互动的能力也同样重要。歌手和音乐人、个人企业家（entrepreneur）的界限变得模糊，歌手一人包揽词曲创作，完成编曲和制作到销售，不仅仅是特立独行的艺术家风格，更是成为独立音乐时代的必要生存法则。

因此，笔者认为“作曲作为方法”的严肃音乐和“乐迷作为方法”的网络音乐是独立音乐时代的两个“创客”面向。两者并非相互对立，如果说在 2000 年初两者较少有交集的话，那么在 2010 年左右在继续分化的同时也出现了不少交集。下面，让我们看看这两种独立音乐“创客”策略。

## 三　作曲作为方法：从阿塔利出发

从地下摇滚生态网络生长出来的独立音乐人群体，上文已经提到过，他们关注 MIDI 音乐制作软件、掌握多种乐器、研究音乐的后期制作和缩混的技术，争取在音乐制作的过程中掌握更大的话语权。接下来笔者想继续讨论这种脉络下发展出的新趋势，即“作曲作为方法”。这里的“作曲”并不是具体地说写一段如何特别的音乐旋律，而是如何作曲，即作曲的动作和过程与创作音乐的方法。阿塔利极具启发性的“作曲”理论试图消解资本主义音乐工业体系将音乐意义抽空变成死亡的“符码”的做法，鼓励每个音乐人在正统音乐系统的缝隙中用“作曲”的方式去抵抗消解。因此以下的讨论不仅涉及如何重新认识作曲，还有资本主义音乐工业生产的问题等。

这里笔者借用了法国学者雅克阿塔利的著作《噪音：声音的政治经济学》中的“作曲”理论，来诠释2002年独立时代到来之后中国独立音乐人“作曲”的DIY策略。《噪音：声音的政治经济学》成书于20世纪70年代的法国，书中的“作曲”理论始终在影响着后来的音乐家和学者。阿塔利认为：“在作曲中，音乐家主要为自己演奏，不管任何功能、景观或价值的累积；而音乐从牺牲、再现与重复的符码解脱出来后，它成为本身为目的的活动，在作品形成的同时也创造了自己的符码。”① 阿塔利所说的作曲灵感来自70年代活跃在流行音乐工业体制之外的牙买加的、黑人的自由爵士，以自由即兴和打破常规的现场即兴与乐手间即兴著名的音乐类型。他特别强调的是，这种“作曲”是在音乐的“再现”和“重复”功能之外的音乐活动。也就是说，“作曲”活动的重点是当下的欢愉，而并非被转换成某种可以快速变成符码进入无止境的重复交换系统等待被“囤积”的商品。牺牲仪式的丧失、重复交换造成的音乐使用价值的“死亡”（可能永远无法被人聆听），只能通过“作曲”来有效解决：“音乐的创作不再是为了再现或是囤积，而是为了使人们能集体参与这个游戏，参与追求一种新而可以立即达成的沟通。音乐变成不可复制，不可逆转。”②

“作曲”的方式和方法在独立音乐中显得重要，所以现在作曲编曲（midi软件）变得十分的草根和平民化，网络端活跃着大量原创的音乐作者，传统唱片时代的音乐家作曲特权已经大量和快速地扁平化。人人都是原创/独立音乐人。除了继续钻研作曲软件和缩混技术之外，具有创客DIY精神的独立音乐人还能怎么“作曲”？独立音乐人的“作曲作为方法”活动目前主要朝两个向度展开：乐器发明和身份整合。这两种趋势主要见于民谣偏世界音乐的音乐人和电子氛围的实验音乐人的音乐实践。

首先，发明和DIY自己的乐器成为野心音乐家的游戏。不少独立音乐

① 〔法〕阿塔利：《噪音：音乐的政治经济学宋素风》，翁桂堂译，上海人民出版社，2000，第185页。

② 〔法〕阿塔利：《噪音：音乐的政治经济学宋素风》，翁桂堂译，上海人民出版社，2000，第194页。

人不满足于用传统乐器来演奏，而开始选择拼贴自己想要的音色，自己手做乐器。以自己愉悦、日常沟通为目的。这里笔者想举两个例子，一个是民谣圈几位音乐人——小河、宋雨喆、欢庆、朱芳琼，另一个是实验电子乐队fm3张荐老赵和他们制作的唱佛机（Buddha Machine）。民谣圈这几位音乐人都是从地下摇滚圈出来的摇滚歌手和乐手，在最近五年时间，他们不仅纷纷转向了世界音乐，同时开始研究乐器制作。小河演奏用的是一把中阮加了吉他弦；宋雨喆经常使用的是一把名为“八仙班卓琴”的自造弹拨乐器，这是他用长达八年时间的音色尝试的结果，他改装了一个没有品的班卓琴，音色介于三弦、班卓琴与秦琴之间，[①] 可原声演奏，也可以插上不同的效果器发出失真大音量扭曲的吉他或者贝斯音色；欢庆的自制里拉琴，还有朱芳琼钻研制作的udo、framedrum、oceandrum等。

这些音乐人的乐器并没有公开售卖，只满足各自作曲和演奏的需求，这避免了乐器再次变成可批量生产（重复的）符码进入市场被囤积。同时，这种自制的乐器似乎抵制将音乐静止呈现的方式。自制的乐器在作曲尚未发生之时，已经成为作曲的一部分。乐器不仅仅是手段，它更是目的本身。这或许也是这些音乐人偏爱现场多过录制唱片的缘故吧。他们演出过的歌曲永远多于流通的、发行过的唱片中的歌曲，比如小河。小河的音乐除了被囤积的那部分之外只有在现场才能发生，自制乐器的魅力（从视觉到听觉）也只有在现场才能体会；小河经常在演出中即兴，与不同的音乐人或者在不同的场合时有完全不同的音乐。音乐是即兴的、碎片式地散落在每一次演出中，这使得小河的音乐是当下的、作曲的，（和乐迷、乐手和空间）有关系的音乐。用阿塔利的话说：“作曲解放了时间，使之可以是活生生的经验，而非囤积之物。因此作曲是以人所活过的时间的级值来度量，取代了囤积在商品中的时间。”[②]

---

① 《鸟语者大忘杠》，《杭州日报》，http://hzdaily.hangzhou.com.cn/dszb/html/2013-06/20/content_1516940.htm。

② 〔法〕阿塔利：《噪音：音乐的政治经济学宋素凤》，翁桂堂译，上海人民出版社，2000，第199页。

“每一种乐器，每一种工具——不论是理论的或具体的——都隐含了一个声音领域、一个知识领域、一个可想象摸索的宇宙。”① 爱父爱母三乐队设计和制作的唱佛机很好地说明了独立音乐时代“作曲”是如何成为一个知识分子和文化精英的文化资本的。他们并没有使用复杂的作曲理论，或是努力钻研某种乐器的演奏技巧，他们关注的是声音是如何发生的。Fm3（也叫爱父爱母三或 Fm3）成立于 1999 年，成员为 Christian Virant 和张荐，他们擅长用电脑制作微弱、缓慢、简单、低频、循环、渐进、抽象极简的氛围音乐，不过他们最有名的作品是唱佛机。唱佛机本来是亚洲佛教徒常用的小盒子，内置梵呗或者佛号。FM 三把佛号换成了 9 段 loop 声音素材。2005 年，FM 三在电子厂定制了一批唱佛机，灌录了 9 首（最长一首 40 秒，最短一首 5 秒）的微音片段。吊诡的是，虽然唱佛机在国际独立音乐圈被誉为反 IPOD 的发明，然而乐迷可以在 iTunes 购买到一个虚拟唱佛机，同时他们的实体唱佛机单价售卖 150 元人民币左右。作为反音乐资本主义的叛逆者，唱佛机并不便宜，张荐戏称：“作为三分钟的音乐，这是全世界最贵的音乐。”② 另外，受到约翰·凯奇的启发，FM 三的唱佛机把作曲的任务交给了乐迷和听众。每台唱佛机都有内置的几条声音素材，演出过程中乐队成员控制几台唱佛机，通过即兴调换不同的（提前录制好的）Loop 片段，改变音量，将音墙的层次和颜色叠加和削减得到意想不到的声音可能性。每次演出结束后，他们都会邀请台下的乐迷上台一起玩唱佛机，制造出其不意的声响，这个观众参与、集体作曲的过程叫“佛打架”（buddha boxing）。乐评人杨波说，唱佛机在佛具、播放器、乐器、时尚之物乃至催眠设备间转换。“唱佛机一算是装置，二算是游戏，而且好玩。时间不一样时，相同的音乐更能无限发挥，任何不会音乐的人都可以玩。有些有趣的事情是生

① 〔法〕阿塔利：《噪音：音乐的政治经济学宋素风》，翁桂堂译，上海人民出版社，2000，第 183 页。

② 《Fm3 唱佛机，这完全不是一个音乐的话题》，http://doc.qkzz.net/article/7e0372df-9f21-431d-a856-cbd015393ed3_2.htm。

产后发现的，是一种惊喜，这不是提前想到，让音乐爱好者都可以 DIY。”[①] 因此，唱佛机有意思的地方是打破了音乐人和乐迷之间的对位关系，同时“作曲”回归“当下”与乐迷的互动，让音乐成为目的本身而不是交换的手段。

上述民谣圈和电子圈的实验音乐人构成了“严肃的”独立音乐人。他们的共同特点是，音乐人身份一体化：不管是制作民谣乐器还是电子乐器/玩具的音乐，他们都已经普遍掌握了音乐制作和缩混的知识。Virgil Moorefield 曾说过：“在全世界，至少在电子流行里，制作人的角色已经和工程师和表演者合并，现代录音技术排斥手艺技巧的灵活。重要的是想象力。”[②] 一个人抱着电脑，或者一件乐器足以支撑一场出色的演出。更重要的是，在音乐人个体全然独立的前提下，“音乐变成是多余的、未完成的、关系的”，也就是说每个人的音乐智慧都可以相互擦出新的火花，在乐手的合作中，每个人带着自己的音乐机器以及知识谱系，相互碰撞出无限可能。这时候，重要的是“在创作中，不在囤积财富，而是超越之，为他人、由他人演奏，交换身体的噪音，倾听他人的噪音以交换自己的噪音，共同创造可以使人沟通的符码。”[③] 音乐变成一场冒险，没有乐谱、编曲、段落，而是出发、跌落和对话。为了抵抗“重复”带来的意义的贫瘠和缺乏，作曲强迫音乐人首先和自己沟通，同时还需要新的政治学：“经由社会的重复中所出现的缺口以及对噪音的控制”，“需要每个个人开始发展从噪音制造秩序的能力”。[④] 因此，作曲作为方法，成为乐器制作者、制作人是独立音乐圈想要成为严肃音乐家的“创客”策略。

---

① 杨波：《听是一把琴》，《南方周末》，http：//www. infzm. com/content/77545。

② Virgil Moorefield, The *Producer as Composer*, Cambridge, Mass. : The MIT Press, 2015, p. 111.

③ 〔法〕阿塔利：《噪音：音乐的政治经济学宋素风》，翁桂堂译，上海人民出版社，2000，第 197 页。

④ 〔法〕阿塔利：《噪音：音乐的政治经济学宋素风》，翁桂堂译，上海人民出版社，2000，第 180 页。

## 四 乐迷作为方法

上面笔者分析了独立音乐人群体中一些激进的 DIY 音乐创客，来自地下摇滚的嫡系部队，执着于用技术和创新的手段寻找属于自己的音色，希望最大限度地把握音乐生产（而不是传播）的过程。由于长期在积累音乐制作的知识和创作经验，他们发明自己的乐器，用自己的方式作曲。这类音乐人可以算作“严肃”音乐家，较少考虑市场的需求，把音乐创作放在第一位，传播渠道局限在摇滚亚文化小众生态圈。[①] 由于他们只在有限的具有“独立”气质的网络平台传播，刻意和市场/乐迷保持距离，因此他们争做音乐制作层面的“创客”，而不是“乐迷”（市场）创客。

还有一类音乐创客，是业余的音乐爱好者，他们是长期活跃在网络上、影响力远大过上述“独立音乐人”的“网络歌手/音乐人”。虽然音乐内容长期被人们诟病为缺乏美感、低俗的垃圾口水歌，然而这些网络歌曲从 2000 年出现之初就深刻地改造着中国大中小城市的都市音乐景观。同时，与时尚和国际范的港台流行歌曲不同，网络歌曲有很强的地域性风格，幽默、通俗，很容易抓住市场。[②] 这些歌手有 2000 年初一夜走红的雪村、刀郎、杨臣刚、香香、胡杨林、王蓉、庞龙、慕容晓晓、凤凰传奇、唐磊，还有这两年出现的许嵩、汪苏泷、乔洋、徐良。这些网络歌手中，一部分是演唱他人创作的歌曲，还有一部分是全能型的创作人如许嵩。[③] 他们的歌曲不仅是街头巷尾人们耳熟能详的热门歌曲，更是数字音乐产业创造巨大经济价值的中坚力量。网络歌曲的传播价值链和社会学意义值得仔细考察。

---

① 2000 年初主要依靠几本传统摇滚杂志（《我爱摇滚乐》《通俗歌曲》《重型音乐》《口袋音乐》《非音乐》等）和几家专门分享国内外摇滚和独立音乐资讯的网站如独立音地、ROCKYEAR 论坛传播，这些平台陆续被后来具有社交性质的 UGC 平台如豆瓣和虾米与网易云音乐等平台替代。实体的 CD 也只在国内几家独立书店和淘宝网店售卖。

② 周希正：《网络歌手的风格特征及文化价值》，《学习月刊》2006 年第 278 期，第 28 页。

③ 冯文双：《从草根到偶像：中国网络歌曲十年盘点》，《音乐传播季刊》2013 年第 1 期，第 77～78 页。

“网络歌曲”的创客策略不是作曲，而是绕过唱片公司用最方便低廉的方式制作和传播，直达乐迷。他们（及其团队）深谙数字音乐时代的传播之道，懂得依靠门户、贴吧、视频网站、YY 或 QQ 空间传播，绕过互联网直接和乐迷互动、抓住“市场”。“网络音乐”不同于传统“独立音乐”（地下摇滚衍生文化）的管道传播，网络音乐主要在门户端和无线音乐平台呈现提供彩铃服务，或是出现在各种视频网站（如 Flash、搞笑和病毒视频，视频始终是网络歌曲传播的重要载体）。

2004 年是“网络音乐”井喷发展的一年，主要是因为 2005 年之后数字音乐产业中的无线音乐业务暴涨带来手机端网络音乐彩铃下载的服务井喷。从文睿研究的一份研究报告发现，国内数字音乐企业投融资在 2005 年飙升至 8000 万美元，和惨淡的 2004 年和 2003 年相比翻了 10 倍，这个数字在 2006 ~ 2009 年下跌至 1000 万美元左右之后在 2010 年和 2011 年回升至 3000 万美元左右。[①] 其中很大一部分资金导入无线音乐服务（彩铃是无线音乐的核心业务），而无线音乐产业链创造的产出常年占据整个数字音乐产业产出的 90% 以上，这在全球数字音乐行业中都是一个特殊的现象。网络歌曲因为制作成本的低廉而受到移动运营商的欢迎，虽然歌曲作者只有极小的版税议价权，[②] 不过借助运营商的海量用户平台可以迅速传播他们的歌曲，使其成为主流和热门歌曲。

除了无线音乐成为网络音乐的传播助推力之外，各类 UGC 视频网站也是重要传播渠道。有不少草根的创作歌手在 YY 和酷狗繁星直播、唱吧上走红。通过翻唱和演唱原创的音乐作品，和乐迷的互动，迅速获得传播。有人会质疑这种众包平台可能会带来文化的平庸，然而如果以《众包》一书中

---

① 白噪音：《2012 数字音乐行业研究》，http://vdisk.weibo.com/s/dvDAKrlLz58l。

② “很多受欢迎的主流歌手，他们都是一次性被买断版权，赢利大概几百万。但非主流歌手，则要低很多，一万元已经是达到上限了。曾经演唱过《你到底爱谁》的刘嘉亮，据说火了以后就把版权费提高，并且要求分成，导致后来的下载量就少之又少了。彩铃市场也有自己的“潜规则”：网络歌手可以收获名气，但实际却分不到什么利润。彩铃的收入可以说，和歌曲的受欢迎程度其实没什么直接关系。”参见武春澍《网络歌手的生存之道》，载《神州》2010 年第 12 期，第 81 页。

1∶9∶99的说法，在大量平庸和垃圾文化被生产出来的同时，也会带来1%崭新和有趣的创意。庞麦郎就是一个有争议的例子，从目前知识界和文化圈以及乐迷的反馈来看，《我的滑板鞋》带来的感动和正面评价不亚于张楚的《姐姐》，它扑面而来的城乡记忆贴切地隐喻了当下中国城市化转型的失落和困惑。虽然庞麦郎的成名很难跳出文化公司的推广和运作，但必须肯定的是他词曲创意上的天赋，这种浑然天成、真诚的表达只有降低音乐表达的门槛或许才能获得意想不到的效果。

庞麦郎的走红不能简单归功于文化公司的炒作，这背后有前述网络歌曲的社会和文化背景作为铺垫。除了它自身地域和娱乐气质所具备的群众基础，同样重要的是庞麦郎被炒作前在网络端依靠各种UGC平台端多点、发散传播积攒的人气，这靠的是“乐迷”口耳相传的力量。如果不是庞明涛前期攒下的关注价值，“华数”传媒也不会下巨资冒险投资这样的缺乏音乐素养的小镇青年。《财经》的一篇名为“制造庞麦郎”的报道称，在2013年9月“华数音乐”决定“包装”这个陕西农村青年之前，庞麦郎的《魔的大飙客》这首歌已经在编曲论坛Audiobar引起火热讨论，随后这首歌被改成鬼畜视频放到了弹幕网站Acfun并“红了”。由此可以看出，《我的滑板鞋》走红是很多原因促成的，首先是庞明涛本人的词曲和另类演唱，其次是互联网的UGC论坛、视频平台、传播策略（如病毒传播）以重要节点的方式相互勾连积累的原始乐迷，以及之后“华数”在“虾米独立音乐人”、“自媒体推广”和“全网铺”平台的炒作营销，这些因素共同制造了一个“独立”和“原创”的民间歌手庞麦郎。

庞麦郎的走红还有一层深意：“网络音乐”作为“独立音乐”的又一个他者，在不时挑战后者的定义，两者间的界限开始松动。草根大众的网络音乐开始在独立音乐的平台上传播。“华数”使用虾米独立音乐人平台推广庞麦郎获得非常好的效果，虾米的用户特征（不同于QQ、百度和酷狗的低学历和低收入群体）属于高学历和中高收入的、有较深音乐功底的资深乐迷群体。“华数”利用了庞麦郎原创词曲的卖点打入传统“独立音乐”受众群，获得极大反响。虾米员工说：“‘虾米音乐人’平台挖掘了庞麦郎，有后台数据为证：2014 年 5 月 13 日，庞麦郎上传《我的滑板鞋》；6 月 27 日，官微推荐；6 月 30 日，第一个专访；7 月 1 日，第一条 MV。”[①] 由此“独立”的定义随着传播平台的融合出现了松动，庞麦郎是不是独立音乐人引起了热议。类似的例子还有音乐人许嵩，他同时活跃在贴吧、门户网站等主流网络音乐平台，以及豆瓣和虾米等小众的传统独立音乐网络平台。

这些依赖互联网平台直接抓住听众的网络创作歌手是很有意思的一个群体，这些“乐迷作为方法”的音乐创客是“作曲作为方法”的音乐创客的重要补充。这类更加草根、民间的创作歌手是先锋、小资的传统“独立音乐”创客美学和政治经济学的重要补充。“作曲”和“乐迷”两种策略下的音乐品位似乎相互对立，然而他们始终活跃在流行音乐场景中，并不是简单地相互抵消或者相互排斥。这里把“乐迷作为方法”拿出来讨论的目的，一是想指出早期“独立音乐”趋向精英和知识阶层的狭义文化区隔，二是想指出通过仔细考察两种独立音乐的“创客”方式可以发现，虽然至今仍旧存在不少差异，但有趣的趋势是两者开始融合。

另一种“乐迷作为方法”的创客思路是让用户亲身参与到音乐的创作过程中去。YY、酷狗繁星、唱吧、5sing 等真人直播类网是由乐迷生产、乐迷消费催生的 UGC 网络平台。在这种网络 KTV 的环境下，用户可以选择收看自己喜欢的主播节目，点播自己喜欢的歌，也可以自己注册个账号变成主播，这类型网站演唱和传播的歌曲主要是国内和港台的流行歌曲，其中网络原创歌曲占了很大的比重。原因很简单，“人们不想消极地消费，他们更愿意参与到对自己有意义的产品的创造和开发过程中”[②]。在主播平台，观众会购买虚拟的礼物送给喜欢的主播，中国大陆的主播经济可以说是数字音乐产业中一个十分独特的现象，也值得学界关注。

综上所述，借由“创客”DIY 的哲学，本文发现了中国“独立音乐”

---

① 《制造庞麦郎》，财经，http：//www. guancha. cn/economy/2015_ 01_ 22_ 307217. shtml。

② 〔美〕杰夫·豪：《众包：大众力量缘何推动商业未来》，牛文静译，中信出版社，2009，第 xxxvi 页。

是不断发展的、意义发散的音乐文化。“独立音乐”和“网络音乐”从早期相去甚远的美学和政经关系，发展到现在逐渐产生出交集和碰撞，两者是辩证统一的关系。简单来说，正是基于网络大众音乐和主流音乐在传播渠道上和独立平台上不断动摇和收编“独立音乐”的原真概念，才使得那些坚持原真“独立音乐”文化的音乐人和守门人更加坚守“作曲作为方法”的创客实践以此作为抵抗；而那些借鉴“乐迷”积聚市场关注的创客做法，或许也可以启发“原真的”独立音乐人，进一步打开和更新中国“独立音乐”的文化和社会学意涵。

## 参考文献


〔法〕阿塔利：《噪音：音乐的政治经济学宋素凤》，翁桂堂译，上海人民出版社，2000。

白噪音：《2012数字音乐行业研究》，http：//vdisk. weibo. com/s/dvDAKrlLz58l。

冯文双：《从草根到偶像：中国网络歌曲十年盘点》，载《音乐传播季刊》2013年1月。

〔美〕杰夫·豪：《众包：大众力量缘何推动商业未来》，牛文静译，中信出版社，2009。

金兆钧：《光天化日下的流行：亲历中国流行音乐》，人民音乐出版社，2002。

武春澍：《网络歌手的生存之道》，载《神州》2010年第12期。

温雯：《“创客”文化的历史图景与未来路径》，载《福建论坛》2015年第8期。

谢莹：《制造业创新与转型：深圳创客空间调查》，载《科技进步与对策》2015年第2期。

颜峻：《灰飞烟灭》，花城出版社，2006。

周希正：《网络歌手的风格特征及文化价值》，载《学习月刊》2006年第278期。

Fonarow, Wendy, *Empire of Dirt*: *The Aesthetics and Rituals of British Indie Music*, Music/Culture. Middletown, Conn.: Wesleyan University Press, 2006.

Jieming, Guo and Fei, Su, *Modern Sky Empire*, http://www.beijingscene.com/v06i008/feature/feature.html.

Virgil Moorefield, The *Producer as Composer*, Cambridge, Mass.: The MIT Press, 2015, p. 111.

# B.12
# 科技创新视角下武汉市文化创意产业园区发展路径研究

詹一虹　周雨城*

摘　要：　文化创意产业园区作为新的产业发展模式，逐步成为城市经济发展的重要引擎。近年来，武汉市文化创意产业园区在园区规模、文化产值、文化与科技融合等方面取得了不俗的成绩。然而，当前仍存在园区规划缺位、文化与科技人才相对匮乏、知识产权保护力度不足等问题。因此，相关部门应在完善园区公共服务平台，健全科技人才引进机制，加强知识产权保护力度，构建园区竞争力评价体系，实施园区品牌化战略等方面推进武汉市文化创意产业园区和谐发展。

关键词：　科技创新　武汉市　文化创意产业园区

目前，世界上公认的创新型国家的主要特征包括：研发投入占 GDP 的比例一般在 2% 以上、科技对经济增长贡献率在 70% 以上及对外技术依存度指标在 30% 以下。由此可见，科技创新推动文化生产与传播走向多元化，能够极大地促进经济可持续发展。在大众文化需求多样化的今天，文化产业不再是文化产品的简单复制生产，而是科技与文化高度相融的新兴产业；科技，特别是以虚拟现实、3D 打印等为代表的高新技术已经成为文化产品创

* 詹一虹，华中师范大学国家文化产业研究中心常务副主任，教授，研究领域为文化产业管理；周雨城，华中师范大学国家文化产业研究中心博士研究生，研究领域为文化资源与文化产业。

作、生产与传播的内在驱动力与重要载体，是增强国家文化软实力的重要手段。在经济新常态下，科技与文化融合发展是文化产业实现转型升级的重要力量。

近年来，武汉市政府发布了《中共武汉市委武汉市政府关于推进文化科技创新、加快文化与科技融合发展意见》等一系列相关文件，推动武汉市文化与科技融合大发展。早在2012年武汉市委市政府提出了打造“文化五城”规划，通过给予优惠政策与扶持资金，大力支持科技型文化创意产业园区发展，鼓励各类企业及高等院校建设文化产业技术中心。武汉市《关于国民经济和社会发展第十三个五年规划纲要》强调要发展新兴文化业态，充分运用高新科技手段促进文化产业升级，形成一批具有较强竞争力的产业集群。[①] 本文在阐述武汉市文化创意产业园区发展基本现状的基础上，剖析存在的主要问题，并在科技创新视角下提出促进武汉市文化创意产业园区和谐发展的相应对策。

## 一　武汉市文化创意产业园区发展现状分析

近年来，武汉市加大推进力度，规划建设了一批文化创意产业园区（见表1），涵盖动漫设计、媒体传播、出版发行、包装印刷、文化娱乐等多个行业，已经形成了多核心高聚集的创意产业园区发展格局。

**表1　武汉市主要文化创意产业园区一览**

| 园区名称 | 开发时间 | 投资模式 | 主要内容 |
|---|---|---|---|
| 华中师大科技产业园 | 2001年2月 | 民间合资 | 数字内容、数字教育、数字出版、创意设计 |
| 昙华林文化艺术创意产业园 | 2004年3月 | 民间合资 | 建筑油画村、书法、影视动漫基地、设计创意中心、艺术培训 |
| 武大珞珈山创意产业园 | 2006年10月 | 民间合资 | IT、动漫、时尚、服装、网游、娱乐软件等 |

① 《武汉市国民经济和社会发展第十三个五年规划纲要》，《长江日报》2016年4月18日。

续表

| 园区名称 | 开发时间 | 投资模式 | 主要内容 |
|---|---|---|---|
| 武汉光谷传媒创意产业园 | 2008 年 2 月 | 民间合资 | 数字传媒、新闻出版、会展业、演出娱乐业、音像出版业 |
| 东湖高新创意产业园 | 2008 年 3 月 | 民间合资 | 影视动漫、艺术培训 |
| 汉阳造文化创意产业园区 | 2008 年 3 月 | 政府筹资 | 画廊、艺术中心、艺术家工作室、时尚店铺、餐饮酒吧 |
| 马湖创意产业园 | 2008 年 4 月 | 民间合资 | 文化艺术、设计策划、咨询网络、媒体动画创作、印刷出版业 |
| 北港科技创意园 | 2008 年 5 月 | 政府筹资 | 动漫基地、教育培训、高新技术、文化传媒等 |
| 李桥科技文化创意产业园 | 2009 年 10 月 | 政府筹资 | 文体创意产业园、综合创意设计及研发园、艺术交流中心区 |
| 南湖创意产业园 | 2009 年 12 月 | 政府筹资 | 工业设计中心、创意市集、艺术家工作室、动漫生产车间等 |
| 楚天“181”文化创意产业园 | 2011 年 7 月 | 民间合资 | 现代传媒、艺术设计、文化演出 |

### （一）文化创意产业园区初具规模，各大园区呈现快速发展势头

目前，武汉市的文化创意产业发展势头迅猛，文化创意产业园区初具规模，创意企业发展优势较为明显。据不完全统计，目前武汉市建成和规划在建的文化创意产业园区达 45 个，包括洪山区南湖创意产业园、汉阳造文化创意产业园、武汉光谷创意产业园、武昌区昙华林艺术区、华师大文化创意产业园、楚天 181 文化创意产业园等；文化创意产业企业近万家，数量在全国同类城市中居第八位；预计到 2020 年，武汉市文化创意产业收入将达到 10000 亿元，占 GDP 比重 15% 左右①，武汉将成为全国文化创意产业强市。以华中师大科技园为例。华中师大科技园充分利用武汉科教资源优势，截至 2015 年 12 月在孵科技型企业数已达 69 家，其中包括文化和科技融合企业

① 文化创意产业高峰论坛：《2020 年产值达 10000 亿元》，http://www.cccnews.com.cn/2012/0721/9941.shtml，2012 年 7 月 21 日。

57 家，占全部在孵企业总数的 82.6%。华中师大科技园拥有专利及著作权的在孵企业 30 家，获得著作权或专利申请、授权总数 157 项[①]。2015 年园区企业总产值达 11.45 亿元，比 2012 年总产值增长 44.77%，实现了跨越式发展。凭借较强的文化科技创新能力，2015 年 8 月华中师大科技园被湖北省科技厅认定为首批湖北省创新型服务平台“众创空间”，2016 年 3 月被国家科技部评审认定为国家级科技企业孵化器。

### （二）武汉市文化产业增加值稳步增长，政府出台相关政策助推园区建设

2011～2013 年，武汉市文化产业增加值由 184.86 亿元增加至 627.1 亿元，占地区生产总值的比重由 2.7% 升至 6.93%。2014 年文化创意产业继续保持稳步增长，全年文化产业增加值占武汉市 GDP 的 7.04%。良好的发展势头促进文化创意企业集聚起来，带动文化创意产业园区的建设和发展。一方面，资金上给予较多优惠政策。从 2013 年起，武汉市财政每年安排不少于 2 亿元的文化产业发展专项资金，对经认定的市、省、国家级文化产业示范园区，分别一次性给予 30 万～80 万元的奖励。武汉市武昌区政府设立武昌文化创意产业发展专项资金 500 万元，采取补贴与奖励等多种方式，支持文化创意产业园区、文化创意产业特色街区等多元化发展，同时规定租用经营用房创建文化创意园区、文化创意特色街区和文化创意专业楼宇的企业，连续两年按对区级财政贡献额 50% 给予奖励。另一方面，大力支持科技人才创新创业。2015 年 12 月，武汉市出台文化产业发展“新十三条”政策，支持鼓励高等院校、科研机构、事业单位文化创新人才离岗创业，对离岗创业人员给予 5 年保护期，在职创业和到企业兼职收入归个人所有，对武汉市文化创意产业园区人才引进工作起到重要作用。

---

① 《国家科学技术部评审认定华中师范大学科技园为国家级科技企业孵化器》，华中师范大学科技园官网，http://www.ccnustp.com/content/?567.html，2016 年 4 月 1 日。

## （三）文化创意产业园区公共服务体系逐步完善，产业集聚效应初步形成

“十二五”以来，武汉市文化创意产业园区逐步加大公共服务投入力度，以满足广大消费群体多样化的文化需求为出发点，通过健全现代文化市场体系和建立企业间协作机制，大大增强了园区整体竞争力，推动了产业转型升级，有效提升园区文化软实力。同时，园区还通过加强与高校、相关企业的密切联系，逐步形成产学研一体化结合、社会与企业和谐共赢的产业新格局，园区内产业集聚效益日益凸显。以东湖开发区的中国光谷创意产业基地为例，该基地由光谷软件园与创意产业基地孵化中心两个园区组成，总建筑面积 5 万平方米，入驻企业有江通动画、拇指通科技、玛雅动画、数字媒体工程公司、银都文化等为代表的 250 多家数字创意类科技企业，基地相关从业人数 3000 多人，动漫制作能力达 2.5 万分钟，拥有自主知识产权 462 项，2009 年实现总产值 6.5 亿元，2012 年实现经营收入 35 亿元，主要涉及动漫游戏、创意设计、图书出版、互联网增值服务等领域，目前成为武汉地区文化创意企业聚集最密集、平台最完善的专业化园区之一。依托光谷创意产业基地的武汉光谷创意产业孵化器，通过设立企业一站式服务中心，建设青年创业港、动漫剧场等，为青年大学生提供了良好的创新创业平台。截至 2014 年 1 月，孵化了 16 家国家级动漫企业，占湖北省的 80% 以上，在孵化企业之间建立了从剧本创作、生产发行、衍生品开发到售后服务的动漫产业链条，取得了良好的经济效益和社会效益，2014 年被国家科技部认定为国家级科技企业孵化器。

## （四）文化与科技融合特色鲜明，国家级示范基地建设提速

武汉市拥有黄鹤楼、古琴台、武昌首义纪念馆等丰富的历史文化资源，高校在校大学生人数位居国内前列，科技也较为发达，被誉为“文化沃土、科技重镇”。2013 年武汉市出台《文化与科技融合示范基地核心区发展规划》（以下简称《规划》），《规划》提出到 2020 年，武汉市东湖高新区文

化创意产业实现产值3600亿元，年均增速达到30%。《规划》还明确了“一心二轴多点”的三层次空间布局，具体为：“一心”，以牛山湖国家文化和科技融合示范园为中心，重点打造文化与科技融合顶尖品牌；“二轴”，结合长江数字文化产业园、湖北广播电视传媒基地等多个文化创意特色园，形成以“光谷新中心”为轴心，向东西、南北两个方向延伸的文化与科技融合产业发展轴；“多点”，则包含了左岭数字家庭产业园、花山文化科技示范园、华中师大文化科技产业园、楚天传媒产业园等多个专业文化创意产业园区。在该《规划》的指导下，东湖高新区文化与科技融合示范基地稳步发展。2012年东湖高新区文化创意产业总经营收入为450亿元，同比增长34%，入驻动漫游戏企业近200家，在各大电视台上映动画片共9部，4部优秀动画片在中央电视台播放，共有30余款游戏上线，其中包括6款大型网页游戏及20余款手机游戏①，涌现出了数字皮肤、多语言云翻译、创意激光等一批国内领先的新业态。

## 二 武汉市文化创意产业园区发展面临的困境

在武汉市委市政府的大力支持下，武汉市文化创意产业园区在产业规模、经营收入、创新创业等方面取得了令人瞩目的成绩，但仍存在不容忽视的困难与问题，这直接影响了武汉市文化创意产业园区的可持续发展。

### （一）园区发展规划缺位，同质化现象较为明显

首先，武汉市文化创意产业发展已有较好的基础，各区政府部门依据文化资源特色与实际情况，制定了各区文化创意产业中长期发展规划并积极出台了如设立专项资金、鼓励青年大学生创新创业、给予优惠补贴等许多扶持政策，但从整体性与前瞻性的角度看，亟待组织各部门开展研讨，在听取相

① 《武汉出台文化与科技融合示范基地核心区发展规划》，中华人民共和国科学技术部官方网站，http://www.most.gov.cn/dfkj/hub/zxdt/201307/t20130722_107403.htm，2013年7月23日。

关文化产业领域专家意见的基础上，制定市区层面的文化产业园区发展专项规划，通过明确5~10年甚至更长时期的文化创意产业园区发展思路与功能定位、空间布局与发展重点，建立长期有效的园区政策扶持机制，从而推进武汉市文化创意产业园区有序发展。其次，一哄而上的园区建设，“招商引资”的简单复制，导致创意产业园区的同质化竞争日益严峻。例如武汉公认比较成功的创意产业园区，如中国光谷创意产业基地，往往具有规模化和主题化、产品多元化等特点。目前，武汉市大多数的创意产业园区特征不明显，很多创意产业园区的入驻客户以咨询服务为主体业务，并不是实体企业。加之租金成本持续走高，让园区经营方步履维艰，大批建筑沦为空置房，既浪费了资源，又没有形成良好的集聚效应。

### （二）园区发展链条不够完善，缺乏企业间协调配合的平台

从经济学上说，产业链条长度和完整度是与获利空间成正比的。在政府的大力推动下，武汉市文化创意产业园区在发展动漫产业上具有一定的优势，涌现出《天上掉下个猪八戒》《木灵宝贝》《花精灵战队》《小鼠乒乓》等优秀动画作品，但是产业整体发展水平不高。在动漫较为发达的日本、韩国、美国等国家，动漫产业的盈利模式是依靠“原创漫画-动画化-衍生品”产业链获利。近几年武汉市对动漫产业投入巨大，但是动漫产品竞争力较弱，大多是“外包”业务，大部分动漫作品没有进军音像制品、玩具、文具等衍生产品的市场，与国内动漫产业发展较好的深圳、上海、长沙等城市差距拉大。其次，武汉市文化创意产业园区尚未形成一种互相合作、共同创新的园区集群，还没能形成协同创新的新格局。目前全国各地文化创意产业园区建设如火如荼，如果园区企业间不能进行有效的协调，对园区内的资源整合极为不利，也无法形成完整的产业链条。例如近年来，动画电影成为动漫产业新的增长点，2015年国内动画电影票房约45亿元（见表2），越来越多的动画企业生产制作动画电影，然而鲜见武汉文化创意产业园区的动漫企业有令人熟知的动画电影，大多数动漫作品仍是以传统的电视播放为主，效益不佳。

**表2 2015年20部国产动画电影票房情况**

单位：万元

| 电影名称 | 上映时间 | 总票房 |
| --- | --- | --- |
| 《西游记之大圣归来》 | 2015－07－10 | 95484 |
| 《熊出没之雪岭雄风》 | 2015－01－30 | 29452 |
| 《十万个冷笑话》 | 2014－12－30 | 11963 |
| 《洛克王国4:出发！巨人谷》 | 2015－08－30 | 7693 |
| 《黑猫警长之翡翠之星》 | 2015－08－07 | 7040 |
| 《喜羊羊与灰太狼之羊年喜羊羊》 | 2015－01－31 | 6760 |
| 《桂宝之爆笑闯宇宙》 | 2015－08－07 | 6417 |
| 《赛尔号5:雷神崛起》 | 2015－07－23 | 5652 |
| 《猪猪侠之终极决战》 | 2015－07－10 | 4529 |
| 《潜艇总动员之时光宝盒》 | 2015－05－29 | 3380 |
| 《兔侠之青黎传说》 | 2015－02－21 | 2972 |
| 《一万年以后》 | 2015－03－27 | 2773 |
| 《三只小猪与神灯》 | 2015－06－27 | 2397 |
| 《闯堂兔2:疯狂马戏团》 | 2015－01－01 | 2094 |
| 《龙在哪里》 | 2015－10－23 | 2075 |
| 《美人鱼之海盗来袭》 | 2015－07－31 | 1729 |
| 《魔镜奇缘》 | 2015－09－03 | 1581 |
| 《阿里巴巴大盗奇兵》 | 2015－05－23 | 1571 |
| 《白雪公主之神秘爸爸》 | 2015－08－14 | 1113 |
| 《龙骑侠》 | 2015－01－01 | 1043 |

说明：统计时间截止到2015年12月21日。

## （三）园区创意领军人才匮乏，人才引进机制尚不健全

作为全国第三大科教人才培育基地，武汉市拥有众多所普通高校，为社会培养了大量的人才，但是文化产业发展整体上面临极为严重的人才匮乏现象，致使园区内相关人才匮乏。首先，园区各行业的高学历与高技术型人才普遍缺乏。人才激励机制不能充分广泛调动从业人员的生产积极性和激发创新能力，分配机制上出现的“平均主义”导致较强人才流动性，人才要么纷纷出国，要么涌向具有发展潜力的国内一线城市。在人事制度上，没能形

成合理规范的流动机制和淘汰机制，导致部门人员过多，人员冗杂。其次，与深圳、广州、上海等一线城市对文化与科技人才的引进政策相比，不管在工作环境、发展机遇还是工资待遇、创意氛围营造等方面，武汉仍与这些发达城市存在较大差距，对人才的吸引力不强。再次，园区内文化艺术类人才比例过大，而经营和投资管理人才偏少。随着近几年武汉市文化创意产业园区迅猛发展，对专业型人才特别是文化与科技人才需求巨大，然而当前从业者主要以创意设计、文案策划等单一人才居多，而既有深厚的文化底蕴与艺术修养，又掌握相当经济管理知识与市场营销知识的复合型人才严重缺失，很大程度上阻碍了园区的可持续发展。

### （四）创意产业园区政策还不够成熟，对知识产权的保护力度不足

从文化创意产业园区发展良好的发达城市来看，政府部门有效的政策扶持与资金保障在园区发展中起到了极其重要的作用。武汉市政府对文化创意产业的发展出台了一系列政策，例如出台新的文化创意产业发展规划；建立、启动武汉市文化创意产业发展专项资金，加大对创意园区及企业的扶持力度；制定《武汉市文化产业示范园区管理暂行办法》，并在全省开展文化产业示范园区的评选与授牌等，这些政策对文化创意产业的发展起到了积极作用。但是，目前武汉市创意产业园区政策还没有形成体系，尤其对知识产权的保护力度不强。其次，在文化创意产业园区内，由于创意企业之间产业关联度较高，各企业间存在较为显著的知识外溢与技术扩散效应[①]，企业的创意成果一经发布，很容易被其他企业模仿、复制、抄袭。在当前外部制度环境不完善的大背景下以及知识产权得不到有效保护，甚至原创者的经济利益受到严重损害的市场环境中，很多文化企业通常不会选择自主创新，而是寄希望于模仿其他企业的创意产品，必将导致产品趋同，从而陷入恶性价格竞争，最终园区丧失蓬勃的生命力，走向衰败。

---

① 王雷：《创意产业园区的发展瓶颈及突破路径——以上海市为例》，《当代经济管理》2010年第7期。

## 三 科技创新视角下武汉市文化创意产业园区发展路径

从时序视角看，一部人类文化发展史在某种意义上就是一部科技进步史。2015 年 11 月 3 日，新华社受权发布的《中共中央关于制定国民经济和社会发展第十三个五年规划的建议》指出，要推动文化产业结构优化升级，发展骨干文化企业和创意文化产业，培育新型文化业态，扩大和引导文化消费①。科技与文化的关系是一种双向互动的关系，以 3D 打印、虚拟现实等为代表的科技创新不断催生全新的文化业态，促使文化产品生产与传播方式发生变革，大大提升文化影响力，从而增强一个国家或地区的文化竞争力。武汉市文化创意产业园区应抓住文化与科技融合大发展的机遇，针对园区发展中存在的实际问题，着重从以下几个方面加强建设。

### （一）加强政府政策保障与资金支持，完善园区公共服务平台建设

首先，通过转变、约束、规划和完善政府职能和行为，从“办”转向“管”，从“管理”转向“服务和引导”。如减少行政直接干预，简化企业入驻园区的审批程序和手续，为园区企业提供快捷高效服务。其次，武汉市政府部门应确立文化创意产业园区的整体规划和发展重点。每一个城市都拥有自身独特的文化资源禀赋、基础条件和比较优势，根据资源可获得性、市场导向性、产业链延伸性等原则，结合武汉市实际，应确定文化创意产业园区发展的主要方向和支柱产业。在文化创意产业园区初期应避免高、大、上的发展模式，而应该有所侧重、层层推进。最后，政府部门应尽快出台土地、财政、税收等相关优惠政策，完善公共服务平台建设。可尝试在主要创意产业园区创立多个中心，如信息咨询中心、人才培训中心、产业宣传中

① 《中共中央关于制定国民经济和社会发展第十三个五年规划的建议》，新华社，http：//news. xinhuanet. com/fortune/2015 - 11/03/c_ 1117027676. htm，2015 年 10 月 3 日。

心、企业孵化中心、产权交易中心等。与此同时，建立“武汉文化创意产业园区发展专项基金”，由市政府拨出专款设立基金，重点支持创新能力强和发展前景好的文化创意产业园区及文化企业，形成集聚化发展，不断提升武汉市文化创意产业园区的综合实力。

### （二）健全科技人才引进机制，完善多层次的人才培养体系

武汉市应探索文化创意产业人才培养新模式，依托丰富的科教资源，促进大专院校、企业、科研机构及社会培养体系，为文化创意产业园区发展提供智力支持和人才保障。第一，园区企业应与高校、研究机构共同打造文化创意产业人才培养基地，推进产、学、研协同发展，提高文化创意可转化的经济价值；注重国际交流与合作，积极培养一批具有国际视野的文化产业人才，为园区人才的未来发展创造条件；以创业带就业，针对文化企业需要的人才进行重点培训，不断为文化创意产业园区输送专业技术人才和管理人才。第二，园区应举办大型文化科技展览及设计艺术展览，打造艺术家、设计师及园区管理人才的交流平台，推动园区人员与国内外文化创意人才的对话与交流，通过多种途径培养园区人才的创新思维与创新精神。第三，园区内创意企业应建立行之有效的人才激励机制，坚持以创新创业为绩效考核的标准，不断激发园区文化科技人才的潜力，营造自主创新、鼓励创新的良好环境，使创意设计真正走向健康发展的轨道。

### （三）制定园区品牌化发展战略，增强园区整体科技竞争力

第一，园区应突出创新，彰显特色。应积极推进园区内及园区之间的企业联盟和战略合作，打破企业间的壁垒，实现优势互补和良性互动，推进差异化、协作化发展。利用武汉光谷创意产业基地等园区的高新技术优势，强化科技创新对创意园区发展的引领和支撑作用，加快推广数字技术、应用信息技术等高新技术，研发一批具有自主知识产权的核心技术、关键技术、共性技术，加快科技创新成果转化。第二，创意产业园区应制定品牌化战略，做好战略品牌分析，建立强有力的统一园区品牌符号识别系统，提升现有文

化创意产业园区品牌能力，增强文化产业核心竞争力，提升园区品牌国内外影响力。第三，应尽快整合各大创意产业园区的文化资源优势，尽快形成标准规范的产业集群化整体发展战略，实现出版传媒、生态旅游、文化展示、数字内容等产业的不断融合，实现文化产品研发设计、生产、营销、品牌推广等统一运作。依托东湖国家自主创新示范区、南湖文化创意产业园等实力较强的产业园区实现联合互动，实现高新科技产业包容性增长和可持续发展，逐步增强园区科技竞争力。

### （四）建立健全知识产权保护法律体系，切实维护科技创新收益不受侵犯

文化创意产业的要素包括信息、知识、文化和技术等无形资产，基本覆盖了设计、文化、咨询策划等诸多技术密集的领域，因此文化创意产业园区的进一步发展，必须不断健全知识产权保护体系，建立一套标准的知识产权制度。首先，武汉市政府部门应通过相关法律法规完善高新技术、创意设计的认定保护机制，保护其知识产权；对园区相关发明专利实施统一管理，将创意产业相关的专业、版权、商标等合为一体，提高园区知识产权的管理效率。其次，应结合武汉市文化创意产业园区发展规划和“十三五”文化产业重点扶持项目，有针对性地制定园区知识产权保护相关制度，出台相关法律、法规积极维护园区原创企业或个人的正当利益。最后，对园区企业进行知识产权保护相关业务指导，提升其文化商标与域名注册的效能；努力搭建相应知识产权信息平台与商务交易平台，提供包括专利、著作权等在内的信息检索，杜绝侵权和重复创作，通过建立知识产权保护协调机制，积极鼓励创意企业进行商标、域名注册等知识产权保护活动。

### （五）构建园区竞争力评价体系，健全园区中介机构和行业组织

第一，必须尽快构建城市创意产业园区竞争力评价体系。武汉市目前已建和在建的文化创意产业园区达数十家，各大园区发展水平参差不齐，正确地引导创意产业园区良性发展，促进园区之间公平竞争，将对武汉文化软实

力产生相当重要的影响。武汉市应定期发布《武汉市创意产业园区发展年度报告》，同时借助水平高、专业性强的研究机构或组织，每年对创意产业园区发展情况进行评估，发布“文化创意产业园区实力排行榜”，对发展良好的园区进行奖励并授牌，促使创意产业园区走向规范有序发展的轨道上。第二，鼓励园区建立各种行业协会、代理机构、咨询服务机构等中介组织，充分发挥其在资源供给、文化产品生产与传播之间的纽带作用，促进园区企业间各项文化生产活动顺利畅通。第三，完善园区企业投融资的相关咨询服务，设立专门的投融资评估与咨询机构，为园区企业选择合适的文化产业投资项目提供依据。

# B.13

# 版权贸易促进文化产业发展：机理及实证研究*

王　丽**

摘　要：本文考察了中美两国版权贸易与文化产业发展之间的机理关系，首先以1991～2013年中国的样本数据进行实证分析，结果表明：版权出口与文化产业之间存在长期均衡关系，版权出口对文化产业发展具有积极影响，版权出口值每增加1%，文化产业发展状况将改善0.89%，版权进口对文化产业具有负向影响，文化事业经费支持和文化机构从业人员的增加都有利于文化产业发展，文化事业经费支出每增加1%，文化产业增加值将增加0.27%；文化机构从业人员每增加1%，文化产业发展状况将改善0.19%。其次以1991～2014年美国的样本数据进行实证分析，以美国1991～2014年的样本数据进行实证检验，结果证实，版权出口每增加1%，文化产业发展水平将提高0.19%，版权进口的增加有利于文化产业发展状况的改善；版权进口增加1%，文化产业发展水平将提高0.15%，文化产业从业人员的增加对文化产业发展具有正向影响，文化机构从业人员每增加1%，文化产业发展状况将改善0.41%。

关键词：版权贸易　文化产业　机理　实证研究

---

* 项目来源：中央高校基本科研业务费专项基金项目“贸易强国视角下中国版权贸易发展战略研究”（项目编号：13XNH110）。

** 王丽，中国人民大学经济学院博士研究生，研究领域为服务业与金融发展。

## 一　引言

当今国际竞争中不仅包括经济竞争、军事竞争和科技竞争，还包括文化竞争，文化与科技、经济、政治相互融合，文化在国际竞争中的地位越来越高。随着我国经济结构调整的进一步推进，文化产业的地位和作用也越来越重要，文化产业增加值占国内生产总值的比重不断上升。根据国家统计局的核算数据，2014 年中国文化产业增加值占国内生产总值的比重为 3.76%，全国文化及相关产业增加值为 23940 亿元，文化产业增加值的增长速度比同期 GDP 的增长高出 3.9 个百分点。

美国是世界文化产业大国，2013 年美国文化产业产值占国内生产总值的 11.44%，美国文化产业雇用人数占全国总雇用人数的 8.26%，文化产业是美国经济发展的重要支柱产业，美国是版权输出大国，版权贸易常年保持顺差状态，2015 年美国版权贸易顺差为 7.6 亿美元，版权贸易是美国贸易的重要组成部分。美国版权贸易的发展促进了文化产业的发展，图书、音像、广告等的贸易促进了美国出版业、影视业和娱乐业的发展。

作为文化产业链条上的重要组成部分，版权贸易的发展程度是我国服务贸易发展程度的重要标志之一，近年来，国家对版权贸易重视程度不断提高，版权贸易发展势头良好，版权贸易出口由过去的“政府主导”模式逐渐转向“企业主导”模式，版权产业“走出去”格局逐渐形成，版权贸易的发展有利于提高中国文化软实力，树立良好的国际形象，促进中国文化产业“走出去”步伐的加快。版权在文化产业发展中的重要作用已经逐渐体现。[①] 版权贸易与文化产业发展之间不能分割开，要注重版权贸易在推动文化产业发展中的重要作用。

---

① 璩静：《充分发挥版权在文化产业发展中的重要作用——访国家版权局副局长阎晓宏》，《中国版权》2013 年第 4 期，第 5 ~6 页。

## 二　文献综述及机理分析

### （一）文献综述

当前学术界的研究对版权贸易与文化产业发展之间关系的考察较少，现有的文献都是从版权贸易或文化产业单个角度出发。

曲如晓、韩丽丽（2010）对当前中国版权贸易存在的问题进行了分析，认为版权贸易主体、作品类别等分布不均衡，版权贸易进口远远大于贸易出口。郭奇（2009）认为当前中国版权贸易的经济功能大于文化功能，版权贸易是传播中国文化的载体，版权贸易的文化功能需要得到足够重视。赵双阁、李剑欣（2014）从版权产业的经济贡献、产业结构、就业等角度出发对中美两国版权产业的发展进行了比较，分析了当前中国版权产业发展存在的问题，并提出了相应的建议。

冯光华（2004）认为版权贸易对出版产业体制和贸易政策都具有较大影响，版权贸易的持续长远发展需要一个市场化的出版体制与贸易政策，版权贸易是促进出版产业体制和贸易政策改变的一个重要影响因素。罗家如（2005）认为当前中国版权还存在资金不充足、创新能力弱和专业版权人才缺乏等问题，中国出版业需要加强对外交流，促进中国版权贸易逆差的改善，加快中国版权贸易的发展。潘文年（2008）对当前中国图书版权贸易现状、贸易内容、贸易地区进行了详细描述，同时对图书版权贸易存在的问题进行了分析，最后从版权主管部门、行业协会和图书出版企业三个角度出发提出了相应的建议。王婧（2008）认为人均娱乐消费的提高和文化产业结构的改善都对文化产业增加值的增长具有正向作用，文化产业对经济贡献作用的发挥需要大力鼓励群众增加文化娱乐消费，同时加强文化基础设施建设，创造良好的文化环境。胡惠林（2009）对世界文化产业发展的趋势进行了分析，总结了中国文化产业发展存在的问题，认为中国文化产业发展必须制定长远战略，适应当今国内和国际发展趋势。

综观以往的文献，对于版权贸易与文化产业发展之间的研究缺乏定量研究，当前的研究集中于定性研究，无法对版权贸易与文化产业发展之间的关系进行规范考察，本文基于中美两国的样本数据，运用协整方法对版权贸易与文化产业之间的关系进行实证检验。

### （二）版权贸易促进文化产业发展的机理分析

已有的研究都是单独从版权贸易或文化产业的角度出发，将版权贸易与文化产业发展联系在一起的研究较少，本文试图将两者联系在一起，考察版权贸易对文化产业发展的影响机理。

根据国际贸易学说，贸易对国家经济和产业发展具有重要影响，许多国家确立了“贸易强国”和“贸易立国”的战略，金融危机之后各国对贸易的重视程度显著提高，版权贸易作为贸易中的重要组成部分，对国内产业发展具有重要意义，对外贸易的发展是促进产业发展的重要影响因素之一，版权进出口的发展与中国版权市场背后的文化产业供给需求量之间存在直接关系，版权贸易对国内文化企业产品的生产和供应具有直接影响，版权贸易与文化产业发展之间的关系非常紧密。

首先，版权业是文化产业中的重要组成部分，版权进出口的增加会对国内版权业发展产生重要影响，进而版权贸易对文化产业发展产生较大影响；其次，贸易与产业发展的关系较为紧密，许多学者的研究结论指出对外贸易能够促进本国产业发展，促进本国产业结构的调整与优化，版权贸易的发展与文化产业结构调整之间具有密切联系，版权贸易对文化产业出口结构具有一定的影响，通过版权的输出与引进，调整文化产业出口与进口结构，进而文化产业贸易结构的调整会对文化产业结构产生一定的影响；最后，版权进出口的增加或减少，影响一个国家内版权市场的供给量与需求量，版权贸易对国内文化市场的供给与需求产生直接影响，供给与需求的变化导致市场行为的变化，市场行为的变化会对市场结构造成影响，进而促进国内产业结构调整，所以版权贸易的发展对文化产业的发展具有促进作用。

## 三　版权贸易促进文化产业发展的实证分析

### （一）基于中国数据的实证分析

1. 数据来源及模型设置

翔实的数据收集和科学的变量选择是进行实证分析的基础，为了较好地进行实证分析，本文以 1991～2013 年的版权贸易与文化产业数据作为基础来进行。其中，被解释变量是文化产业增加值，本文以文化产业增加值来衡量文化产业的发展，由于中国文化行业统计数据的限制，本文用广义文化服务业——“文化、体育与娱乐业”增加值衡量中国文化产业增加值，历年中国文化、体育与娱乐业增加值数据来自于历年《中国统计年鉴》，解释变量是版权输出与版权输入，历年中国版权输出与输入数据来自《中国知识产权统计年鉴》，同时增加了文化事业经费支出与文化机构从业人员两个变量，文化事业经费支出和文化机构从业人员数据来自《中国文化文物统计年鉴》。在此基础上，模型设置如下：

$$LnCD_t = \beta_0 + \beta_1 LnEX_t + \beta_2 LnIM_t + \beta_3 LnFI_t + \beta_4 LnHR_t + \varepsilon_t \qquad (1)$$

其中 $LnCD_t$ 指的是第 t 年中国文化产业增加值，$LnEX_t$ 指的是第 t 年中国版权输出量，$LnIM_t$ 指的是第 t 年中国版权输入量，$LnFI_t$ 指的是第 t 年中国文化事业经费支出占财政支出的比重，$LnHR_t$ 指的是第 t 年中国文化机构从业人员。

2. 实证分析

（1）单位根检验

如果样本数据出现单位根问题，则为非平稳数列，单位根问题可能导致回归结果出现“伪回归”问题，影响实证结果的稳健性和有效性，所以首先对本文进行单位根检验。

**表 1　单位根检验**

| 类别 | ADF 检验 | 1% 临界值 | 5% 临界值 | 10% 临界值 | 结论 |
|---|---|---|---|---|---|
| $LnCD_t$ | -1.845 | -3.750 | -3.000 | -2.630 | 不平稳 |
| $LnEX_t$ | -1.831 | -3.750 | -3.000 | -2.630 | 不平稳 |
| $LnIM_t$ | -2.351 | -3.750 | -3.000 | -2.630 | 不平稳 |
| $LnFI_t$ | -1.349 | -3.750 | -3.000 | -2.630 | 不平稳 |
| $LnHR_t$ | -1.775 | -3.750 | -3.000 | -2.630 | 不平稳 |
| $D.LnCD_t$ | -3.256 | -3.750 | -3.000 | -2.630 | 平稳 |
| $D.LnEX_t$ | -5.279 | -3.750 | -3.000 | -2.630 | 平稳 |
| $D.LnIM_t$ | -5.227 | -3.750 | -3.000 | -2.630 | 平稳 |
| $D.LnFI_t$ | -3.866 | -3.750 | -3.000 | -2.630 | 平稳 |
| $D.LnHR_t$ | -6.013 | -3.750 | -3.000 | -2.630 | 平稳 |

从表 1 单位根的检验结果中可以看出，各个变量在 1% 的显著性水平下接受“存在单位根”的原假设，各变量的一阶滞后项都拒绝存在单位根的原假设，认为各变量的一阶滞后项是平稳的，服从一阶单整 I（1）过程。

（2）滞后阶数选择

**表 2　滞后阶数选择**

| 序号 | LL | LR | df | p | FPE | AIC | HQIC | SBIC |
|---|---|---|---|---|---|---|---|---|
| 0 | 36.2228 | | | | 2.6e-08 | -3.28661 | -3.24455 | -3.03807 |
| 1 | 131.07 | 189.69 | 25 | 0.000 | 1.8e-11 | -10.639 | -10.3866 | -9.14774 |
| 2 | 162.929 | 63.717 | 25 | 0.000 | 1.8e-11 | -11.3609 | -10.8982 | -8.62699 |
| 3 | 197.331 | 47.81 | 25 | 0.020 | -1.1e-43 | -14.0183 | -13.1709 | -10.5401 |
| 4 | 277.76 | 61.95 | 25 | 0.000 | 1.3e-11 | -22.923 | -23.123 | -21.295 |

表 2 中赤池信息准则（AIC）、HQIC 准则和 SBIC 准则都表示应选择滞后 4 阶（打星号者）。

（3）协整检验及分析

Johansen 检验能够对多变量进行协整检验，Johansen 检验结果显示 $LnCD_t$、$LnEX_t$、$LnIM_t$、$LnFI_t$ 和 $LnHR_t$ 五个变量间存在唯一的长期均衡关系。

协整方程如下：

$$LnCD_t = 2.20186 + 0.892942LnEX_t - 0.2298851LnIM_t + 0.2666958LnFI_t + 0.1948303LnHR_t + \varepsilon_t$$

从协整方程中可以看出，版权出口每增加1%，文化产业发展状况将改善0.89%，版权进口的增加不利于文化产业发展状况的改善，文化事业经费支持是促进文化产业发展的有利因素，文化事业经费支出每增加1%，文化产业增加值将增加0.27%，文化机构从业人员的增加对文化产业发展具有正向影响，文化机构从业人员每增加1%，文化产业发展状况将改善0.19%。

协整检验考察的是变量间长期均衡关系，如果要检验变量间的短期动态特征，需要构建向量误差修正模型（VECM）。

向量误差修正模型如下：

$$\begin{aligned}\Delta LnCD_t = {} & 0.3274942\mathrm{VECM}_{t-1} - 2.119671\Delta LnCD_{t-1} + 1.689343\Delta LnCD_{t-2} + \\ & 1.713321\Delta LnCD_{t-3} + 0.1668514\Delta LnEX_{t-1} + 0.5884\Delta LnEX_{t-2} + \\ & 0.4881261\Delta LnEX_{t-3} - 0.268092\Delta LnIM_{t-1} - 0.5253652\Delta LnIM_{t-2} + \\ & 0.1145173\Delta LnIM_{t-3} - 0.087859\Delta LnFI_{t-1} + 0.360267\Delta LnFI_{t-2} + \\ & 0.8237571\Delta LnFI_{t-3} - 0.057196\Delta LnHR_{t-1} - 0.6866648\Delta LnHR_{t-2} + \\ & 0.1530053\Delta LnHR_{t-3} - 0.056708\end{aligned} \tag{2}$$

$$\begin{aligned}\Delta LnEX_t = {} & -3.356039\mathrm{VECM}_{t-1} + 8.887576\Delta LnCD_{t-1} - 9.232804\Delta LnCD_{t-2} + \\ & 10.05707\Delta LnCD_{t-3} - 1.877933\Delta LnEX_{t-1} - 4.462394\Delta LnEX_{t-2} - \\ & 3.04132\Delta LnEX_{t-3} + 2.859584\Delta LnIM_{t-1} + 3.156849\Delta LnIM_{t-2} - \\ & 0.5020184\Delta LnIM_{t-3} - 0.2139276\Delta LnFI_{t-1} + 3.189712\Delta LnFI_{t-2} - \\ & 6.384783\Delta LnFI_{t-3} + 1.273983\Delta LnHR_{t-1} + 4.809153\Delta LnHR_{t-2} - \\ & 0.1771763\Delta LnHR_{t-3} + 0.0329825\end{aligned} \tag{3}$$

$$\begin{aligned}\Delta LnIM_t = {} & 0.636796\mathrm{VECM}_{t-1} + 5.632066\Delta LnCD_{t-1} - 6.542194\Delta LnCD_{t-2} + \\ & 6.214387\Delta LnCD_{t-3} - 0.6606977\Delta LnEX_{t-1} - 1.983191\Delta LnEX_{t-2} - \\ & 1.26573\Delta LnEX_{t-3} + 1.218917\Delta LnIM_{t-1} + 1.257176\Delta LnIM_{t-2} - \\ & 0.6524773\Delta LnIM_{t-3} - 1.174684\Delta LnFI_{t-1} - 1.41348\Delta LnFI_{t-2} - \\ & 3.88416\Delta LnFI_{t-3} + 1.03905\Delta LnHR_{t-1} + 3.558743\Delta LnHR_{t-2} + \\ & 1.193247\Delta LnHR_{t-3} - 0.2698476\end{aligned} \tag{4}$$

$$\begin{aligned}\Delta LnFI_t = {} & 0.0233077\text{VECM}_{t-1} \quad 0.3085487\Delta LnCD_{t-1} - 0.754998\Delta LnCD_{t-2} \\ & 1.640642\Delta LnCD_{t-3} - 0.1172869\Delta LnEX_{t-1} - 0.3361286\Delta LnEX_{t-2} - \\ & 0.2232044\Delta LnEX_{t-3} \quad 0.098038\Delta LnIM_{t-1} \quad 0.1723722\Delta LnIM_{t-2} - \\ & 0.1773179\Delta LnIM_{t-3} \quad 0.3449858\Delta LnFI_{t-1} - 0.9012629\Delta LnFI_{t-2} - \\ & 1.085366\Delta LnFI_{t-3} \quad 0.3376181\Delta LnHR_{t-1} \quad 0.712132\Delta LnHR_{t-2} \\ & 0.0123271\Delta LnHR_{t-3} - 0.0790191\end{aligned} \tag{5}$$

$$\begin{aligned}\Delta LnHR_t = {} & -1.1007891\text{VECM}_{t-1} + 0.5400127\Delta LnCD_{t-1} + 1.247632\Delta LnCD_{t-2} + \\ & 2.20773\Delta LnCD_{t-3} - 1.1316894\Delta LnEX_{t-1} - 1.381869\Delta LnEX_{t-2} - \\ & 0.5139465\Delta LnEX_{t-3} + 0.9401008\Delta LnIM_{t-1} + 0.4978738\Delta LnIM_{t-2} - \\ & 0.0320865\Delta LnIM_{t-3} - 0.5201224\Delta LnFI_{t-1} - 2.068988\Delta LnFI_{t-2} - \\ & 0.9465471\Delta LnFI_{t-3} + 0.8909003\Delta LnHR_{t-1} + 0.2793128\Delta LnHR_{t-2} - \\ & 0.5777837\Delta LnHR_{t-3} + 0.0404153\end{aligned} \tag{6}$$

向量误差修正模型（2）表示出口的滞后一阶差分项、滞后二阶差分项和滞后三阶差分项都对文化发展具有正向影响，同时进口的滞后一阶差分项和滞后二阶差分项对文化发展具有负向影响，滞后三阶差分项对文化发展具有正向影响，说明随着时间的推移，版权进出口都对文化发展具有正向影响。

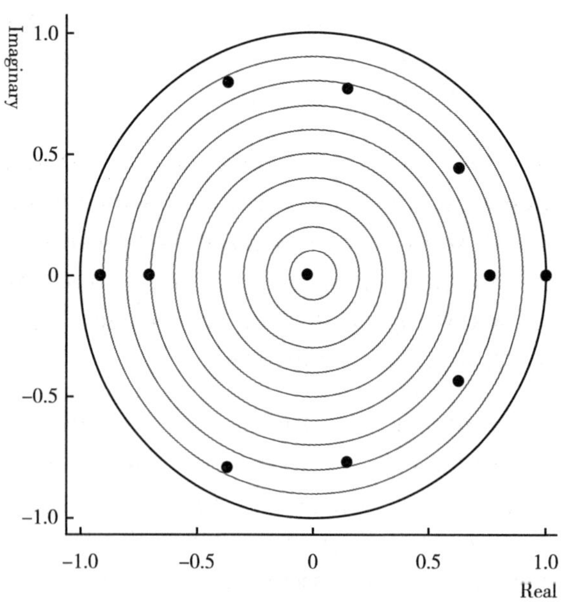


**图 1　VECM 系统稳定性判别**

cul，lncd，lncd
cul，lncd，lnex
cul，lncd，lnim
cul，lnex，lncd
cul，lnex，lnex
cul，lnex，lnim
cul，lnim，lncd
cul，lnim，lnex
cul，lnim，lnim
4
2
0
−2
0
5
10

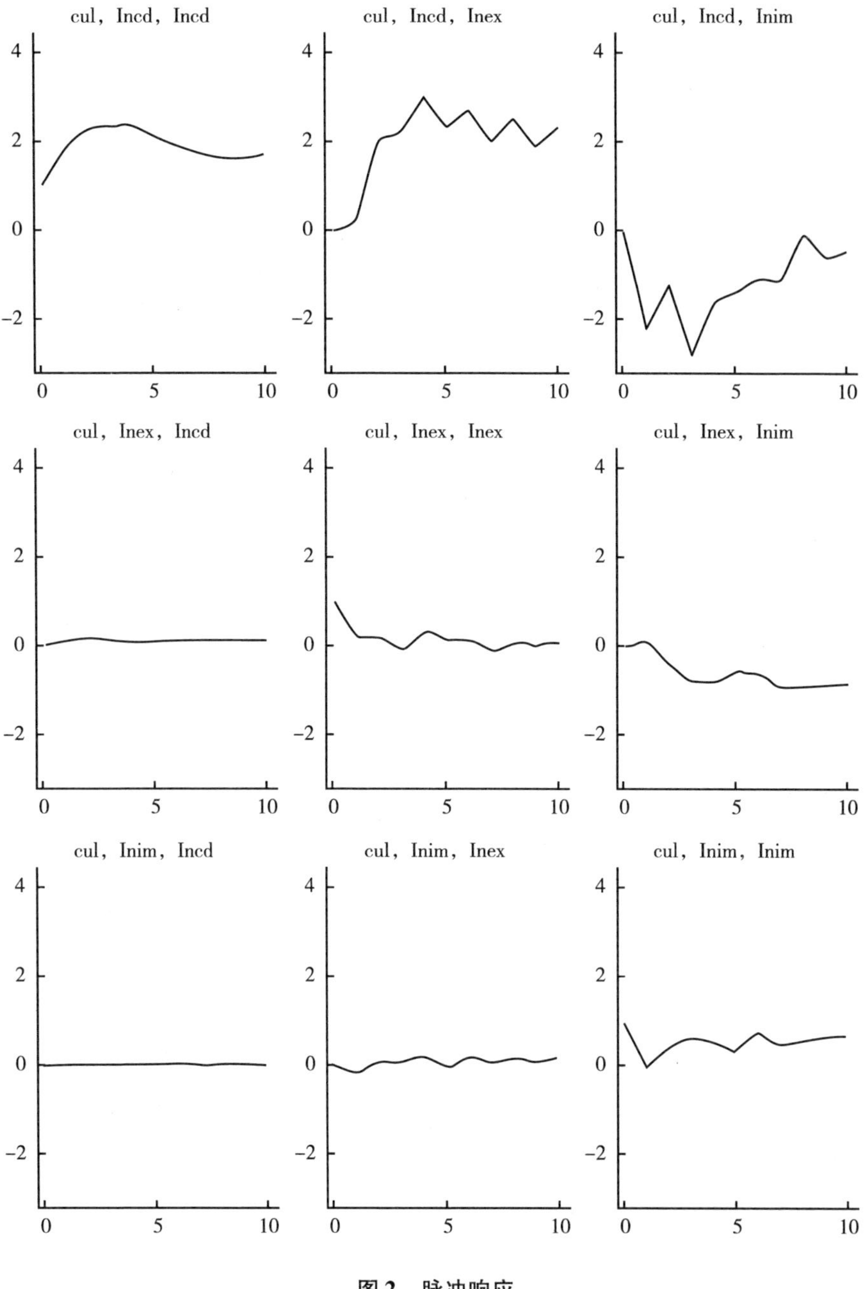

**图2　脉冲响应**

经过 VECM 模型残差检验，笔者认为模型不存在残差自相关，接着本文对 VECM 系统稳定性进行检验。

VECM 系统稳定性判别图的结果显示，除了 VECM 模型本身假设的单位根之外，伴随矩阵的所有特征值落在单位圆之内，所以 VECM 系统是稳定的。

从脉冲响应图中可以看出，文化产业的发展有利于促进版权出口的增加，版权出口也对文化产业发展具有积极影响，版权出口与版权进口之间是相互促进的关系。①

（4）格兰杰因果检验

**表 3　格兰杰因果检验**

| 原假设 | chi2 | P 值 | 结论 |
|---|---|---|---|
| $LnCD_t$ 不是 $LnEX_t$ 的格兰杰因 | 0.55175 | 0.759 | 接受 |
| $LnEX_t$ 不是 $LnCD_t$ 的格兰杰因 | 19.042 | 0.000 | 拒绝 |
| $LnCD_t$ 不是 $LnIM_t$ 的格兰杰因 | 0.86734 | 0.648 | 接受 |
| $LnIM_t$ 不是 $LnCD_t$ 的格兰杰因 | 9.2007 | 0.010 | 拒绝 |
| $LnCD_t$ 不是 $LnTRADE_t$ 的格兰杰因 | 0.77291 | 0.679 | 接受 |
| $LnTRADE_t$ 不是 $LnCD_t$ 的格兰杰因 | 10.774 | 0.005 | 拒绝 |

注：$LnTRADE_t$ 指的是版权贸易，即版权出口与进口之和。

格兰杰因果检验的结果表明，$LnCD_t$ 不是 $LnEX_t$ 的格兰杰因，$LnEX_t$ 是 $LnCD_t$ 的格兰杰因，说明版权出口与文化产业之间存在一种动态相关关系；同理，版权进口与文化产业之间也存在一种相关关系；$LnCD_t$ 不是 $LnTRADE_t$ 的格兰杰因，$LnTRADE_t$ 是 $LnCD_t$ 的格兰杰因，说明版权贸易对文化产业发展存在一定的影响作用。格兰杰因果检验结果说明，中国版权出口、进口、版权贸易与文化产业之间都存在着紧密联系。

---

① 鉴于本文重点考察的是版权贸易对文化产业发展的影响，本文只选取了版权出口（$LnEX_t$）、版权进口（$LnIM_t$）和文化产业发展（$LnCD_t$）三个变量做了脉冲响应图。

本文基于 1991 ~ 2013 年中国版权贸易与文化产业的数据考察两者之间的关系，实证结果表明，中国版权出口的增加促进了文化产业的发展，版权进口与文化产业发展之间存在负相关关系，政府对文化事业的支持有利于促进文化产业的发展，文化产业从业人员的增加对文化产业的发展具有正向影响。

## （二）基于美国数据的实证分析

### 1. 数据来源及模型设置

为了较好地进行实证分析和比较，本文以美国 1991 ~ 2014 年的数据为样本分析版权贸易与文化产业之间的关系。其中，被解释变量是文化产业增加值，本文以文化产业增加值来衡量文化产业的发展，历年美国文化产业增加值数据来自历年《美国文化产业报告》，解释变量是版权输出与版权输入，历年美国版权输出与输入数据来自美国统计局，同时增加了文化产业就业人数这个变量，文化产业就业人数数据来自《美国文化产业报告》。在此基础上，模型设置如下：

$$LnCD_t^{us} = \beta_0 + \beta_1 LnEX_t^{us} + \beta_2 LnIM_t^{us} + \beta_3 LnHR_t^{us} + \varepsilon_t \tag{7}$$

其中 $LnCD_t^{us}$ 指的是第 $t$ 年美国文化产业增加值，$LnEX_t^{us}$ 指的是第 $t$ 年美国版权输出量，$LnIM_t^{us}$ 指的是第 $t$ 年美国版权输入量，$LnHR_t^{us}$ 指的是第 $t$ 年美国文化产业从业人员。

### 2. 实证分析

（1）单位根检验

如果样本数据出现单位根问题，则为非平稳数列，单位根问题可能导致回归结果出现“伪回归”问题，影响实证结果的稳健性和有效性，所以与中国的实证数据一样，首先本文进行单位根检验。

从表 4 单位根的检验结果中可以看出，各个变量在 1% 的显著性水平下接受“存在单位根”的原假设，各变量的一阶滞后项都拒绝存在单位根的原假设，认为各变量的一阶滞后项是平稳的，服从一阶单整 I（1）过程。

表 4　单位根检验

| | ADF 检验 | 1% 临界值 | 5% 临界值 | 10% 临界值 | 结论 |
|---|---|---|---|---|---|
| $LnCD_t^{us}$ | -0.097 | -3.750 | -3.000 | -2.630 | 不平稳 |
| $LnEX_t^{us}$ | -1.838 | -3.750 | -3.000 | -2.630 | 不平稳 |
| $LnIM_t^{us}$ | -1.818 | -3.750 | -3.000 | -2.630 | 不平稳 |
| $LnHR_t^{us}$ | 0.052 | -3.750 | -3.000 | -2.630 | 不平稳 |
| $D.LnCD_t^{us}$ | -10.214 | -3.750 | -3.000 | -2.630 | 平稳 |
| $D.LnEX_t^{us}$ | -5.402 | -3.750 | -3.000 | -2.630 | 平稳 |
| $D.LnIM_t^{us}$ | -5.800 | -3.750 | -3.000 | -2.630 | 平稳 |
| $D.LnHR_t^{us}$ | -5.194 | -3.750 | -3.000 | -2.630 | 平稳 |

（2）滞后阶数选择

表 5　滞后阶数选择

| | LL | LR | df | p | FPE | AIC | HQIC | SBIC |
|---|---|---|---|---|---|---|---|---|
| 0 | 215.898 | | | | 2.4e-15 | -22.305 | -22.2714 | -22.1062 |
| 1 | 247.559 | 63.323 | 16 | 0.000 | 4.9e-16 | -23.9536 | -23.7854 | -22.9595 |
| 2 | 465.783 | 436.45 | 16 | 0.000 | 3.7e-25 | -45.2403 | -44.9374 | -43.4508 |
| 3 | 655.02 | 378.47 | 16 | 0.020 | 1.1e-32 | -63.4758 | -63.0383 | -60.891 |
| 4 | 961.009 | 611.98* | 16 | 0.000 | 2.5e-45* | -94.422* | -93.8836* | -91.2407* |

表 5 中的结果显示，赤池信息准则（AIC）、HQIC 准则和 SBIC 准则都表示应选择滞后 4 阶（打星号者），本模型中的变量应选择滞后 4 阶。

（3）协整检验及分析

Johansen 检验能够对多变量进行协整检验，Johansen 检验结果显示 $LnCD_t^{us}$、$LnEX_t^{us}$、$LnIM_t^{us}$ 和 $LnHR_t^{us}$ 四个变量间存在唯一的长期均衡关系。

协整方程如下：

$$LnCD_t^{us} = -2.024569 + 0.1857947LnEX_t^{us} + 0.1530241LnIM_t^{us} + 0.4149504LnHR_t^{us} + \varepsilon_t$$

从协整方程中可以看出，版权出口每增加1%，文化产业发展水平将提高0.19%，版权进口的增加有利于文化产业发展状况的改善，版权进口增加1%，文化产业发展水平将提高0.15%，文化产业从业人员的增加对文化产业发展具有正向影响，文化机构从业人员每增加1%，文化产业发展状况将改善0.41%。

协整检验考察的是变量间长期均衡关系，如果要检验变量间的短期动态特征，需要构建向量误差修正模型（VECM）。

向量误差修正模型如下：

$$\begin{aligned}\Delta LnCD_t^{us} = & -0.014636\mathrm{VECM}_{t-1}^{us} - 0.6741659\Delta LnCD_{t-1}^{us} + 0.4518045\Delta LnCD_{t-2}^{us} + \\ & 0.3750262\Delta LnCD_{t-3}^{us} + 0.017652\Delta LnEX_{t-1}^{us} + 0.0176495\Delta LnEX_{t-2}^{us} + \\ & 0.0043301\Delta LnEX_{t-3}^{us} + 0.109735\Delta LnIM_{t-1}^{us} + 0.083051\Delta LnIM_{t-2}^{us} + \\ & 0.010847\Delta LnIM_{t-3}^{us} + 0.1721802\Delta LnHR_{t-1}^{us} - 0.3511258\Delta LnHR_{t-2}^{us} + \\ & 0.0505398\Delta LnHR_{t-3}^{us} + 0.0987894\end{aligned} \tag{8}$$

$$\begin{aligned}\Delta LnEX_t^{us} = & -0.0919928\mathrm{VECM}_{t-1}^{us} - 1.236936\Delta LnCD_{t-1}^{us} + 6.182012\Delta LnCD_{t-2}^{us} - \\ & 1.19866\Delta LnCD_{t-3}^{us} - 0.8524723\Delta LnEX_{t-1}^{us} + 0.3477929\Delta LnEX_{t-2}^{us} + \\ & 0.2497867\Delta LnEX_{t-3}^{us} + 0.0328446\Delta LnIM_{t-1}^{us} + 0.2761431\Delta LnIM_{t-2}^{us} - \\ & 0.3856002\Delta LnIM_{t-3}^{us} + 0.7220872\Delta LnHR_{t-1}^{us} + 2.532035\Delta LnHR_{t-2}^{us} - \\ & 0.5387281\Delta LnHR_{t-3}^{us} - 0.0215439\end{aligned} \tag{9}$$

$$\begin{aligned}\Delta LnIM_t^{us} = & -0.3027744\mathrm{VECM}_{t-1}^{us} - 2.258078\Delta LnCD_{t-1}^{us} + 0.454952\Delta LnCD_{t-2}^{us} - \\ & 1.588738\Delta LnCD_{t-3}^{us} + 0.0396166\Delta LnEX_{t-1}^{us} - 0.0256853\Delta LnEX_{t-2}^{us} - \\ & 0.2252654\Delta LnEX_{t-3}^{us} - 0.1892618\Delta LnIM_{t-1}^{us} - 0.1362066\Delta LnIM_{t-2}^{us} + \\ & 0.0926632\Delta LnIM_{t-3}^{us} + 0.5215045\Delta LnHR_{t-1}^{us} + 0.4495305\Delta LnHR_{t-2}^{us} + \\ & 0.8701927\Delta LnHR_{t-3}^{us} + 0.0107124\end{aligned} \tag{10}$$

$$\begin{aligned}\Delta LnHR_t^{us} = & -0.0905852\mathrm{VECM}_{t-1}^{us} + 0.7693599\Delta LnCD_{t-1}^{us} - 0.1324342\Delta LnCD_{t-2}^{us} - \\ & 0.400173\Delta LnCD_{t-3}^{us} - 0.4112664\Delta LnEX_{t-1}^{us} + 0.4339373\Delta LnEX_{t-2}^{us} + \\ & 0.0843757\Delta LnEX_{t-3}^{us} - 0.1725683\Delta LnIM_{t-1}^{us} + 0.0581207\Delta LnIM_{t-2}^{us} + \\ & 0.056495\Delta LnIM_{t-3}^{us} - 0.6640308\Delta LnHR_{t-1}^{us} + 0.0352973\Delta LnHR_{t-2}^{us} + \\ & 0.1815964\Delta LnHR_{t-3}^{us} + 0.0170973\end{aligned} \tag{11}$$

向量误差修正模型（8）表示出口的滞后一阶差分项、滞后二阶差分项和滞后三阶差分项都对文化发展具有正向影响，同时进口的滞后一阶差分项、滞后二阶差分项和滞后三阶差分项都对文化发展具有正向影响，随着时间的推移，文化产业从业人员的增加有利于文化产业产值的增加。

经过 VECM 模型残差检验，认为模型不存在残差自相关，接着本文对 VECM 系统稳定性进行检验。

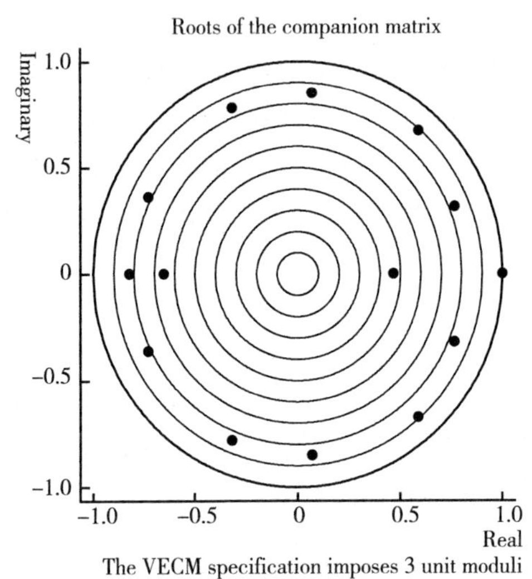


**图 3　VECM 系统稳定性判别**

VECM 系统稳定性判别图的结果显示，除了 VECM 模型本身假设的单位根之外，伴随矩阵的所有特征值落在单位圆之内，所以 VECM 系统是稳定的。

从脉冲响应图中可以看出，文化产业的发展有利于促进版权出口的增加，版权出口也对文化产业发展具有积极影响，版权进口与文化产业发展之间存在正相关关系，版权出口与版权进口之间是相互促进的关系，文化产业发展的同时促进了版权进口的增加。

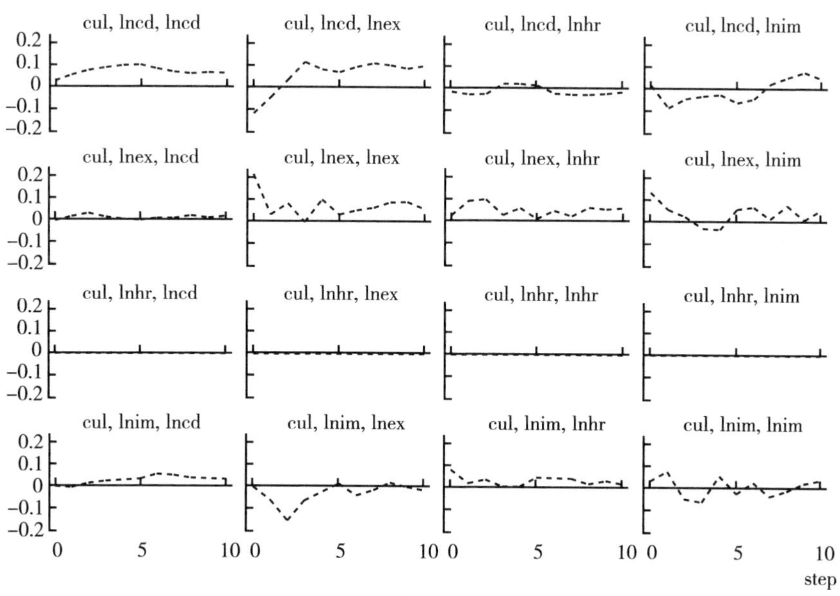


**图 4　脉冲响应**

(4) 格兰杰因果检验

**表 6　格兰杰因果检验**

| 原假设 | chi2 | P 值 | 结论 |
|---|---|---|---|
| $LnCD_t$ 不是 $LnEX_t$ 的格兰杰因 | 1.4286 | 0.490 | 接受 |
| $LnEX_t$ 不是 $LnCD_t$ 的格兰杰因 | 32.533 | 0.000 | 拒绝 |
| $LnCD_t$ 不是 $LnIM_t$ 的格兰杰因 | 1.8884 | 0.389 | 接受 |
| $LnIM_t$ 不是 $LnCD_t$ 的格兰杰因 | 4.7917 | 0.091 | 拒绝 |
| $LnCD_t$ 不是 $LnTRADE_t$ 的格兰杰因 | 3.7871 | 0.151 | 接受 |
| $LnTRADE_t$ 不是 $LnCD_t$ 的格兰杰因 | 18.858 | 0.016 | 拒绝 |

注：$LnTRADE_t$ 指的是版权贸易，即版权出口与进口之和。

格兰杰因果检验的结果表明，$LnCD_t$ 不是 $LnEX_t$ 的格兰杰因，$LnEX_t$ 是 $LnCD_t$ 的格兰杰因，说明版权出口与文化产业之间存在一种动态相关关系；

同理，版权进口与文化产业之间也存在一种相关关系；$LnCD_t$ 不是 $LnTRADE_t$ 的格兰杰因，$LnTRADE_t$ 是 $LnCD_t$ 的格兰杰因，说明版权贸易对文化产业发展存在一定的影响作用。格兰杰因果检验结果说明，美国版权出口、进口、版权贸易与文化产业之间都存在着紧密联系。

通过对美国 1991 ~2014 年版权贸易与文化产业发展之间关系的考察，笔者认为美国版权出口与版权进口都对文化产业发展具有正向影响，文化产业从业人员的增加有利于文化产业的发展。

## 四　结论与政策建议

### （一）结论

本文运用中美两国的数据考察了版权贸易与文化产业发展之间的机理关系，运用 1991 ~2013 年中国的样本数据进行实证分析，结果表明，版权出口与文化产业之间存在长期均衡关系，版权出口对文化产业发展具有积极影响，版权出口每增加 1%，文化产业发展状况将改善 0.89%，版权进口对文化产业具有负向影响；文化事业经费支持和文化机构从业人员的增加都有利于文化产业发展，文化事业经费支出每增加 1%，文化产业增加值将增加 0.27%，文化机构从业人员每增加 1%，文化产业发展状况将改善 0.19%。以美国 1991 ~2014 年的样本数据进行实证检验，结果证明，版权出口每增加 1%，文化产业发展水平将提高 0.19%，版权进口的增加有利于文化产业发展状况的改善，版权进口增加 1%，文化产业发展水平将提高 0.15%，文化产业从业人员的增加对文化产业发展具有正向影响，文化机构从业人员每增加 1%，文化产业发展状况将改善 0.41%。

### （二）政策建议

根据上述的机理分析，结合中美两国版权贸易与文化产业发展的实证检验结果，根据当前中国文化产业发展现状，本文提出以下的政策建议。

1. 促进版权出口发展，提高中国版权出口竞争力

发达国家版权贸易的发展经验告诉我们，一个文化贸易大国必然是一个版权贸易大国，美国虽然在货物贸易处于逆差状态，但在文化贸易和版权贸易上都处于极大的顺差状态，美国文化与价值观伴随着美国版权产品的出口一同向外输出。本文的实证结果指出版权出口对文化产业具有积极影响，版权出口的增长有利于改善我国文化贸易逆差现象，促进中国文化产业发展，版权出口发展有利于中国版权出口竞争力的提高，提高中国出版业的国际地位。中央政府和地方政府共同推进中国版权出口，为版权贸易发展制定长期策略，促进版权出口导向型发展模式的建立，鼓励和支持版权产业出口，积极扩大对外版权贸易，加强中国版权产业与国际版权产业的交流，提高中国版权产业的国际竞争力。

2. 加强文化产业发展，加大文化产业支持力度

当前政府对文化产业发展的重视程度不断提高，2012 年原新闻出版总署发布了《关于加快我国新闻出版业走出去的若干意见》，对当前新闻出版业“走出去”政策进行了梳理，2014 年国务院印发了《关于加快发展对外文化贸易的意见》，肯定了文化产业在出口促进和国际交流中的作用，鼓励文化贸易进一步发展。随着政府对文化产业发展重视程度的不断提高，文化产业的支持力度将进一步上升，政府增加文化产业的财政经费支持，加大文化产业的支持力度，促进文化产业的良好发展。除了加强政府支持以外，政府还要引导市场金融行为进入文化市场，增强文化产业发展的资金支持。

3. 鼓励文化产业人才培养，促进文化产业人力资源开发

当前文化产业处于蓬勃发展时期，文化产业人才缺乏制约文化产业的进一步发展，文化产业发展需要专业的高素质人才，国家要鼓励文化产业的人才培养，可以通过渠道引进国际人才，也可以通过培训、进修等方式培养人才，增加文化产业的人力资源存量，促进文化产业人力资源的开发，为文化产业的发展打下坚实的基础。总之，国际文化产业发展日新月异，势必对文化产业人才的要求也越来越高，文化产业人才不仅要结合国内文化产业发展实际，

更要紧跟国际前沿趋势，用优秀人才支持和促进国内文化产业的迅速发展。

4. 注重科技与创新，提高文化产品科技含量

创新是产业发展的不竭动力，“十三五”规划中也把创新作为推动产业发展与转型的重要推动力，我国文化产业处于蓬勃发展过程中，政府对文化产业的重视程度正在不断提高，产品低技术含量的发展模式是不可持续的，要注重科技与创新，提高文化产品中的科技含量，促进中国文化产品在全球价值链中地位的提高。发达国家文化产业与版权贸易发展经验较多，在文化产业发展过程中我国可以借鉴相关的优秀经验，结合中国文化产业发展实际，将这些经验应用到我国文化产业发展过程中，充分发挥我国文化产业发展优势，推动民族文化的传播，促进我国文化产业发展。

## 参考文献

韩顺法、杨建龙：《创意产业推动国民经济发展研究》，中国发展出版社，2014。

杨玉英、郭丽岩：《文化服务业的经济分析》，中国社会科学出版社，2010。

谢名家、刘景泉：《文化经济论：兼述文化产业国家战略》，广东人民出版社，2009。

张养志、吴亮：《首都文化创意产业发展中的版权贸易研究》，华东师范大学出版社，2009。

冯光华：《从版权贸易视角看出版产业体制及贸易政策创新》，《上海大学学报》（社会科学版）2004 年第 1 期。

罗家如：《从版权贸易看中国出版“走出去”》，《中国编辑》2005 年第 4 期。

潘文年：《中国图书版权贸易的计量分析及对策》，《合肥师范学院学报》2008 年第 5 期。

王婧：《中国文化产业经济贡献的影响因素》，《统计与决策》2008 年第 3 期。

胡惠林：《关于我国文化产业发展战略研究的思考》，《东岳论丛》2009 年第 2 期。

肖江文：《美国文化产业的发展分析及对我国的启示》，首都经济贸易大学，2013。

曲如晓、韩丽丽：《中国图书版权贸易发展的问题与对策》，《国际经济合作》2010 年第 8 期。

郭奇：《全球化时代版权贸易的文化传播使命》，《中国出版》2009 年第 3 期。

赵双阁、李剑欣：《中美版权产业比较研究》，《河北经贸大学学报》2014 年第 1 期。

# 案例研究篇

Case Study Reports

# B.14

## 移动互联网时代上海加快文化与科技融合研究*

黄昌勇　李　万**

摘　要：　移动互联网时代，文化与科技融合迎来新的机遇和挑战，上海应充分把握移动互联网为文化与科技融合带来的新技术、新应用、新模式和新产业发展态势，加快推进文化与科技融合。

关键词：　移动互联网　文化　科技

* 项目来源：2011年国家社会科学基金艺术学项目“推进文化与科技融合的政策与措施研究”部分成果（项目编号：11BG079）。

** 黄昌勇，上海戏剧学院院长、教授；李万，上海市科学学研究所副所长、研究员。

移动互联网的快速发展，深刻而广泛地影响着政治、经济、社会与文化的发展，特别是给文化与科技融合带来了前所未有的重大机遇。在这样背景下，上海应进一步加快深化文化与科技融合，促进创新驱动发展，实现经济转型升级。

## 一　移动互联网促进文化科技融合的新趋势与新领域

移动互联网的数字化、智能化、泛在化的深度发展，加深并加快文化与科技的融合，呈现出新的趋势。

### （一）移动互联网带来的文化与科技融合新趋势

#### 1. 个性化

移动互联网具有的身份识别、通过无线通信网络或外部定位方式，获取移动终端用户的位置信息的位置服务（LBS）和自动化精细营销功能，能快速确定消费者个性化习惯和需求，提供了精准地推荐合适的内容和需要的服务，极大地降低了消费者获取信息、体验服务的成本和使用障碍，体验分享更加丰富、私密和亲切。

#### 2. 碎片化

社会节奏加快，注意力经济至上，使得人们的时间分割越来越呈现碎片化。消费者随时随地可以链接、随时随地发起需求，都能得到及时响应和满足，文化消费快餐化趋势明显。碎片化带来了更强的单一的充实感和与世界同步的体验感。

#### 3. 社交化

“微媒体”、“自媒体”大大降低了发布信息的门槛，个人社交的空间得到了拓展，现实与虚拟世界实现了无缝链接，包括移动等各类终端成了新的社交节点。文化内容和样式的体验者、获取者与提供者、创造者之间实现了充分互动。

4. 游戏化

游戏是人类的天性。游戏化在科技研发、医疗健康、学习教育、金融、电子商务等领域中能引导用户参与、互动、使用和分享。游戏化是文化对科技的一种渗透引领，促进着科普、科幻、研究的融合发展。

5. 开源化

有了互联网，知识的集聚的物理空间限制被取消，各种知识资源每天都以惊人的速度在增加，同时人们对这些网上资源的获取和整合也变得更加简便，因此，文化和科技的创意群体极大地增长。应运而生的众包、众筹、众投等开源化和社交化生产和交易开启了大众创新、万众创业的新时代。

## （二）文化与科技融合的新领域

移动互联网促使着文化与科技融合在诸多领域孕育出新的组织形态、商业模式和产业业态。

1. 移动互联网时代的科研：众包研发

用互联网汇聚智慧，迎来大众创新时代，在线、游戏化的众包研发新形态迅速发展。3.7 万人在 2014 年初在游戏网站 EteRNA 发表论文。对 EteRNA 和 Foldit 游戏进行研究的信息传播学者凯西·奥唐纳说："通过游戏和玩家来参与科学，我们改变了科研的形式。"

2. 移动互联网时代的教育：大规模开放在线课程

大规模开放在线课程（MOOCs，慕课）的发展，使更多的优质教育资源能够低成本地与全世界范围内的学习者连接起来，教学相长的互动得以广泛实现。斯坦福和麻省理工率先开展了慕课教育。与传统"满堂灌"的教育方式不同，慕课方便学习者利用碎片时间进行高效学习。

3. 移动互联网时代的创业：线上孵化与网络创业

技术创新必然带来商业模式扩展和发展，科技与文化互动日益走向深入，创业正在突破地理空间的限制。比如，36Kr 推出了"线上孵化器"，《福布斯》排行榜显示，中国 30 位 30 岁以下创业者中有十多位得到过 36 氪网站和“36Kr +”融资平台的报道和帮助。

4. 移动互联网时代的制造：开源制造与社交化生产

创客（Maker）利用互联网和3D打印机，将各种创意变为产品，把制造业搬到了桌面上，实现了分布式生产和个性化制造。当这种生产模式与电子商务的C2B（个人对企业）模式结合起来时，人人都可能拥有完全个性化的产品，形成极具个性的社交化生产。

5. 移动互联网时代的金融：数字化、网络化

金融服务的数字化、网络化趋势日益明显，互联网金融得到快速发展。这种互联网影响下的金融服务的变革，不仅产生新的金融新业态，而且还将对文化、科技与金融的融合发展产生深远的影响。

6. 移动互联网时代的出版：数字出版与开放获取

互联网的广泛发展，使互动式写作成为现实，碎片化阅读和社交化分享，打破传统出版的低效、封闭，数字化出版成为可能。尤其是开放获取已在云计算和普遍分享的助推下获得快速发展，美国、英国、欧盟、澳大利亚等正予以积极支持。

7. 移动互联网时代的影视：网络原创影视

移动互联网不仅使影视的呈现形式发生了变革，也对影视整个生态体系产生冲击。通过大数据的运用，可以预判观众喜好并吸纳进剧本创作环节。通过对电视、电脑、手机乃至游戏机各种终端平台的开放，人们在多屏时代的体验诉求得以满足，真正做到随处、随时、随心、随屏观看。

## 二　基于移动互联网加快上海文化科技融合的思路与重点

上海科技创新与文化资源丰富、信息市场发达，目前积极建设具有全球影响力的科技创新中心和国际文化大都市，需要进一步推动文化和科技领域的融合，使新技术、新应用、新业态、新模式、新产业蓬勃涌现。

## （一）发展思路

1. 突出创新引领

紧紧抓住源头创新、注重自主技术体系建设与配套的引领作用，避免模式、业态和产业陷入对外技术依存度过高的陷阱中。努力掌握大数据、云计算、物联网、新型显示、人工智能、3D 打印等相关核心技术，为文化新业态、新模式、新产业提供自主创新装备。

2. 注重服务转型

注重文化创意与科技创新的对接，注重研发与非研发创新的交融，以互联网思维贯穿文化与科技的融合全过程，以商业模式的创新来促进科技创新对文化资源开发、文化内容生产、文化产品传播的转型和升级，彰显文化科技融合对文化创意产业、战略性新兴产业、现代服务业发展的影响。

3. 促进主体涌现

良好创新生态系统的构建，移动互联网生态链的打造，促进一批创新型创新主体的出现。以包容性、开放性的创新生态环境，培育和造就一大批创新型企业。以专业化人才集聚助推相关知识密集型服务机构的大力发展。

## （二）重点领域

1. 新型研发创业

上海拥有丰富的科教资源，应积极应用移动互联网的思维、技术和模式，大力发展新型研发组织，如众包模式、民办前沿技术研究机构等，并应用游戏化的机制，来促进研发创业的发展，推动文化对科技创新的引领和促进。

2. 在线开放教育

近年来，上海交通大学、复旦大学等先后开设了慕课，上海还创造性举办了上海纽约大学、上海科技大学，探索新的模式和机制。面对移动互联网的发展，应鼓励和支持上海高校及相关教育机构积极打造慕课，从更好的文化体验来促进学习型社会和相关产业新模式、新业态的发展。

3. 创意开源制造

上海是我国大陆地区最早出现创客的城市，通过利用 3D 打印等设备，以“新车间”为代表的创客群体正在快速发展之中。上海应积极支持创客的发展，在不影响公众使用的情况下，开放一些资源，如“创新屋”，将文化创意设计与科技创意创新融合起来，促进社交化生产和开源制造新模式、新业态的发展，为上海制造转型升级提供新的空间。

4. 新兴文化金融

上海应充分利用好建设国际金融中心、中国（上海）自由贸易试验区、全国科技金融试点城市等的重大机遇，在文化娱乐领域率先探索互联网金融的应用，以 P2P、众筹等互联网金融大力促进上海文化产业的发展，形成文化科技金融融合发展的新业态、新模式。

5. 移动互联新媒体

上海是我国移动互联用户最集中的城市之一，也是传统媒体和新媒体较为发达的城市之一，随着上海报业、影视广播等媒体资源的深度整合，传统媒体向“全媒体”形态加速转型和发展的局面正在形成，同时，应进一步积极鼓励新媒体领域的创业和模式创新，使上海成为引领我国传媒产业进行网络化、智能化、移动化、数字化、人性化媒体形态转型变革的重要策源地之一。

6. 网络原创影视

上海要运用好百视通这一互联网电视牌照资源，借鉴国际上网络原创影视成功案例经验，打造网络原创影视产业链和生态链，并围绕产业链部署创新链，推动技术与商业模式的融合创新、硬件入口与软件系统的互动发展，促进网络原创影视产业的快速蓬勃发展。

## 三　上海加快文化与科技融合的对策建议

上海要促进跨领域、集成性、创新型的文化新样式、新业态、新模式、新产业的发展，必须以改革为动力、以开放促改革，使文化体制改革、科技体制改革及经济社会领域改革同时发力并实现充分对接和高效互动。

## （一）加快移动互联网领域自主技术体系建设

移动互联网技术的新突破和新应用，是文化领域新样式、新模式、新业态、新产业发展的重要动力。只有加快应用科技创新，建设文化创意产业的自主技术体系，才能促进文化创意产业的快速发展。

### 1. 启动研编文化与科技融合发展规划

上海市委宣传部与市科委联合编制《上海推进文化和科技融合发展行动计划（2012～2015）》并予以实施。2015 年，市委出台建设具有全球影响力的科技创新中心的“22 条意见”，同时，“十三五”总体规划和相关的专项规划也全面展开研究与编制。面对新形势，上海有必要编制新一轮的规划和计划，为文化与科技融合在“十三五”期间的发展及其对全球科技创新中心建设所发挥的重要作用，厘定一个清晰的框架体系。

### 2. 加强关键部位和前沿领域技术研发

瞄准文化创意产业发展的新需求，特别是在大数据、云计算、物联网、新型显示、人工智能、智慧终端等领域，部署一批推动移动互联网时代文化发展的核心技术、关键技术、共性技术，抢占新应用、新样式、新模式、新业态发展的科技制高点，提高重点移动互联网文化领域的技术装备水平。

### 3. 加强研发与创新服务平台建设

结合全球科技创新中心中有关创新功能平台建设，统筹整合与合理利用文化与科技资源，建设一批专业化的研发、测试、验证、工程放大与服务机构，如媒体实验室等。积极争取将文化科技创新服务机构纳入高新技术企业与科技服务型企业的税收优惠政策范畴中，促进文化科技创新服务中介机构的集群化发展。

### 4. 实施文化创意企业创新管理能力提升工程

在文化企业中积极推广应用技术预见、技术路线图、TRIZ 方法等，强化对移动互联网时代文化发展及文化与科技融合趋势的前瞻性研究，理清文化对于移动互联网的关键技术、核心技术和共性技术的需求，明晰文化企业在移动互联网时代推动样式、模式、业态创新的发展路径。

## （二）加强文化科技融合领域的知识产权保护与发展

知识产权是文化创意产业发展的重要基石，也是促进文化与科技融合的重要因素。移动互联网的迅猛发展，为文化与科技融合的知识产权保护和发展提出了诸多新问题、新要求和新机遇。

### 1. 加强移动互联网领域知识产权的体系化建设

移动互联网使得数据和内容能够非常方便地在移动终端自由迁移与复制，对平衡权利人与信息发展的关系有了更高的要求。而目前相关的法律法规散布于《著作权法》、《信息网络传播权保护条例》、《商标法》、《专利法》等之中，建议适时启动移动互联网知识产权地方法规的立法调研工作，加强体系化建设。

### 2. 探索形成保护和鼓励技术商业化过程中商业模式创新的机制

1999 年，美国国会在“发明者保护法案”中增加条款，以保护商业方法创新的公司。从此，商业方法专利在法律上被正式认可。之后，澳大利亚、日本及欧盟等也相继为商业方法专利开了绿灯。上海可在地方法规政策上率先做出探索，积极引导企业根据现行法规要求申请保护。鼓励有国际化经营战略和意愿的企业在申请国内专利的基础上，将自身的商业方法申请国际专利，同时向承认商业方法专利权合法地位的国家和地区申请专利。

### 3. 促进移动互联网时代数字内容版权的新发展

面对移动互联网大潮，上海应积极鼓励企业用互联网思维尝试多种版权应用方式，特别是要通过衍生收益创造价值。积极借鉴英国在线版权交易平台的做法，针对个人用户与中小企业，搭建上海“在线版权集成中心”，促进长尾版权资源的交易流通，促进其中的优质创意资源充分释放，为新模式、新业态、新产业提供强大原创力。

## （三）加快文化科技融合型人才的培养、引进和发展

移动互联网带动文化与科技的深度融合，急需大量跨界人才，这需要从

教育培养、引进、选拔等多方面进行努力。结合全球科技创新中心“22 条”和人才“20 条”意见及相关细则，在产业管理、企业经营、文化创意、资源开发、技术研发、金融创新和理论政策研究等方面，需要加快建构起既具有较高人文艺术素质，又具有较高科学素养，既能准确把握科技创新变革趋势，又具备互联网思维、有效促进商业模式创新的人才队伍体系。

1. 多学科交叉培养文化科技融合人才

充分发挥高等院校和科研院所的学科优势和资源优势，强化信息技术和互联网手段，开设科技与文化交叉学科，培养新业态、新模式急需的复合型人才。

2. 在创新实践中提升各种人才技能

以重大文化科技项目凝聚战略型的科技专家和高级复合型人才，支持高等院校、科研院所和文化科技企业联合共建人才实训基地，加强基层的技术技能培训和再教育，机制化组织走出去学习、考察。

3. 加大文化科技融合型人才的引进力度

引进具有国际化背景的高层次、高素质的文化创意人才，特别是兼具创新与技术背景、具有实现创意内容产业化能力的高级管理人才等。

4. 充分发挥人才团队作用

创意、设计、生产、销售、经营、传播构成的生产链需要有团队协同作战的精神，团队整体优势与作用的培育在文化科技融合形成新模式、新业态和新产业中显得特别重要。

5. 改进人才评价

针对新模式、新业态、新产业人才的不同特点和成长规律，实行分类指导，充分发挥市场作用，实现人才从单位所有型向社会所有型的转变。

### （四）促进文化与科技领域的治理体系和能力现代化

党的十八届三中全会明确提出要提升国家治理能力和体系的现代化水平。在文化与科技融合领域完全有条件推进治理能力和体系的现代化。

1. 要推进创业型政府的建设

国际上，在创新型经济方面富有雄心的政府，正以一种极强的创业精神，成为创业不确定性的风险承担者，对创新进行长期而富有耐心的资助。上海在文化与科技融合领域的战略必争之地，应体现出政府的战略意志，梳理战略新重点，予以强力支持。

2. 促进文化治理和科技创新治理的互动提升

深化文化体制和科技体制改革，并使之与经济社会领域改革同步发力。打破部门限制和行业壁垒，推进政策协同，优化政、产、学、研、金、用的协同创新机制，促进形成科技含量高的新型文化业态产品的创意、生产、传播、营销和消费体系。

3. 支撑社会组织发挥作用，促进文化与科技全方位融合

社会组织是促进文化与科技全方位融合不可或缺的重要力量，上海应借助有关社会组织登记制度改革，采用政府购买社会服务等手段，大力促进文化和科技类社会组织及其支持系统和生态环境的发展，使得大量公益类基金、民营非企业机构投入到公共类、公益类、盈利类的文化、科技服务/产品的开发、提供与应用上，从而实现文化与科技融合领域的市场、政府、社会的三轮驱动。

## 参考文献

Leon：《与社交并行的浪潮：关于“游戏化”的一些新趋势和思考》，http：//www.36kr.com/p/108700.html，2012年5月14日。

JasonZheng：《整个世界就是个游戏》，http：//www.36kr.com/p/200374.html，2012年12月26日。

刁胜先：《我国的版权法治建设的问题与建议——以云计算为主要视角》，《中国软科学》2013年第1期。

李曼丽、张羽、黄振中：《慕课正酝酿一场新教育革命》，《中国青年报》2013年5月23日。

蔡骐：《移动互联时代的阅读变迁——对浅阅读现象的再思考》，《传媒》2013年第

11 期。

李万：《融合创新重振“上海制造”》，《东方早报》2013 年 12 月 3 日。

李振：《36 氪：互联网创业者的“线上孵化器”》，《职业》2014 年第 1 期。

金煜：《3.7 万人如何写一篇论文》，《新京报》，http：//www.bjnews.com.cn/world/2014/02/23/306009.html，2014 年 2 月 23 日。

唐烨：《中欧国际工商学院创业学教授龚焱讲：Netflix 的两次商业颠覆》，《解放日报》2014 年 4 月 21 日。

郑焕斌：《科学出版将迎来“新的一页”（一）》，《科技日报》2014 年 5 月 2 日。

李万：《移动互联网时代的新变革》，《浦江纵横》2014 年第 5 期。

# B.15

# 国家级节庆推进公共文化服务建设研究

## ——基于“十二五”洛阳牡丹文化节的跟踪调研*

李朝晖**

摘　要：　中国洛阳牡丹文化节始于1983年的洛阳牡丹花会，2011年升级为国家级节庆后取得重大突破。课题组对第29届（2011年）~第33届（2015年）节庆活动进行全程跟踪调研，发现“十二五”期间中国洛阳牡丹文化节对城市公共文化建设的推动作用日益凸显，主要表现在“文化惠民”目标的实现、公共文化氛围的提升和城市文化形象的升级，未来文化节要推动“供给侧改革”、实现节庆服务水平的均等化，创新宣传模式、彰显城市公共文化的节庆要素，提高参与度、确保民众公共文化活动的主体地位，持续保持其在公共文化服务和城市文化发展中的重要地位。

关键词：　洛阳牡丹文化节　公共文化服务　文化竞争力　创新模式

西方学术观点较多地认为节庆是体现社会经济、历史文化或民俗风情等领域特色的地区标志性事件。而国内则把节庆的外延扩展到除各类旅游庆

---

* 项目来源：国家社科基金艺术学项目“第十届中国艺术节在区域社会文化发展中价值与影响力实证研究”（项目编号：11BG071）。

** 李朝晖，洛阳师范学院文化产业管理系主任、讲师，研究领域为公共文化管理、区域文化产业问题研究。

典、节日外，还包括各类交易会、展览会，以及各类文化、体育活动。[1]在现代社会，节庆与城市发展和人们生活的联系更为紧密，尤其推动了城市公共文化的建设。

## 一 文献综述

作为中部地区重要的国家级节庆之一，中国洛阳牡丹文化节始于1983年的洛阳牡丹花会，学术界对洛阳牡丹花会及洛阳牡丹产业的研究起步较早，其过程大致可以分为三个阶段。

### （一）研究起步阶段（2001年之前）

这一时期学界关于洛阳牡丹花会的研究比较少，也比较散乱，主要体现在一些期刊对洛阳牡丹花会及牡丹产业的介绍或者个别报纸的相关新闻报道。

贾春轩等针对洛阳牡丹的开发提出了基地化生产、集约化经营、规范化管理和系列化服务的思路，这是改革开放初期内地学者对洛阳牡丹产业开发的建议；[2]桑景栓等认为应从观念更新、政策带动，优势互补、规模经营，培育市场、拓宽流通和以花为主、多途并行等方面推动牡丹产业发展。[3]此外，张玉玲还在《光明日报》（2000年5月7日）上做了“第十八届洛阳牡丹花会期间共接待中外游客200多万人，创造了历届牡丹花会的最高纪录，取得了良好的社会效益和经济效益”的报道。

### （二）研究发展阶段（2002~2010年）

2002年11月，江泽民同志在中共“十六大”所做报告中专辟一章，论述“积极发展文化事业和文化产业，继续深化文化体制改革”的问题。在此背景下，洛阳牡丹花会迅速发展，相关研究也明显增加。

韩红认为应从强化政府职能、科技兴花、产品创新、营销渠道创新等方面完善洛阳牡丹产业化发展战略；[4]刘玉来提出要通过优化环境、树立品牌意识、搞好市场建设和造就有力的开发主体等手段打造牡丹特色产品作为应对“入世”之策；[5]蔡礼彬认为洛阳牡丹花会从推动城市经济发展、提升城市知名度、亮化城市形象等角度全面推动城市发展；[6]张洁等在SWOTS分析的基础上为洛阳牡丹花会制定了包括产品开发战略、市场渗透和开发战略等整体发展方案；[7]闰红霞提出洛阳牡丹旅游的可持续发展战略，认为应树立“以人为本”的旅游意识、做好洛阳牡丹花会的品牌建设、提高牡丹旅游的基础设施水平、开发洛阳牡丹延伸产品。[8]

### （三）研究成熟阶段（2011年至今）

2010年10月，经国家文化部正式批准，洛阳牡丹花会正式升级为集经贸、文化、体育、旅游等多种活动于一体的国家级大型节庆活动——中国洛阳牡丹文化节，其对洛阳地区文化建设与社会发展的促进作用正日益显现，而这一时期学界对文化节的研究也呈现出多样化趋势。

与多数研究牡丹花会产业价值的学者不同，付梅较早地涉足牡丹的文化价值研究，认为洛阳牡丹具有牡丹的精神故乡、富贵太平之象、文物风流之表征等多重文化意义；[9]李佳佳等则把新中国成立以来的牡丹产业化过程分为抢救与恢复阶段、奠定基础阶段和产业化初步发展阶段，认为未来政府应从产业政策方面、管理体制方面和技术方面完善洛阳牡丹产业；[10]张萌从韩国客源市场入手，从品牌形象战略、品牌核心战略、品牌推广战略和品牌规划战略等策划了针对韩国游客的洛阳旅游节庆品牌战略。[11]

综合以上三个研究阶段，虽然学界对洛阳牡丹花会的研究起步较早、研究内容也较丰富，但其研究对象多数仍停留在省级节庆层面，缺乏对升级为国家级节庆——“中国洛阳牡丹文化节”的研究；且上述研究多以洛阳旅游经济、节庆发展战略等方面的理论性研究为主，而从大量调研数据和资料入手，以实证研究的方法进行节庆对城市公共文化服务影响的专项研究至今仍是空白。

# 二　“十二五”时期中国洛阳牡丹文化节调研的缘起与经过

## （一）中国洛阳牡丹文化节概述

2015年4月5日至5月5日，第33届中国洛阳牡丹文化节在洛阳成功举办，至此，升级为国家级节庆后的中国洛阳牡丹文化节已走过五年历程。“文化节”① 以“相约千年帝都、共享国色天香”为主题，遵循“牡丹为媒，文化为魂”理念，按照“文化惠民、节俭办会”的要求，努力打造“老百姓自己的节日”，节庆活动覆盖艺术、旅游、经贸等各领域，在促进地区经济发展、对外开放及文化建设等方面发挥重要作用，已成为洛阳最亮丽的城市名片，更是世界了解洛阳的重要窗口。

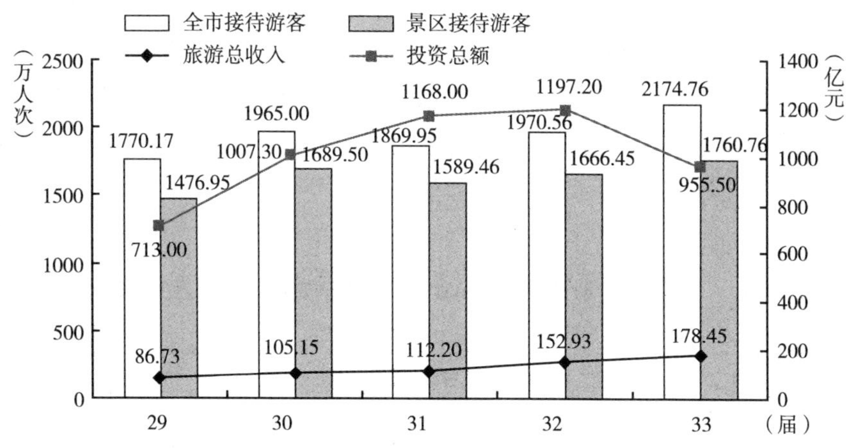


**图1　“十二五”时期中国洛阳牡丹文化节整体发展情况**

资料来源：“十二五”期间历年《洛阳日报》专项报道。

① 除特殊注明外，本报告中的“文化节”均为“中国洛阳牡丹文化节”，下同。

如图1所示，升级为国家级节庆活动后，文化节的“全市接待游客”、“景区接待游客”、“旅游总投入”整体都处于稳定增长态势，有力地推动了“十二五”时期洛阳地区经济社会文化发展。中国洛阳牡丹文化节正在成为洛阳的“产业新天地”。

## （二）调研的过程与样本描述

“十二五”期间，调研组对第29～33届中国洛阳牡丹文化节分别进行系统深入研究，在整理文献资料的基础上，通过问卷调查和实地访谈的方法掌握了大量一手资料。

对于文化节的调查，课题组逐渐加大调研力度。首先，调研地范围逐渐扩大。市区不仅包括主要景区、赏花地和博物馆等文化内容，还涉及王府井百货、万达广场等商业地区，同时还将调研地延伸至孟津、栾川等县区。其次，调研时间段不断增加。每届文化节的调研都分为节初（4月5～13日）、节中（4月19～27日）和节末（5月1～5日）三个时间段，对持续一个月的文化节进行全程跟踪调研。最后，课题组的调研方法上也做了优化和调整。这样既能兼顾对文化节的横向和纵向对比，同时又能完善样本的覆盖性和均衡性，进而保证调研的科学性和有效性。“十二五”期间调研问卷的具体分布情况见表1。

**表1　“十二五”时期中国洛阳牡丹文化节调查问卷发放范围和数量**

单位：份

| 调研地点 / 举办届数 | 龙门石窟 | 关林 | 白马寺 | 明堂* | 中国国花园 | 王城公园 | 神州牡丹园 | 洛阳博物馆 | 天子驾六博物馆 | 王府井百货 | 万达广场 | 郁金香花园（孟津） | 重渡沟（栾川） | 总计 |
|---|---|---|---|---|---|---|---|---|---|---|---|---|---|---|
| 第29届 | 180 | 180 | 180 | — | 180 | 180 | 120 | 180 | 120 | — | — | — | — | 1320 |
| 第30届 | 180 | 180 | 180 | — | 180 | 180 | 120 | 180 | 120 | 120 | 120 | — | — | 1560 |
| 第31届 | 210 | 210 | 210 | 210 | 210 | 210 | 180 | 210 | 180 | 180 | 180 | 120 | 120 | 2430 |
| 第32届 | 270 | 270 | 270 | 270 | 270 | 270 | 210 | 270 | 210 | 180 | 180 | 180 | 180 | 3030 |
| 第33届 | 270 | 270 | 270 | 270 | 270 | 270 | 210 | 270 | 210 | 180 | 180 | 180 | 180 | 3030 |
| 总计 | 1110 | 1110 | 1110 | 750 | 1110 | 1110 | 840 | 1110 | 840 | 660 | 660 | 480 | 480 | 11370 |

* 此处“明堂”为“隋唐洛阳城国家遗址公园”简称。

问卷调查对象主要为“十二五”期间参与历届文化节相关活动的公众，其中，被调查者涵盖了各个年龄段、文化程度、职业群体、收入情况及文化消费情况，如表 2 所示，基本能反映历届中国洛阳牡丹文化节参与者的情况。

**表 2　“十二五”时期中国洛阳牡丹文化节调研样本基本情况**

单位：%

| 类别 | | 第 29 届 | 第 30 届 | 第 31 届 | 第 32 届 | 第 33 届 | “十二五”均值 |
|---|---|---|---|---|---|---|---|
| 性别 | 男 | 46.6 | 47.5 | 47.6 | 50.3 | 46.6 | 47.7 |
| | 女 | 53.4 | 52.5 | 52.4 | 49.7 | 53.4 | 52.3 |
| 年龄 | 18 岁以下 | 5.6 | 4.8 | 2.2 | 4.0 | 6.1 | 4.5 |
| | 19～30 岁 | 49.3 | 53.3 | 51.4 | 53.3 | 47.6 | 51.0 |
| | 31～50 岁 | 31.6 | 32.3 | 35.1 | 30.2 | 36.4 | 33.1 |
| | 51 岁以上 | 13.5 | 9.5 | 11.3 | 12.5 | 9.9 | 11.3 |
| 您的职业* | 国家公务员 | 7.8 | 7.1 | 6.1 | 5.5 | 6.1 | 6.5 |
| | 企事业单位工作人员 | 25.6 | 22.3 | 22.3 | 21.2 | 19.5 | 22.2 |
| | 商业工作人员 | 10.7 | 6.7 | 12.2 | 9.2 | 13.9 | 10.5 |
| | 学生 | 39.8 | 42.2 | 32.0 | 38.6 | 31.4 | 36.8 |
| 政治面貌 | 共青团员 | 46.8 | 45.3 | 34.3 | 40.1 | 36.6 | 40.6 |
| | 中共党员 | 28.9 | 27.4 | 27.4 | 25.8 | 22.0 | 26.3 |
| | 民主党派人士 | 1.8 | 2.4 | 1.8 | 1.3 | 1.6 | 1.8 |
| | 群众 | 22.5 | 24.8 | 36.5 | 32.7 | 39.9 | 31.3 |
| 文化程度 | 高中(中专)及以下 | 27.9 | 25.3 | 30.6 | 27.4 | 32.2 | 28.7 |
| | 大专 | 19.8 | 20.1 | 20.2 | 20.3 | 22.1 | 20.5 |
| | 本科 | 46.7 | 49.9 | 45.0 | 49.5 | 40.9 | 46.4 |
| | 研究生 | 5.6 | 4.7 | 4.3 | 2.9 | 4.9 | 4.5 |
| 客源地 | 洛阳本地 | 31.8 | 34.1 | 27.9 | 29.2 | 21.8 | 29.0 |
| | 河南(除洛阳) | 47.9 | 43.4 | 52.1 | 48.5 | 55.2 | 49.4 |
| | 河南省外 | 20.3 | 22.4 | 22.0 | 22.3 | 23.0 | 22.0 |
| 月平均收入 | 2000 元以下 | 61.7 | 62.2 | 50.2 | 51.7 | 45.7 | 54.3 |
| | 2001～5000 元 | 26.9 | 27.3 | 39.3 | 36.0 | 44.0 | 34.7 |
| | 5001～8000 元 | 4.7 | 5.0 | 7.1 | 7.4 | 7.8 | 6.4 |
| | 8001 元以上 | 6.7 | 5.5 | 3.4 | 4.9 | 2.6 | 4.6 |

续表

| 类　别 | | 第29届 | 第30届 | 第31届 | 第32届 | 第33届 | “十二五”均值 |
|---|---|---|---|---|---|---|---|
| 文化月消费 | 100元以下 | 29.8 | 31.3 | 22.9 | 24.8 | 28.1 | 27.4 |
| | 101～300元 | 21.6 | 21.0 | 19.7 | 20.3 | 22.4 | 21.0 |
| | 301～500元 | 16.7 | 15.8 | 20.8 | 17.2 | 15.9 | 17.3 |
| | 501～1000元 | 17.8 | 18.0 | 24.0 | 25.3 | 20.8 | 21.2 |
| | 1000元以上 | 14.1 | 13.9 | 12.6 | 12.4 | 12.8 | 13.2 |

说明：除特殊注明外，本报告所使用数据均为课题组调研数据，下同。

* 问卷中“职业”还有其他选项，如“服务性工作人员”、“生产工作、运输工作和部分体力劳动者”、“其他劳动者”，但所占比例不高，故不做逐一表述。

如表1所示，“十二五”时期课题组共有效回收调研问卷11370份，覆盖洛阳市区和周边下辖县（主要涉及孟津县和栾川县），并以此为研究的基础。根据“十二五”期间调研数据的均值显示，男性比例为47.7%，女性比例为52.3%；被调研对象的年龄主要集中在19～50岁，占总人数的84.1%，年龄结构分布合理，尤其是19～30岁的公众数量最多，达到51.0%；被调查对象的职业分布广泛，涉及“国家公务人员”、“商业人员”、“服务性工作人员”以及“学生”等；被调查对象的知识水平较高，尤其“本科学历”者所占比例最大，达到46.4%；课题组将被调查者分为“洛阳本地”（29.0%）、“河南省内（除洛阳地区）”（49.4%）和“河南省外”（22.0%）三部分，以此分析不同客源地民众的认知和判断；被调查对象的“整体收入情况”分布合理，其中，月平均收入在5000元以下的占到了89.0%；在文化方面的月消费较为平均，100元以下的为27.4%，其次为501～1000元（21.2%）、101～300元（21.0%），301～500元和1001元以上的比例在20%以下。

## 三　“十二五”时期中国洛阳牡丹文化节对城市公共文化的影响

中国洛阳牡丹文化节不仅促进地区经济社会发展，同时对完善城市现代公共文化服务体系也起到重要作用。

### （一）借助多元化手段，实现“文化惠民”目标

中国洛阳牡丹文化节已经成为“集赏花观灯、旅游观光、经贸合作与交流于一体的大型综合性经济文化活动”，大量商业性活动凸显文化节的经济属性。但按照“节俭办会，文化惠民”的要求，主办方也通过多种手段强化文化节的公共属性，使其成为民众文化生活的重要组成部分。

第一，重视组织管理，引导民众参与文化活动。一方面，主办方详细规定了市民免费或优惠赏花的时间、地点、人员范围及优惠办法等具体内容；另一方面，活动执行部门也积极配合。如第 33 届文化节中，王城公园的“王城之春”牡丹插花花艺展在节庆期间就免费向公众开放，而洛阳市博物馆也实现四月份全月无休，同时有义务讲解志愿者在展厅为民众服务，充分彰显了文化节的“文化惠民”特色。

第二，创新宣传方式，彰显文化宣传的牡丹要素。主办方在强化报纸、期刊、广播、电视等传统媒体的基础上，更多地运用手机、互联网、APP 等信息化手段，尽可能强化宣传方式的创新。此外，要求商家在规定时间内完成并展示有关文化节的宣传内容，要突出文化节的时间、地点、宗旨、主题以及主要活动，同时展示“节徽”、“吉祥物”等牡丹元素的符号。

第三，扶持公益活动，搭建市民参与有效平台。“河洛欢歌 · 广场文化狂欢月”是政府引导、全民参与、贯穿节庆始终的公益性活动，也是自 2007 年以来历届文化节都要举行的一个重要活动。在节庆举办的一个月中，该活动既展出具有地方特色的文化节目，又能充分调动民众参与的积极性，满足民众的文化需求。比如，“河洛欢歌 · 广场文化狂欢月”中的“戏曲票友大赛”、“团体文化竞演”和“少儿专场演出”等活动一直受到民众的普遍重视和关注。

### （二）专注规律性活动，强化公共文化氛围

从早期的“以花为媒、宣传洛阳”到发展中的“文化搭台、经贸唱

戏”，再到今天的“相约千年帝都、共享国色天香”，内容丰富、形式多样的文化活动正逐渐成为文化节的主体。

从1983年开始，“赏花”一直都是历届文化节的核心活动，而今天更多丰富多彩的文化活动都在初春的洛阳如期而至。

比如，一年一度的“开幕式”吸引着越来越多的民众来到洛阳，他们可以观赏开幕式的精彩演出甚至直接参与开幕式的相关活动，极大地提高了对公共文化活动的关注度和参与度；2011年，文化节正式升级为国家级节庆，“文化部推荐优秀剧目展”活动也在文化部的直接支持下正式启动，至今已成功举办5届。此活动不仅使民众能方便地欣赏高水平、高质量的优秀文化剧目，更重要的是使文化节突破传统“花会”局限，成为真正意义上的“文化节”（见表3）。

**表3　“十二五”期间“文化部推荐优秀剧目洛阳展演月”活动演出安排**

| 举办年份 | 演出剧目、演出场次、演出团体 |
|---|---|
| 2011<br>（第29届） | 话剧《父亲》（2场、辽宁人民艺术剧院）；越剧《五女拜寿》（2场、浙江小百花越剧团）；民族舞剧《丝路花雨》（2场、甘肃省歌舞剧院）；木偶剧《火焰山》（4场、福建泉州市木偶剧团）；民族舞剧《大梦敦煌》（2场、兰州大剧院）；京剧《三打陶三春》（2场、北京京剧院）；儿童剧《马兰花》（5场、中国儿童艺术剧院）；川剧《金子》（2场、重庆市川剧院） |
| 2012<br>（第30届） | 歌舞晚会《四季情韵》（2场、中国歌剧舞剧院）；黄梅戏《天仙配》（2场、安徽省黄梅剧院）；芭蕾舞剧《梁山伯与祝英台》（2场、上海芭蕾舞团）；歌剧《红河谷》（2场、中国歌剧舞剧院）；京剧《锁麟囊》（1场、国家京剧院）；京剧《红鬃烈马》（1场、国家京剧院）；儿童剧《马兰花》（5场、中国儿童艺术剧院）；儿童剧《白雪公主和七个小矮人》（5场、中国儿童艺术剧院） |
| 2013<br>（第31届） | 京剧《徐九经升官记》（2场、湖北省京剧院）；歌剧《洪湖赤卫队》（2场、湖北省歌舞剧院）；昆曲《十五贯》（2场、浙江省昆剧团）；蒲剧《山村母亲》（2场、运城市蒲剧青年实验演出团）；越剧《红楼梦》（2场、上海越剧院）；豫剧《朝阳沟》（2场、河南省豫剧院三团）；儿童剧《宝贝儿》（4场、济南儿童艺术剧院）；黄梅戏《天仙配》（2场、安徽省黄梅戏剧院）；儿童剧《青春跑到》（2场、苏州市滑稽剧团）；河北梆子《宝莲灯》（2场、河北省河北梆子剧院） |
| 2014<br>（第32届） | 昆剧《牡丹亭》（2场、上海昆剧团）；黄梅戏《雷雨》（2场、安徽省黄梅戏剧院）；芭蕾舞《天鹅湖》（2场、上海芭蕾舞团）；京剧《强项令》（1场、国家京剧院）；京剧《锁麟囊》（1场、国家京剧院）；儿童剧《大耳朵图图》（2场、上海木偶剧团）；儿童剧《木偶奇遇记》（2场、上海木偶剧团）；评剧《赵锦堂》（2场、天津评剧院）；豫剧《朝阳沟》（2场、河南豫剧三团） |

续表

| 举办年份 | 演出剧目、演出场次、演出团体 |
| --- | --- |
| 2015（第33届） | 评剧《花为媒》（2场、天津评剧院）；越调《老子》（2场、河南省越调剧团）黄梅戏《红楼梦》（2场、安徽省黄梅戏剧院）；京剧《智取威虎山》（1场、国家京剧院）；京剧《红娘》（1场、国家京剧院）；儿童剧《葫芦娃》（2场、扬州木偶剧团）；国学修行剧《功夫诗·九卷》（2场、洛阳功夫诗九卷演管理有限公司）；芭蕾舞《白毛女》（2场、上海芭蕾舞团）；豫剧《北魏孝文帝》（2场、洛阳豫剧院演艺有限公司） |

此外，丝绸之路非物质文化遗产、国花摄影作品展、“牡丹歌曲”电视大奖赛以及全国书法大赛等文化活动也在“十二五”历届文化节期间成功举办。正是这些规律性文化活动使文化节实现了由“文化搭台”向“文化唱戏”的转变，有效强化洛阳的城市公共文化氛围。

### （三）增强文化软实力，提升城市文化形象

改革开放以来，洛阳城市发生着日新月异的变化，尤其是新区开发后，洛阳再也不是当年那座“南北三条街、东西二十里”① 的“豫西小城”，而文化节对促进洛阳城市发展功不可没。数据显示，“十二五”时期平均有71.9%的民众认为举办文化节对城市基础设施的影响“非常大”或“比较大”。尤其是在2015年的第33届文化节中，更是达到79.5%，接近八成。

此外，文化节对于提升城市知名度、城市形象等“软实力”方面的影响更为明显，民众对城市的认可度更高。

如图2所示，“十二五”时期，有八成多（81.1%）民众认为文化节对提升城市文化形象有较大影响，比硬件基础设施高一成左右；而公众认为文化节对提升城市知名度“非常大”的比例更是由22.7%稳步上升至41.6%，尤其是2015年这一数据又实现跨越性增长，上升空间突破10%。

① “南北三条街、东西二十里”是指南北涉及的九都路、凯旋路、中州路三条主要交通干道，东西以老城区、西工区、涧西区为主的洛阳城市核心区域，本地居民多以此形容洛阳早期有限的城市空间。

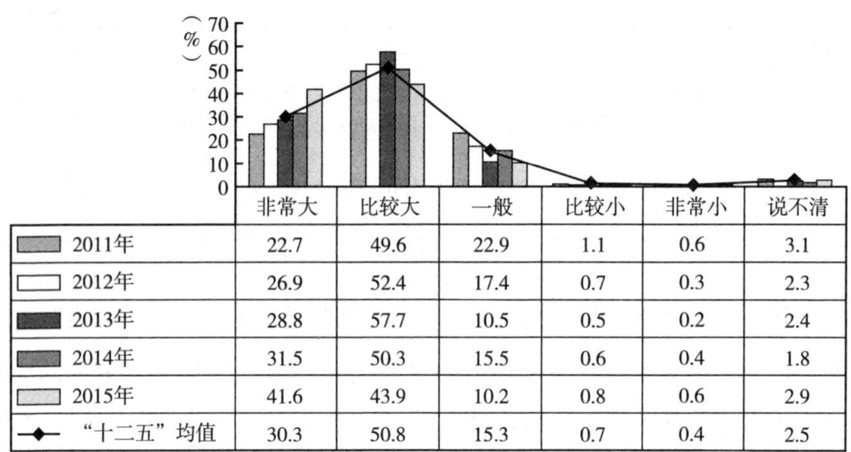


| | 非常大 | 比较大 | 一般 | 比较小 | 非常小 | 说不清 |
|---|---|---|---|---|---|---|
| 2011年 | 22.7 | 49.6 | 22.9 | 1.1 | 0.6 | 3.1 |
| 2012年 | 26.9 | 52.4 | 17.4 | 0.7 | 0.3 | 2.3 |
| 2013年 | 28.8 | 57.7 | 10.5 | 0.5 | 0.2 | 2.4 |
| 2014年 | 31.5 | 50.3 | 15.5 | 0.6 | 0.4 | 1.8 |
| 2015年 | 41.6 | 43.9 | 10.2 | 0.8 | 0.6 | 2.9 |
| “十二五”均值 | 30.3 | 50.8 | 15.3 | 0.7 | 0.4 | 2.5 |

**图2　“十二五”时期公众对文化节提升城市文化形象的评估**

对于民众参与文化节的具体感受，课题组也做了相关调研，数据显示：“十二五”时期，平均有30.6%的民众在经过文化节之后“更加关注洛阳”；选择“更加了解洛阳”的比例更高，达到59.8%。总之，民众对参与文化节的感受和城市文化形象的评价都给出了肯定答案。

## 四　中国洛阳牡丹文化节促进城市公共文化服务的建议

### （一）突破发展瓶颈，实现节庆内容的协调供给

长期以来，中国洛阳牡丹文化节都存在“民众参与周末化”[①]的尴尬局面。升级为国家级节庆后，文化节的影响力已经从市区逐渐向周边郊县扩散，这种“参与周末化”的现象也随之有所缓解。数据显示，“十二五”期间，平均有41.6%的被调查者表示愿意到洛阳下辖的周边县（市）去游玩。

① 民众在参与牡丹文化节期间，多数只用一个周末的时间完成赏花活动和龙门石窟、白马寺等主要景点游览后随即离开，不会在洛阳做过多的停留。

按照客源地不同对上述数据做深入分析，在愿意到周边县（市）的民众中，河南省内（除洛阳地区）的平均比例显示最高，占45.1%，其次为洛阳本地民众（均值为37.8%），尽管周边郊县对省外民众的吸引力最低，平均只有17.1%的省外民众表现出兴趣，但如图3所示，五年来还是有越来越多的省外民众开始将注意力向洛阳周边郊县转移。

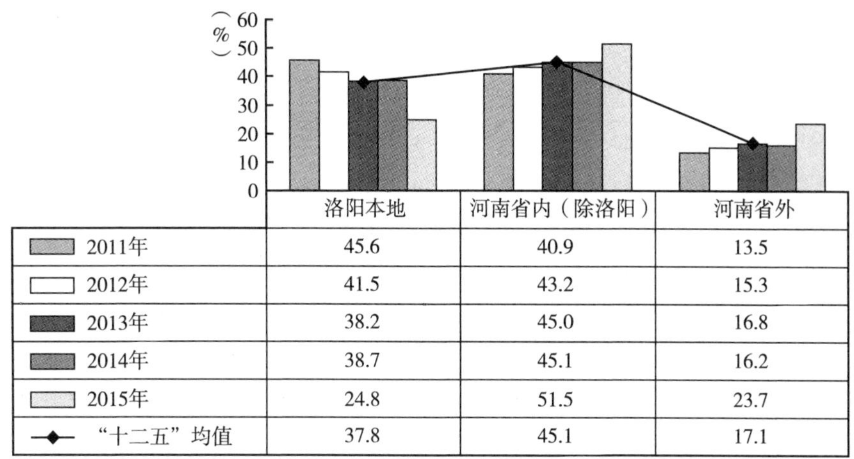


| | 洛阳本地 | 河南省内（除洛阳） | 河南省外 |
|---|---|---|---|
| 2011年 | 45.6 | 40.9 | 13.5 |
| 2012年 | 41.5 | 43.2 | 15.3 |
| 2013年 | 38.2 | 45.0 | 16.8 |
| 2014年 | 38.7 | 45.1 | 16.2 |
| 2015年 | 24.8 | 51.5 | 23.7 |
| “十二五”均值 | 37.8 | 45.1 | 17.1 |

**图3　“十二五”期间愿意到洛阳周边郊县去的民众客源地分析**

对洛阳下辖九县（市）数据进一步分析发现，即使客源地不同，民众对洛阳下辖县（市）的关注点却表现非常集中。如表4所示，“十二五”期间不同客源地民众对洛阳下辖各县（市）的关注度产生了一定变化，也有个别县（市）的数据表现出不稳定状态，但整体而言，栾川县和嵩县一直都是所有民众关注的焦点所在。尤其值得注意的是，民众对洛阳不同县（市）关注度的差异非常大。比如，五年间民众对洛宁、宜阳、伊川和汝阳等县的关注度普遍较低，基本上维持在15%以下，而洛宁和汝阳的关注度更是低至10%以下；与之相反，五年来所有客源地民众对栾川县的关注度则让人乐观（均在50%以上），甚至一度超过75%。这种较大的关注度差距正反映了文化节期间不同服务主体的服务水平差异。

表 4 “十二五”期间不同客源地民众对洛阳周边县（市）关注度分析

单位：%

| 地区 | | 偃师 | 孟津 | 新安 | 洛宁 | 宜阳 | 伊川 | 嵩县 | 栾川 | 汝阳 |
|---|---|---|---|---|---|---|---|---|---|---|
| 洛阳本地 | 2011 年(第 29 届) | 16.8 | 18.7 | 30.9 | 8.7 | 8.9 | 8.7 | 39.6 | 75.6 | 3.9 |
| | 2012 年(第 30 届) | 21.1 | 13.3 | 26.7 | 5.6 | 6.7 | 14.4 | 41.1 | 72.2 | 3.3 |
| | 2013 年(第 31 届) | 8.2 | 18.8 | 31.8 | 9.4 | 11.8 | 12.9 | 40.0 | 71.8 | 2.4 |
| | 2014 年(第 32 届) | 18.5 | 23.9 | 34.8 | 10.9 | 18.5 | 9.8 | 41.3 | 69.6 | 8.7 |
| | 2015 年(第 33 届) | 20.0 | 16.4 | 29.1 | 7.3 | 12.7 | 21.8 | 25.5 | 61.8 | 9.1 |
| | “十二五”均值 | 16.9 | 18.2 | 30.7 | 8.4 | 11.7 | 13.5 | 37.5 | 72.3 | 5.5 |
| 河南省内（除洛阳） | 2011 年(第 29 届) | 17.8 | 19.7 | 26.3 | 6.1 | 5.9 | 15.2 | 39.9 | 63.6 | 4.9 |
| | 2012 年(第 30 届) | 18.3 | 20.4 | 29.0 | 5.4 | 6.5 | 19.4 | 36.6 | 65.6 | 5.4 |
| | 2013 年(第 31 届) | 16.8 | 22.8 | 24.8 | 8.9 | 6.9 | 28.7 | 36.8 | 61.4 | 12.9 |
| | 2014 年(第 32 届) | 15.5 | 16.5 | 26.2 | 7.8 | 3.9 | 18.4 | 38.8 | 74.8 | 5.8 |
| | 2015 年(第 33 届) | 15.2 | 11.4 | 21.9 | 4.8 | 5.7 | 10.5 | 23.8 | 71.4 | 4.8 |
| | “十二五”均值 | 16.7 | 18.2 | 25.6 | 6.6 | 5.8 | 18.4 | 35.2 | 67.4 | 6.8 |
| 河南省外 | 2011 年(第 29 届) | 15.7 | 10.6 | 25.9 | 7.9 | 8.9 | 12.3 | 32.6 | 55.9 | 9.7 |
| | 2012 年(第 30 届) | 13.3 | 13.3 | 23.3 | 6.7 | 10.0 | 10.0 | 36.7 | 56.7 | 13.3 |
| | 2013 年(第 31 届) | 19.4 | 8.3 | 22.2 | 25.0 | 5.6 | 27.8 | 44.4 | 52.8 | 8.3 |
| | 2014 年(第 32 届) | 11.4 | 11.4 | 25.7 | 8.6 | 5.7 | 17.1 | 37.1 | 57.1 | 5.7 |
| | 2015 年(第 33 届) | 8.5 | 17.0 | 31.9 | 10.6 | 2.1 | 17.0 | 21.3 | 55.3 | 2.1 |
| | “十二五”均值 | 13.7 | 12.1 | 25.8 | 11.8 | 6.5 | 16.8 | 34.4 | 55.6 | 7.8 |

2015 年 11 月 10 日，习近平同志在中央财经领导小组会议上指出：“在适度扩大总需求的同时，着力加强供给侧结构性改革，着力提高供给体系质量和效率。”为了进一步有效突破文化节“周末化”的发展瓶颈，未来应更加关注民众的文化需求，针对文化的“需求侧”，重点改造文化的“供给侧”，让供给更加适应民众的个性化需求、解决地域性差异，实现中国洛阳牡丹文化节作为国家级节庆服务水平的“均等化”。为此，文化节的发展思路要实现以下三个方面同时推进。

第一，协调不同内容节庆活动的服务供给。实现更名和升级后，中国洛阳牡丹文化节已经成为国家级文化节庆，但多数民众对文化节的认识和预期还局限在“赏花活动”，甚至一些管理人员也停留在早期的“花会理念”。洛阳有丰富的文化遗产，更好地利用汉魏故城、隋唐遗址等文化遗址和洛阳博物馆、天子驾六博物馆、千唐志斋博物馆等各类文博场馆，实现赏花游景和历史人文的协调供给，早日实现“牡丹花会”向“牡丹文化节”的真正突破。

第二，协调不同类型文化景点的服务供给。基于洛阳的城市规划以及民众的思维惯性，大家对节会文化景点的关注仍集中在龙门石窟、关林和白马寺等传统景点，赏花活动也局限在王城公园、中国国花园等传统赏花地，这样严重限制了文化节的创新和升级。按照“供给侧”思路，未来应该把宣传、扶持和发展重点从市区转移至周边郊县，把民众的关注度更多地引导向新兴文化景点和赏花地，既可以减轻传统景点的压力，又能提高节庆文化消费的质量。

第三，协调不同层次县区的文化服务供给。通过“十二五”的持续跟踪调研发现，民众对洛阳下辖县（市）的兴趣主要集中在栾川，关注度均值超过半数。但通过进一步数据分析，如果能有一些优惠措施（比如交通专线、景区门票等），在对下辖县（市）不太关注的民众中仍有53.5%表示愿意到城市周边郊县看一看。因此，只要在文化供给角度实现针对性调整，就能对节会创新发展起到“四两拨千斤”的推动作用。

### （二）彰显节庆元素，传递城市建设的文化内涵

“唯有牡丹真国色、花开时节动京城”，洛阳牡丹已是享誉中外、久负盛名。但客观地看，文化节并未在洛阳公共文化建设中同样起到“甲天下”的积极作用。如何创新节庆宣传理念，使节庆要素能够更好地融入城市文化生活，课题组从宣传内容与宣传手段两个方面进行分析。

#### 1. 强化“物象”的宣传内容

“十二五”期间，民众对文化节的整体认知表现一般。五年间的平均数据显示，对文化节认知度“一般”的民众最多，占到57.7%；其次为“比较了解”（23.4%）和“不了解”（11.7%）；选择“非常了解”的比例仅

有5.9%。

课题组针对文化节的“节徽”、“吉祥物”和“宣传口号”也做了具体调研，民众对吉祥物认知度最高（五年均值为38.8%），其次为节徽（32.2%），最后是宣传口号（21.6%）；从洛阳本地、河南省内（除洛阳地区）和河南省外等不同地域民众角度分析，也得到了相同的答案。如图4所示。

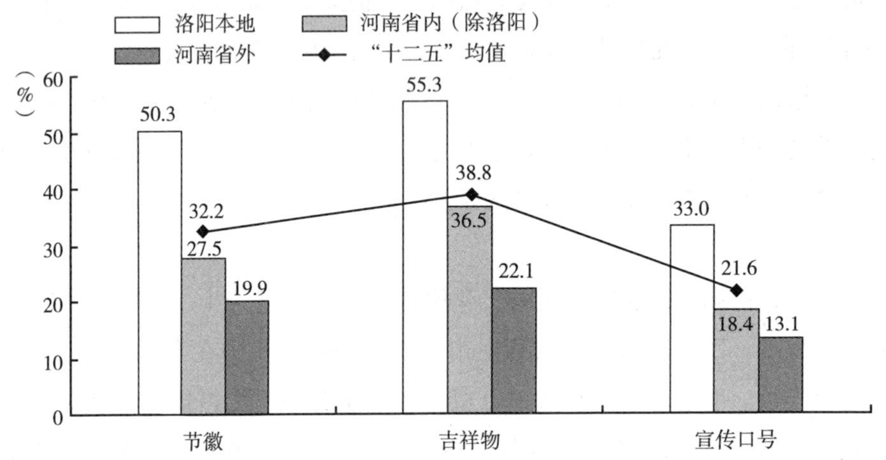


**图4　“十二五”时期民众对文化节宣传内容认知度均值分析**

总之，无论整体认知度，还是不同客源地的差异化认知，民众对于“吉祥物”、“节徽”等具体内容的认知度要远高于“宣传口号”等抽象内容。因此，文化节的宣传要符合“主观‘心象’到客观‘物象’的物化过程”，突出具象化的宣传内容，既可以让文化节的理念和内容更直观、更深入人心，获取更高的民众认可度，同时亦可以带动相关产业链的延伸。

2. 融合新媒体的宣传手段

随着科技发展，今天的新媒体也日益专业化、精细化，甚至到无孔不入的地步。课题组专门对民众获取信息的渠道进行调研，但结果却不尽如人意，民众通过新媒体获取文化节信息的比例并不高。如图5所示，“十二五”期间，文化节依靠网络、微信平台、手机信息等新媒体进行宣传的比例有明显上升，但是民众仍然是通过报纸、电台、电视等传统媒体甚至朋友介绍来获取信息，与信息化发展背道而驰。当下传统媒体的影响已经非常有限，更不用提亲朋之间的“口口相传”了，而这也恰恰正是限制外地游客深入了解文化节的重要原因之一。

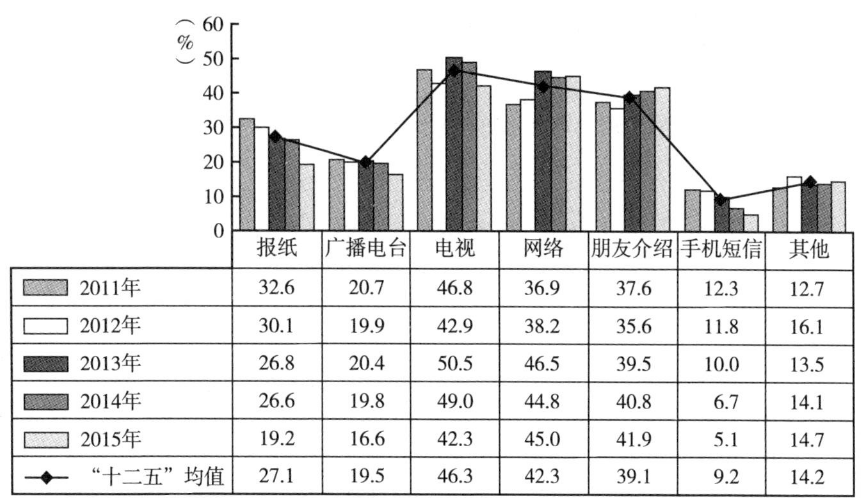


| | 报纸 | 广播电台 | 电视 | 网络 | 朋友介绍 | 手机短信 | 其他 |
|---|---|---|---|---|---|---|---|
| 2011年 | 32.6 | 20.7 | 46.8 | 36.9 | 37.6 | 12.3 | 12.7 |
| 2012年 | 30.1 | 19.9 | 42.9 | 38.2 | 35.6 | 11.8 | 16.1 |
| 2013年 | 26.8 | 20.4 | 50.5 | 46.5 | 39.5 | 10.0 | 13.5 |
| 2014年 | 26.6 | 19.8 | 49.0 | 44.8 | 40.8 | 6.7 | 14.1 |
| 2015年 | 19.2 | 16.6 | 42.3 | 45.0 | 41.9 | 5.1 | 14.7 |
| “十二五”均值 | 27.1 | 19.5 | 46.3 | 42.3 | 39.1 | 9.2 | 14.2 |

**图 5　“十二五”期间民众获取文化节信息途径分析**

比尔·盖茨说过：“网络正在改变人类的生存方式。”互联网已经成为主流媒体，成为信息发布和传播的核心渠道。因此，文化节的宣传工作要在保持传统媒体优势的基础上，尽快实现对新媒体的掌握和运用，比如微博、微信、APP 平台等信息传播工具。况且，在信息化已经成为人类发展不可逆转趋势的今天，新媒体所承载的现代化、科技化的宣传理念和手段本身就是一种文化，是科技文化和主流文化，更是一种先进文化，这一文化内涵理应在文化节的节庆理念中体现。

### （三）提升参与度，使民众成为文化活动主体

自 2011 年升级为国家级节庆始，文化节确实为洛阳创造出良好的城市公

共文化氛围。但经过深入调查发现，即使“赏花活动”（均值为77.1%）、“开幕式”（均值为72.4%）等文化活动都具有较高的民众“知晓度”，但“开幕式”的民众实际“参与度”（均值为27.0%）却远远低于“赏花活动”（均值为72.5%）。此外，民众对其他文化活动的了解程度和参与程度也不高，尤其是大多数活动的民众参与度不足20%，即使是近年来文化部重点支持的“推荐优秀剧目洛阳展演月活动”参与度均值也只有5.9%，如表5所示。

**表5 “十二五”时期中国洛阳牡丹文化节主体活动公众知晓度与参与度**

单位：%

| 类别 | | 开幕式 | 赏花活动 | 文化论坛 | 文化部优秀剧目展 | “河洛欢歌”活动 |
|---|---|---|---|---|---|---|
| 知晓度 | 2011年(第29届) | 78.9 | 77.6 | 24.7 | 18.9 | 26.8 |
| | 2012年(第30届) | 76.4 | 74.9 | 31.1 | 13.2 | 25.9 |
| | 2013年(第31届) | 79.0 | 78.7 | 14.1 | 14.1 | 32.4 |
| | 2014年(第32届) | 72.9 | 79.3 | 12.7 | 19.1 | 23.3 |
| | 2015年(第33届) | 54.7 | 75.0 | 8.9 | 12.0 | 16.7 |
| | “十二五”均值 | 72.4 | 77.1 | 18.3 | 15.5 | 25.0 |
| 参与度 | 2011年(第29届) | 28.9 | 70.1 | 8.6 | 5.8 | 13.8 |
| | 2012年(第30届) | 34.1 | 66.8 | 9.9 | 4.3 | 14.9 |
| | 2013年(第31届) | 23.4 | 74.5 | 7.3 | 5.9 | 16.8 |
| | 2014年(第32届) | 23.6 | 74.4 | 4.8 | 6.8 | 10.1 |
| | 2015年(第33届) | 25.1 | 76.7 | 8.1 | 6.7 | 10.1 |
| | “十二五”均值 | 27.0 | 72.5 | 7.7 | 5.9 | 13.1 |

说明：此表数据只包括“十二五”期间历届中国洛阳牡丹文化节的核心主体活动。

节会文化活动本应具有最大的兼容性和包容度，能够尽可能地吸引民众参与节庆活动、分享文化成果。“十二五”期间，民众逐渐开始关注文化活动，也出现类似“丝绸之路嘉年华”等亮点演出，但很多都还是“汇报型”或“新闻型”活动，尤其民众实际参与范围仍然局限在传统意义上的“赏花活动”。有限参与度与民众较高关注度之间的落差、与主办方高度重视之间的反差引人深思。

为此，应从民众和组织者两个角度来提高文化活动的参与度。一方面，提升民众自身的综合文化水平。具备良好的艺术素养是成为文化活动主体的前提，否则再好的创意内容和艺术形态也只会曲高和寡、孤掌难鸣。比如，“十二五”期间，历届文化节都会举办文化部推荐优秀剧目的专场演出活动，但遗憾的是，数据显示知道这一活动的民众不足两成，而实际参与度只有5.9%。另一方面，主办方应创新管理理念和手段。首先，不断强化“节会”理念。今天的文化节是一个国家级节庆活动，“牡丹”当然是核心，但绝不是唯一。要适当延长大众文化活动的时间，提高剧场类文化活动的演出率，使文化节突破“赏花活动”，成为真正意义上的文化节会。其次，不断加大优惠力度。民众对文化活动的整体认知度和参与度仍然偏低，主办方可以通过降低票价、财政补贴等优惠手段为民众搭建平台，引导民众持续参与文化活动，使中国洛阳牡丹文化节真正成为人民的节日。

## 参考文献

[1] 黄翔、连建功：《中国节庆旅游研究进展》，《旅游科学》2006年第1期。

[2] 贾春轩、芦灵冲、吕金钢：《试论洛阳牡丹的开发》，《中国花卉盆景》1988年第5期。

[3] 桑景栓、黄建伟：《发展洛阳牡丹产业的几点思考》，《河南林业科技》2001年第3期。

[4] 韩红：《洛阳牡丹产业化发展战略》，《河南科技大学学报》（社会科学版）2003年第1期。

[5] 刘玉来：《从洛阳牡丹开发看“以特色应对‘入世’之策”》，《农村经济》2004年第5期。

[6] 蔡礼彬：《试论节庆活动对城市发展的影响——以洛阳牡丹花会为例》，《洛阳工业高等专科学校学报》2005年第4期。

[7] 张洁、黄远水：《洛阳牡丹花会的战略制定探析》，《洛阳师范学院学报》2006年第1期。

[8] 闫红霞：《洛阳牡丹旅游的可持续发展》，《特区经济》2007 年第 3 期。

[9] 付梅：《论洛阳牡丹及其文化意义》，《阅江学刊》2011 年第 6 期。

[10] 李佳佳、傅建祥、丁云：《新中国成立以来洛阳牡丹产业化演进》，《世界林业研究》2012 年第 2 期。

[11] 张萌：《基于亲疏景度的韩国客源市场旅游节庆品牌打造——以洛阳牡丹文化节为例》，《经济问题》2013 年第 4 期。

# B.16

# 数字化公共文化服务：以萧山区公共文化服务动态评估系统为例

阮　可*

摘　要：　在数字技术、新媒体技术迅速发展背景下，公共文化服务方式的创新越来越表现为公共文化服务与科技的融合发展。基于数字化应用的政府绩效评估方法的使用正是实现政府管理与服务科学化、标准化的必然要求。基层文化动态评估系统的开发应用，提高了工作效率，实现了信息共享，为公共文化服务绩效评估工作的实施打下了坚实基础，具有较高的示范推广价值。

关键词：　公共文化服务　数字化　绩效评估　指标体系

## 一　公共文化服务数字化发展的背景

20世纪70年代以来，以计算机技术、互联网技术为代表的数字化的媒介技术得到快速发展并得到广泛应用，人类进入数字传播时代。20世纪90年代至今，文化传播领域越来越受到新媒体技术的影响。远程服务、多终端传播、精准传播成为新媒体的特点。移动媒体、社交媒体、数字电视和环境媒体等加速普及。科学技术既对传统的公共文化服务方式带来变化，也创新

* 阮可，文化部国家公共文化服务体系建设专家委员会委员，浙江大学城市学院副教授。

了公共文化服务的手段和方式。

借助现代数字网络技术，公共文化产品和服务可以在数据采集、资源集成、对接需求、质量控制等方面突破，而且可将新能量和价值传导到公共文化服务链的各环节。建设现代公共文化服务体系，实现文化与科技的融合，不仅需要固定设施阵地、流动文化服务，还需要通过数字文化服务提高数字资源提供能力和远程服务能力。在构建数字化现代公共文化服务网络中，特别是要依托多网融合技术，提高公共文化服务针对性、吸引力和满意度。

2015 年 1 月 12 日，中共中央办公厅、国务院办公厅印发的《关于加快构建现代公共文化服务体系的意见》。在该意见中明确指出，“推进公共文化服务与科技融合发展”，“加快推进公共文化服务数字化建设”。公共文化服务数字化建设是一项基础性工程，具有均等性、高效性、便利性、公平性、普惠性等特点，其功能在于将政府向社会提供的公共文化的设施、产品、服务转换为数字化、智能化形态。数字化公共文化服务具有传播障碍少、效率高、成本低和内容丰富、受众广泛的特点，是城乡、区域和人群均等化都能借用的手段，有助于提升公共文化服务能力和水平，激发文化发展动力。公共文化的数字化服务由传统的单向传播转变为双向互动传播模式，通过互联网等建立良性互动机制，为受众提供信息反馈渠道。在此背景下，各地政府和部门应积极构建公共文化服务数字化体系，面向基层百姓打造新型数字化公共文化服务平台，在科技与文化融合产生的新空间里，提供文化服务、普及文化知识、传播先进文化，使其成为全社会共建共享的文化资源平台，成为公民享受文化均等化权利的数字家园。在数字化服务平台的辅助下，现代公共文化服务体系也会更加完善。

## 二　基层公共文化服务工作绩效评估现状和浙江实践

20 世纪 70 年代末，作为改进政府公共服务的重要政策工具，绩效评估在政府公共管理实践中被广泛应用。政府绩效评估是新公共管理运动的重要支柱，它改变以往重过程不重结果的行政文化，打造对结果负责和对用户负责的高效政府。

目前，评价公共部门公众满意度的相关测评模型和方法被世界许多国家运用，例如顾客满意度指数（Customer Satisfaction Index，CSI）、数据包络分析（Data Envelopment Analysis，DEA）、平衡计分卡（Balanced Score Card，BSC）、公共服务改进框架（Public Service Improvement Framework）等。其中，应用最为广泛的是美国的顾客满意度指数（American Customer Satisfaction Index，ACSI）。该模型方法由美国密歇根大学商学院国家质量研究中心和美国质量协会发起研究并提出。在该模型中，最终所求的目标变量是顾客满意度，原因变量是顾客期望、感知质量、感知价值，结果变量是顾客抱怨、顾客忠诚则是顾客满意度（见图1）。

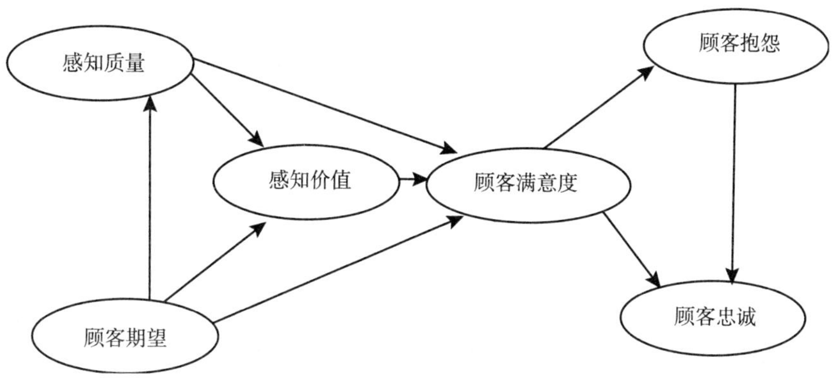


**图1　ACSI 模型的基本结构**

资料来源：Anderson E. W.，Fornell C.，“Foundations of the American customer satisfaction index”，*Total Quality Management*，2000，11（7）：873。

公益性文化事业单位绩效评估机制的基础是科学设定绩效评估指标体系，控制和引导文化事业单位的经营行为可从组织目标、服务对象满意程度、成本控制、公共服务数量质量等指标来把控。围绕明晰的组织绩效目标，公共文化服务单位就会产生自主性内生动力，会更自觉履行公共文化服务职能，激发自我变革的需求，形成创新意识和服务思维，推动运营方式创新和文化事业的进步。随着公共文化服务设施网络的完善和制度体系的初步构建，在我国公共文化服务领域中的主要矛盾已经开始由供给不足向供给质量不高转变，提高服务效能成为构建现代公共文化服务体系的关键环节，开展公共文化服务绩效评估可谓恰逢其时。公共文化服务的对象是广大群众，对接群众需求提供公共文化产品是政府提供公共文化产品时的重要原则。在该原则下，公民需求的满足程度和公共文化服务的质量是政府公共文化服务绩效评估最根本的衡量标准。因此，笔者建议，我国各级政府应当加快建立科学合理的基层公共文化服务评估体系，制定相应的绩效评价制度，让基层公共文化发展成为硬任务、硬指标，成为可测量、可考核的对象。

在浙江实践中，从省级层面来看，浙江于 2006 年制定《浙江建设文化大省统计指标评价体系》，2010 年制定了《浙江省农村公共文化服务评估指标体系》，这套指标体系包括：政府投入、设施建设、队伍规模、公共服务等 7 大类，共设立 23 个指标。该体系坚持投入与产出并重，不但看政府的投入，还考量公共文化产品和服务的数量与质量；既坚持政府主导，也鼓励社会参与。

从县市层面来看，2013 年温岭市建立乡镇公共文化管理和考核机制，发布《关于开展基层公共文化服务动态评估工作的通知》。温岭市设置了 32 个指标，包括资金投入、文化队伍、公共文化设施、文化活动等七类评估项目。此外，参照“浙江省社会文化数据动态填报系统”，开发乡镇公共文化服务动态评估系统，各乡镇（街道）每季度通过该系统报送相关数据。温岭市乡镇公共文化服务动态评估系统突出导向性、科学性和可操作性，2013 年该评估系统被列为浙江省第二批创建公共文化服务体系示范项目。

2014 年海盐县研发具有管理、评价等功能的县级公共文化服务系统，通过集成互联网、物联网及云计算和大数据分析等技术，实施面向基层公共文化标准化、实时化、动态化管理与评价的系统。系统涵盖文化活动对外公示、文化设施管理、文化活动管理、文化队伍管理、“文化下派员”和“文化专职管理员”考核以及报表系统6个工作模块，其成功运行主要基于海盐县对各镇（街道）的文化工作考核、文化下派员考核和村（社区）文化专职管理员考核三个考核评估制度。该系统的运行，实现了推动公益性文化场馆免费开放、公共文化服务供需有效对接和基层文化员工作效率提升三个目的。

2014年杭州市下城区制定了《关于建立公共文化服务群众需求征集和评价反馈机制的实施意见（试行)》《社区文化动态评估指标及权重的实施意见（试行)》，实施和应用社区文化动态数据报送平台软件。下城区从推动标准化、均等化、信息化和社会化的顶层设计出发，设置文化投入、文化设施、文化服务、文化队伍、文化管理、服务质量、创新创优等7大类30项指标；对于数据的采集，经过“统一培训→社区填报→街道审核→区局复核→发还核对→差异修正”6个环节。

## 三 萧山区公共文化服务绩效评估的创新实践

### （一）动态评估系统的设计原理

2014年，杭州市萧山区开始研发面向乡镇公共文化服务绩效评估系统。该系统是基于B/S架构开发的用于对萧山区“两馆一站”及镇（街道）、场开展公共文化服务绩效评估的信息管理平台，该系统亦称为文化数据动态填报系统，通过录入统计文化事业的有关数据，并以此为依据，开展一系列的绩效评估、政策研究等工作。开发和应用公共文化绩效评估系统，主要是基于以下四个方面的考虑。

#### 1. 基层公共文化事业不断繁荣的必然要求

随着经济社会的发展，基层的文化事业日益繁荣，农村的群众文化生活也不断丰富，各种文化演出、文艺活动层出不穷，基层的文化数据几乎每时每刻都在发生着变化，要想全面掌握和了解这些数据，就必须有一个动态、实时、全面的管理系统。加强公共文化服务的绩效评估是公共文化服务供给侧改革的一项内容，也是优化公共文化服务资源配置，提高公共文化服务供给能力和质量的必然延伸，同时也是提高公共文化服务效能、促进公共文化服务公平的重要策略。

2. 规范公共文化事业管理的必然要求

加强公共文化服务体系的建设是完善政府社会治理和公共服务职能的重要体现，也是实现公民文化基本权利的保障。设计科学、可量化的公共文化评估体系有助于解决现代公共文化体系建设过程中存在的盲目、低效问题，对引领公共文化建设健康持续发展具有重大意义。基层的公共文化工作，点多面广、情况复杂、任务繁重，管理起来千头万绪，很多时候，往往是“上面千条线、下面一根针”，大量的工作都要靠基层的文化干部去完成，而文化工作的动态性和时效性要求都很高。开发一个智能化的填报评估系统，可以在很大程度上减轻基层工作的压力。

3. 科学评估工作、推进绩效考核的必然要求

当前基层的工作考核机制，在很大程度上，还是依赖年初订计划、年底查台账的模式。谁做得好，谁做得不好，不可能一个个都检查到，时间上不允许，人力上也不允许，最多也只能采用抽查的方式。通过使用公共文化绩效评估系统，把督查工作常规化、日常化，把年底的台账工作化整为零，一些活动、工作只需要通过几分钟时间，把所需要的资料保存在系统内，便于随时查阅工作台账，也缓解了年底基层文化工作者的工作压力。此外，使用该系统还可以把握基层群众的需求，通过分析数据，了解哪些活动是群众欢迎的，从而更好地改进服务工作，真正建立自下而上的“以需定供”的服务模式。

4. 网络时代信息技术发展的要求

技术创新是提升公共文化服务评估水平的手段，也是转变传统公共文化服务评估的重要方向。信息网络技术能够拓展并延伸服务的发展空间，促进政府转换职能，也将提高公共文化服务评估效率。目前许多政府管理工作都通过网络来开展，对信息化、无纸化办公的要求也越来越高。公共文化绩效评估系统的开发使用，搭建了一个全新的工作平台，简化了工作

程序、提高了工作效率、节约了办公资源，真正达到了资源共享、信息共享的目的。

萧山区公共文化服务绩效评估系统的网址为 pg. xswh. gov. cn，需要浏览器版本为 IE9. 0 以上，Windows Xp 操作系统需要安装谷歌浏览器 Chrome 作为运行环境。在浏览器输入该地址后即可打开系统登录界面（见图 2）。系统对每个账号名都做了命名规范，比如：图书馆，登录名为萧山图书馆；文化馆，登录名为萧山文化馆；绍剧艺术中心，登录名为萧山绍艺中心；镇街文化广播站则为××镇或××街道。系统还专门提供了一个公共浏览账号用于公共浏览，用户名为 xswh，密码为 xswh。正确填写用户名和密码后，点击登录按钮登录系统。

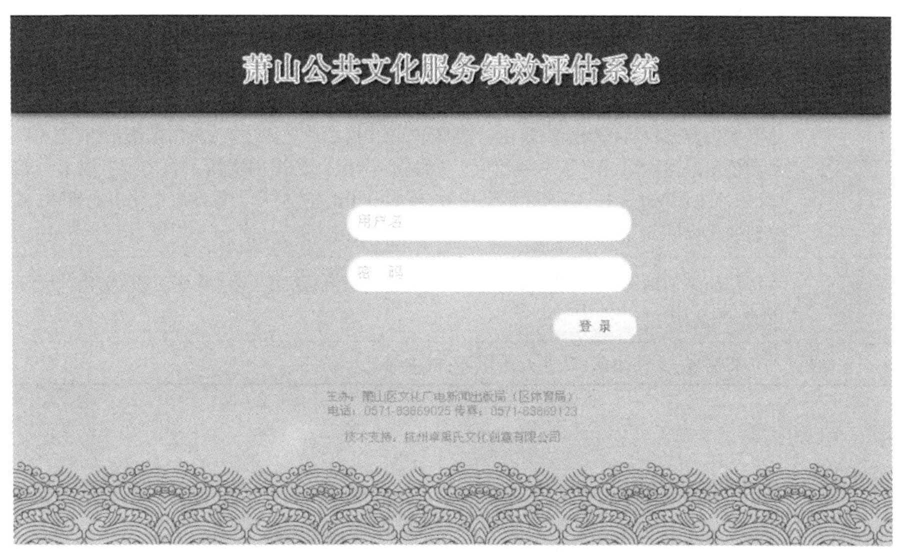


**图 2　萧山区公共文化服务绩效评估系统登录界面**

登录数据库之后，首页显示的是待审核的数据，也就是说填好的数据要在审核员的审核认定之后才能作为一条有效数据（见图 3），数据库所采集的数据都需经过审核流程，其中镇（街道）图书支馆、村（社区）图书分馆（农家书屋）数据由萧山区图书馆进行审核，其他各类数据则由区级审核员进行审核。该系统的主要操作模块见表 1。

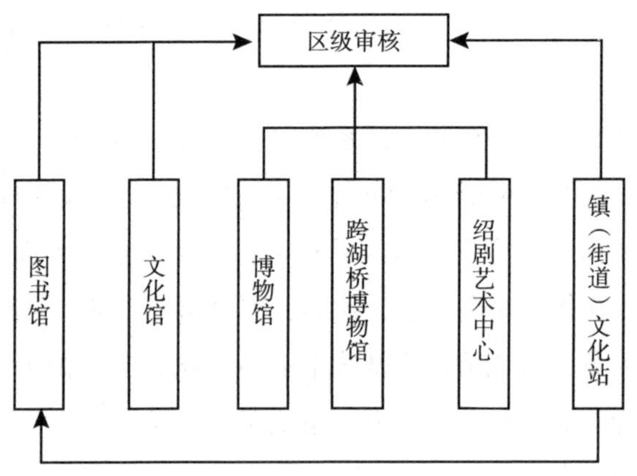


图3　数据审核流程

表1　萧山公共文化服务绩效评估系统模块构成

| 主模块 | 分模块 |
| --- | --- |
| 文化设施 | 基本内容；萧山区文化馆；萧山区图书馆；萧山区绍剧艺术中心；萧山区博物馆；萧山跨湖桥遗址博物馆；镇（街）、场文化广播站；镇（街）、场图书支馆；村（社区）图书分馆（农家书屋）；村（社区）文化活动中心；公共电子阅览室；社会各界对文化事业投入；其他文化设施 |
| 文化活动 | 特色品牌活动；大型文化活动；文化走亲；送戏下乡；送书下乡；共享工程；文化礼堂活动；展览；讲座；其他活动 |
| 文化队伍 | 获奖情况；文艺团队；从业人员培训；机构情况 |

## （二）评估指标体系

目前，萧山区已经制定《萧山区文化示范村创建标准》《萧山区文化示范社区创建标准》《萧山区公共文化绩效评估标准》《乡镇公共文化服务规范》等公共文化服务评价标准。特别是《乡镇公共文化服务规范》作为全国第一个镇级公共文化服务评估标准，通过绩效考核，对乡镇进行动态排名，对各县推进乡镇公共文化服务建设，“打通最后一公里”具有重要意义。该标准与萧山区公共文化绩效评估系统和《关于实施基层公共文化服务绩效评估的通知》（萧政办发〔2015〕80号）构成了完整的基层公共文化服务评估体系。

1. 评估标准以科学划分指标为前提

基层公共文化服务绩效评估系统共设置 5 大类 26 项指标，总分 100 分，另设加分项目 10 分（见表 2）。

**表 2　乡镇（街道）公共文化服务动态评估指标及权重**

| 指标分类 | 序号 | 指标名称 | 指标权重 | 单项计算方式 | 指标说明 |
| --- | --- | --- | --- | --- | --- |
| 公共文化投入（20 分） | 1 | 公共文化事业费占地方财政支出比重 | 8 | 公共文化事业费/地方财政支出 ×100% | 包括公共文化设施投入、公共文化活动经费、文化遗产维护支出、文化宣传支出、文化从业人员工资（不包括上级补助资金） |
|  | 2 | 公共文化事业费同比增长率 | 5 | （公共文化事业费 - 上年公共文化事业费）/上年公共文化事业费 ×100% |  |
|  | 3 | 人均公共文化事业费 | 5 | 公共文化事业费/常住人口（万人） |  |
|  | 4 | 社会各界对公共文化事业人均投入 | 2 | 社会各界对公共文化事业投入/常住人口（万人） |  |
| 公共文化设施（25 分） | 5 | 万人拥有乡镇（街道）公共文化设施总面积 | 10 | 公共文化设施总面积/常住人口（万人） | 包括文化广播站、图书支（分）馆、村（社区）文化活动室、文化礼堂及其他文化设施 |
|  | 6 | 建有文化广播站且为独立体建筑或文化综合体 | 4 | 本指标不排名，定量计分 |  |
|  | 7 | 万人拥有文化广场（公园）面积 | 5 | 文化广场（公园）面积/常住人口（万人） | 含村级品牌文化广场 |
|  | 8 | 村（社区）文化活动室建成率 | 2 | 村（社区）文化活动室/行政村（社区）数 | 100 平方米以下不计 |
|  | 9 | 建有运行规范的图书支馆 | 1 | 本指标不排名，定量计分 |  |
|  | 10 | 万人阅览座位数 | 1 | 阅览座位数（个）/常住人口（万人） |  |
|  | 11 | 万人拥有公共电子阅览室电脑台数 | 2 | 公共电子阅览室电脑台数/常住人口（万人） |  |
| 公共文化队伍（20 分） | 12 | 乡镇（街道）公共文化从业人员 | 2 | 本指标不排名，定量计分 | 根据萧委办〔2010〕43 号文件要求，配备专（兼）职工作人员 2 ~ 5 名，文化广播站站长享受镇街中层正职待遇 |

续表

| 指标分类 | 序号 | 指标名称 | 指标权重 | 单项计算方式 | 指标说明 |
|---|---|---|---|---|---|
| 公共文化队伍（20分） | 13 | 村（社区）公共文化从业人员占总人口数比重 | 3 | 村（社区）公共文化从业人员/常住人口（万人） | 指在村（社区）文化活动室、图书支（分）馆、文化礼堂各机构中工作并取得劳动报酬的全部人员 |
| | 14 | 公共文化从业人员中大专学历以上占比 | 3 | 大专学历以上公共文化从业人员数/公共文化从业人员总数 | |
| | 15 | 公共文化从业人员中45周岁以下人员占比 | 2 | 45周岁以下人员数/公共文化从业人员总数 | |
| | 16 | 开展文化业务培训人次比例 | 3 | 年度培训人次/常住人口（万人） | |
| | 17 | 业余文艺团队规模 | 5 | 参加业余文艺团队人数/常住人口（万人） | |
| | 18 | 文化志愿者占比 | 2 | 文化志愿者人数/常住人口（万人） | |
| 公共文化活动（30分） | 19 | 镇级送戏下乡场次与行政村（社区）数比例 | 10 | 镇级送戏下乡场次/行政村（社区）数 | |
| | 20 | 送讲座展览与行政村（社区）数量比例 | 4 | 送讲座展览下乡场次/行政村（社区）数 | |
| | 21 | 组织镇、村两级品牌节庆活动场次与行政村（社区）比例 | 6 | 品牌节庆活动场次/行政村（社区）数 | |
| | 22 | 组织镇级以上文化走亲活动场次 | 5 | 镇级以上文化走亲活动场次 | 以文化输出为统计数 |
| | 23 | 指导村（社区）组织较大规模的文化活动场次占比 | 3 | 指导村（社区）组织的较大规模的文化活动次数/村（社区）数 | 指观众人数500人以上的文化活动 |
| | 24 | 图书外借册次 | 2 | 外借图书册次/常住人口（万人） | 含图书支馆、图书分馆及企业分馆 |
| 其他（5分） | 25 | 参加上级文化主管部门组织的学习、培训、会议到会情况 | 2 | 本指标不排名，定量计分 | 根据缺会情况酌情扣分 |
| | 26 | 动态系统数据填报情况 | 3 | 本指标不排名，定量计分 | 数据未按季、按时填报的，每次扣1分。如发现数据造假失实的，每次扣2分 |

续表

| 指标分类 | 序号 | 指标名称 | 指标权重 | 单项计算方式 | 指标说明 |
|---|---|---|---|---|---|
| 加分（10分） | 27 | 文化建设创新创优所获荣誉 | | 镇、村（社区）文化创建所获荣誉 | 文化工作成绩突出，获得省部级以上荣誉加3分，获得市级以上荣誉加2分，获得区级以上荣誉加1分<br>每建成一个文化礼堂并活动正常，加0.5分 |

说明：（总分100分）计算公式为［乡镇（街道）数－（指标排名）＋1］/乡镇（街道）数×指标权重。

2. 评估标准重视数据采集，把握报送质量

数据上报是基层公共文化服务绩效评估系统的基础环节。各镇街要高度重视，把握时间节点，实事求是采集辖区内相关数据，进行实时动态上报。要确保数据报送质量，相关数据需要附文件、照片等证明材料的，须同时提供，做到有据可查。

3. 开展结果运用，进行综合排名

基层公共文化服务绩效评估系统各单项指标及总得分每半年排名一次，各镇街凭账号登录可随时查阅。次年3月，在萧山文化网上公开发布上年度基层公共文化服务绩效评估结果。同时，该结果也将作为全区文化建设资金扶持和文化工作综合评价考核的重要依据。

## （三）基层文化动态评估系统的应用和效果

从标准化的角度看，萧山公共文化绩效评估系统给基层工作带来了积极作用。

第一个作用是提高了效率，缩短了时间，并且保证了准确度。以往通过手工填报汇总社会文化数据，不但花费了大量人力物力，而且统计速度慢，容易出错。有时候传真件不清楚，还要重新发一遍，或者打个

电话确认一下。包括在统计过程中，靠计算器手动计算，也很容易出错。数据库系统会自动汇总显示有关地区的社会文化数据，并实现分地区、分类别、分项目统计，比人工快很多倍，这个效率是可想而知的。设置乡镇公共文化动态评估指标具有导向性，对照评估系统，乡镇政府就明确基层公共文化做什么，重点有哪些。各地也可根据服务效果来配置资源。

第二个作用是有助于动态掌握信息，减少工作负担，并且提供了实时查询功能。为使政府绩效水平不断改进与提高，评估要根据现实情况与公众需求的变化进行动态的调整。通过数据库系统，可以把日常开展的工作与报送工作有机结合起来。同时，在系统里填报的数据，不仅填报者本人能够看到，并且随着以后功能的完善，有希望实现省、市的数据联网和并网，这样省市一级需要什么数据，直接可以在数据库中查询到。基层的录入人员，只要及时将数据输入系统，就能自动保存、汇总、分析。如果需要查询往年的数据，也只要登录系统就可以，不用翻台账，极大地提高了工作效率。

第三个作用是可以把数据管理与文化工作评估和考核有机结合起来。通过数据库系统，区里可以全面掌握镇街、村（社区）文化工作的开展情况，使之成为考核工作的重要依据。通过填报系统还可以查询了解其他镇街的数据，对比先进，查找不足，营造出你追我赶的良好工作氛围，推动工作的不断深入开展。

《关于加快构建现代公共文化服务体系的意见》提出推进公共文化服务与科技融合发展，加强公共文化大数据采集、存储和分析处理。随着信息技术的发展，目前许多政府管理工作都通过网络来开展，对信息化、无纸化办公的要求也越来越高。总体上看，萧山区公共文化服务绩效评估系统的开发使用，搭建了一个全新的工作平台，简化了工作程序、提高了工作效率、节约了办公资源，真正达到共享资源、共享信息的目的。推动公共文化服务标准化要运用互联网思维，与科技加强融合开发和应用相关网络平台，从而提高公共文化服务标准化水平。

## 参考文献


毛炳聪、汪仕龙：《乡镇公共文化服务动态评估探析》，《上海文化》2014 年第 2 期。

宋爱军、张红瑞、刘钢等：《完善我国农村公共文化服务评估体系》，《行政管理改革》2012 年第 3 期。

李少惠、尹丹：《公共文化建设评估体系的建构及其应用研究》，《科学·经济·社会》2010 年第 4 期。

李少惠、余君萍：《公共治理视野下我国农村公共文化服务绩效评估研究》，《图书与情报》2009 年第 6 期。

于小千：《公共服务绩效考核理论探索与实践经验》，北京理工大学出版社，2008。

阮可：《杭州“四个一”模式构建现代公共文化服务体系》，《中国文化报》2014 年 12 月 12 日。

徐清泉：《公共文化服务评估研究：现状、需求及要素》，《毛泽东邓小平理论研究》2012 年第 8 期。

唐晓英：《地方政府公共服务绩效评估指标体系构建探析》，《华中师范大学学报》（人文社会科学版）2014 年第 1 期。

胡守勇：《公共文化服务效能评价指标体系初探》，《中共福建省委党校学报》2014 年第 2 期。

# 发展政策篇

Development Polices Reports

## B.17

## 中国公共文化众筹的可行性及制度设计研究*

黄玉蓉　朱 芳**

摘　要：　文化众筹融资模式为我国公共文化服务体系建设提供了新的机遇。中国公共文化财政现状、民间社会蓄积的文化资助潜能及众筹平台集聚起来的文化资助力量使众筹机制与公共文化建设领域的结合成为可能。中国公共文化众筹制度设计主要包括运作原则、运作模式和实施方案。该制度设计坚持公共性、区域性和公众参与性原则；运作模式主要包括以平台聚集项目、以项目打造平台和融资融智一体化；实施方案主

* 项目来源：国家社会科学基金艺术学项目“中国文化资助现状分析及制度设计研究”（批准号：WYM10100）。

** 黄玉蓉，深圳大学文化产业研究院副教授，文艺学博士、艺术学博士后，研究领域为文化政策；朱芳，深圳大学艺术学理论专业硕士生，研究领域为文化政策。

要包括搭建众筹平台、形成监管机制、提高平台公信力及建立回馈机制、余款处理机制和风险规避机制等。

关键词：　公共文化众筹　文化资助　制度设计

过去在公私合作伙伴模式（PPP）下，我们认为只能由政府运用财政资金来开展的公共文化服务供给转变为可由企业主体、民间资本、社会资金介入，形成特许权管理框架下的有效供给。公共文化众筹是指通过互联网平台，将政府、企业、组织、民众等参与主体聚集起来完成公共文化产品和服务融资融智融才活动的一种公共文化创新供给模式。公共文化众筹模式可谓PPP模式与互联网新兴业态结合而形成的产物，较好地契合了国家倡导的向社会力量购买公共文化服务“自下而上、以需定供”的互动式、菜单式服务方式，能为社会蓄积的公共文化服务潜能提供良好的出口，同时也将以制度创新“引导文化资源向城乡基层倾斜”。[①]

众筹融资作为一种新型的科技创新融资模式，在我国尚处于起步阶段。但其对于资本市场发挥的作用与证券投资、直接投资等投资方式无异。它作为传统资本市场的补充，丰富了社会资本的构成，加速了资本运转。众筹融资已成功推动众多文化产业项目的成功融资。但这些项目往往集中在人气爆棚、容易吸引眼球的文化娱乐如演唱会、电影等领域和动漫、音乐、出版等行业。将众筹机制引入公共文化建设领域，运用众筹手段促进社会力量参与公共文化服务是当前中国急需的制度创新。其意义应超越筹资运营层面的一般理解，它不仅是融资机制的选择问题，更是公共文化领域管理模式的创新问题。

① 2015年11月3日发布的《中共中央关于制定国民经济和社会发展第十三个五年规划的建议》，新华社经济参考网，http：//jjckb.xinhuanet.com/2015－11/03/c_134779811.htm，访问日期为2015年11月9日。

公共文化众筹一方面有利于弥补公共财政和社会资本因大力支持劳动就业、环境和安全、节能减排等民生领域而产生的缺口，还能解决产生巨大经济效益的商业领域对文化领域造成挤压甚至侵蚀问题；另一方面有利于集聚民间因受限于国民较为单一的投资方式、投资渠道、投资思维及较高的投资门槛而大量存在的闲散资金用于文化建设。随着经济社会和文化事业的发展，众筹这一新兴资本市场助力文化建设势在必行。

## 一　中国公共文化众筹的可行性

发达国家已在公共文化众筹领域做出了成功的探索。2010 年，法国卢浮宫为购买文艺复兴时期德国画家老卢卡斯·克拉纳赫的《美惠三女神》画作，向普通民众成功募款 100 万欧元，有 5000 名不同年龄和国籍的捐助者为此慷慨解囊，如愿以偿地将《美惠三女神》收入馆藏。[①] 2011 年，荷兰鹿特丹的 ZUS 建筑设计事务所发起了一个“I Make Rotterdam”的众筹项目，当地的群众只要花上 25 欧元就能够将自己的名字或者想要说的话刻在一块小板子上，而卖小板子所筹集到的资金最后用于鹿特丹中心城区的一座人行天桥的建设，这座命名为 Luchtsingel 的天桥将鹿特丹的三个核心地区联结在一起，形成了别具匠心的城市立体景观，2012 年 Luchtsingel 获得了“鹿特丹城市创造”奖。[②]

### （一）中国公共文化财政现状

尽管各级文化行政部门一直在呼吁加大财政投入力度，建立健全文化事业费的稳定增长机制，但各级财政部门实际执行起来难度不小。政府在一定时期内提供的公共产品的数量不是任意的，而是由不同利益的社会成员进行

---

① 《罗浮宫囊中羞涩网上筹款购名画》，《羊城晚报》，http：//www. ycwb. com/ePaper/ycwb/html/2010 - 12/18/content_ 997762. htm，访问日期为 2015 年 10 月 9 日。

② Rotterdam's Crowd-Funded Pedestrian Bridge, http：//www. innovcity. com/2012/01/05/rotterdam%e2%80%99s - crowd - funded - pedestrian - bridge/，访问日期为 2015 年 12 月 2 日。

博弈的均衡点来决定的。任何预算支出都必须综合考虑经济、政治因素，比如财政支付能力、与纳税人切身利益密切相关的民生事务、事权和财权相统一原则等总量平衡问题。在义务教育、公共卫生、社会保障、劳动就业、环境和安全、节能减排等国计民生都存在支出缺口的情况下，我们的公共财政支持目标一定只能是限制性的。因此，即使是在经济发达地区，有限的财政支付能力都不可能满足无限扩大公共财政投入文化的期望。一方面财政收入有限，另一方面还要兼顾公平和效率，要考虑各项民生的相对重要程度，毕竟还有更具紧迫性的民生工程需要公共财政的大力投入。

中央政府意识到了文化建设需要集聚全社会的力量。2015 年 5 月 11 日，国务院办公厅正式转发文化部、财政部、新闻出版广电总局、体育总局起草的《关于做好政府向社会力量购买公共文化服务工作的意见》，对建立健全政府向社会力量购买公共文化服务机制，完善公共文化服务供给体系，提高公共文化服务效能做出了重要部署。这一政策的出台意味着促进社会力量参与公共文化服务已从国家战略构想进入战略实施阶段。《中共中央关于制定国民经济和社会发展第十三个五年规划的建议》也强调要“创新公共服务提供方式，能由政府购买服务提供的，政府不再直接承办；能由政府和社会资本合作提供的，广泛吸引社会资本参与”。但无论是国家还是地方层面都尚未为社会力量的进入和实质性参与创造公开公平公正的环境，导致企业、社会组织和个人的参与活力及动力均未能充分激发。

### （二）民间社会蓄积了大量文化资助潜能

公共文化服务的主体是政府，但这并不意味着公共文化产品只能由政府提供。相反，单一的财政投入渠道却有可能造成公共文化产品供给效率低下、服务方式不佳等局面。通过有效的制度设计引导社会力量以多种方式投入公共文化事业可以激发出民间蕴藏的文化建设活力，发挥政府财政投入的放大效应。随着改革开放不断深入和经济社会发展方式转型升级，中国民间社会已经蓄积大量推动文化事业繁荣的财富，但由于信息不对称等原因，一方面好的文化项目找不到婆家，另一方面资金找不到去处，有意孵化文化项目但缺乏渠道指引，而众筹平台则很好地解决了这一问题，让个人、小团队参与众筹更容易、更便捷、更有效，能更好地促进文化事业的繁荣发展，推动文化创新。

### （三）众筹平台集聚文化资助力量

众筹平台使小额资助成为可能。历史上的文化资助人往往由皇室、贵族、精英或者富豪担任，近代以来不少国家政府成为最大的文化资助人，平民百姓往往与之无缘。但互联网时代在开启一个文化民主时代的同时，也开启了一个文化资助的民主时代。众筹平台上“人人都是捐赠者”，每一个独立个体无论尊卑贫富都可以根据自己的喜好和能力捐赠，在获得精神愉悦和满足的同时也为文化事业贡献了自己的一分力量。尽管这“一己之力”可能微弱，但积沙成塔的效应不容忽视。

## 二　中国公共文化众筹制度设计

目前我国公共文化服务体系建设面临公共文化服务发展不均衡、基础设施建设仍存在空白点、财政对文化的投入不足、公共文化服务效能不高等问题，归根结底则是经济社会发展条件限制影响了文化事业的发展，导致欠发达地区的公共文化服务无法满足基层群众的文化需求。而公共文化众筹运作机制尤其适用于人均地方一般预算收入较低、财力不充裕，财政投入水平不高的欠发达地区，越是公共财政无法过多辐射到公共文化领域的地方，越具有吸引社会资本参与公共文化建设的巨大空间。从我国公共文化众筹的现状及国外公共文化众筹的有关经验出发，结合我国公共文化服务体系建设的有关要求，公共文化众筹运作制度设计宜从以下几个方面入手。

### （一）运作原则

#### 1. 公共性

提供公共文化服务是政府的一项基本义务，其服务人群具有开放性，无论性别、年龄、收入水平，所处地域抑或健康与否，都应享受到均等的文化服务。传统意义上，公共文化服务的提供者是以政府为主体的文化部门，即文化行政管理单位、公益性文化事业单位、非政府组织和经营性文化单位等。随着我国公共文化服务体系建设的日渐完善，政府公共文化服务能力的大幅提升，人民群众的文化需求也日益多样化，由此公共文化服务的“公共性”范畴也不断扩大，一方面体现在服务人群、服务空间的“公共”，另一方面也体现在服务提供主体、服务体系的“公共”。此处所述服务提供主体的公共性是更为广泛的概念，意即公共领域的个体、群体皆可参与到公共文化发展的建设大业之中。它不再是文化部门一家的工作，而是可以广泛吸纳社会公众力量共同参与的事业。从服务体系的角度而言，在资金投入来源、组织协调机制、人才队伍建设等各个方面，扩大公共文化服务的外延，鼓励社会闲散资本参与公共文化建设，引进先进的技术和管理方式到公共文化领域，创新公共文化组织协调机制，吸收来自各个领域的社会力量参与公共文化服务。

众筹的产生依赖于互联网这个开放的平台，开放性使得公共文化众筹的公共性尤为明显。互联网的普及与覆盖打破原有的空间阻隔，更有利于公共性的实现。公共文化众筹的平台建立是面向大众而非部分人群的，对于参与众筹的项目也限定在公共文化范畴，众筹的低门槛决定了发起人的多样性，同时也决定了出资人的大众化，公共文化众筹同样具有共享性，每个人、群体或组织都可参与其中。

2. 区域性

公共文化的形态差异在很大程度上来源于区域历史文化差异的影响。如天津人多数爱听相声，而湖南人更喜欢花鼓戏。每个地方的人们都拥有各自共同区域的文化记忆，这种通过一系列公共性、集体性的精神文化活动而形成的文化记忆，使人们在思维方式、行为模式、道德规范、文化价值观念和审美取向等方面达成一致的文化认同，给人们提供一种文化归属感和社会责任感。众筹的非产业指向性特点使其更倾向于本土化和区域化，无论是在一座城市、一个地区或是一个国家，这种特征让大众投资人能够很好地参与到他

们的公共生活当中去，并且能够逐步改变人们长久以来形成的对借款、投资的传统观念。公共文化众筹通过发挥众智、集结众资，配合国家提供的基本公共文化服务，帮助人们找到文化认同，从而满足不同地区人群的精神文化需求。

国内兴起的众多众筹平台中，有开通区域性众筹的综合平台，如众筹网设有苏州站、河南站、湖北站等；也有专门针对某个地域成立的众筹网站，如阆中追梦网。从本质上来看，这两类平台都致力于众筹细分领域的服务，将发起人与出资人聚焦于某个特定地域，由此更易获得本地区人群的关注，引发对于某种特定文化记忆的共鸣，利用熟人网络与关系，得到更多的信任与支持，从而加大众筹项目的成功概率。

3. 参与性

近年来，由于全球经济的低迷，许多国家的博物馆倾向于将众筹作为获取资金支持的一种重要补充手段。卢浮宫以及尼古拉・特斯拉博物馆等众筹案例的成功运作体现了公众对文化的热爱，说明文化遗产在他们心目中具有至高无上的地位。通过众筹平台，出资人不分男女老少，从商界大佬到普通民众，甚至有生活在社会底层的贫民，都可以为文化和艺术贡献出自己的微薄力量。

我国自古以来就不乏喜爱文化艺术的文人雅士，要说他们对于文化的参与和创造尚属小众领域，那么改革开放以来，国人的生活水平蒸蒸日上，解决温饱满足物质需求的同时，人们的精神文化需求逐渐成为主流，公共文化领域也日渐成为文化参与和文化创造的理想场所。最近，经济的宽裕、大众文化的发展使得以往的个体文化行为由自娱自乐化开始转为普通大众的具有社会教育功能的公共文化行为。人们不仅仅是文化的享有者，更成为文化的创造者与创新者，通过这二者角色的互通互换，社会大众既受到公共文化的惠泽，又能满足心理上的荣誉感与精神上的崇高感。

## （二）运作模式

与发达国家的众筹模式类似，我国现有的文化众筹主要集中在一些特定领域，如文化创意类众筹，以众筹模式搭建文化领域与资本、商业领域的专业知识互通平台。纵观我国公共文化众筹发展的历史与现状，其发展路径及未来发展方向可以概括为两个方面：一是以平台聚集项目，专业的众筹平台在这里发挥了至关重要的作用；二是以项目打造平台，项目发起人和平台的打造具有多样性和灵活性等特点。

1. 以平台聚集项目

借助互联网众筹平台将不同个体联系起来一同参与资助公共文化项目，有效地促进社会实现全面文化参与的发展目标，它成为组织方测试民意与市场的试金石。众筹平台使文化行政部门能以互联网技术为基础，便捷地利用后台搜集到的文化大数据、大流量优势，分析测算并满足群众文化需求。众筹平台将网络群体集结到一起，其群体性合作机制很好地契合了文化建设自下而上的规律。在西方发达国家，众筹机构和平台已经将触角伸向了由政府主导的公共服务。比如美国堪萨斯城的 Neighbor. ly 是一家专注致力于为社区公共项目实施众筹的初创公司，在 Neighbor. ly 的网站上已经分享不少成功案例，比如道路修复项目和公园长椅项目等。

2. 以项目打造平台

以项目为引领打造平台的公共文化众筹发展模式中，项目发起人可以是个人、企业、社会组织、博物馆等；打造出来的平台可以是实体的，也可以是虚拟的；可以是专业性的，也可以是综合性的；可以是短期的，也可以是长期的。微微书吧于 2014 年 12 月开业，由 50 个陌生的小伙伴每人出 1 万元成为股东最后成立的深圳首家众筹书店。微微书吧的成功运作离不开以下几方面的因素：一是发起人。微微书吧的发起人和主要负责人杜兴建是深圳阅读推广人，在阅读领域本身拥有巨大的号召力与带动作用，由此才会引发在众筹发起不到 72 小时 50 个众筹名额便一抢而空的现象，并引发了大众的热议。二是运营模式。50 位股东不参与书吧的实际运营，但来自各行各业的他们其实已经成为书吧的第一批种子会员，借由微信公众号以及各自朋友圈而对书吧进行线上线下的宣传和推广变得自然而然。书吧不设专职店员，每日由两名义工店员值班，书吧内大部分消费都由顾客自助完成。读者不仅可以到书吧看书、借书、购书、聚会等，还可以通过书吧建立的微微书香网享受O2O的服务，甚至读者还可享有捐书、收书、评书、出书，以及创意礼品制作、文化精品打造、会员分享交流等一系列的延伸服务。微微书香网打破了地域的局限，相当于一个虚拟的网络聚集地。而线下的实体书店也不仅仅是书店，其发起人更着力于将书吧打造为一个开放、共享、自由、交流的公共空间和使用平台。①

3. 融资融智一体化

文化众筹的融资模式对个体捐赠行为发展的促进和带动作用十分明显。艺术捐赠人往往不仅是艺术项目的参与者，同时也是艺术产品的消费者。相比于融资功能，众筹在公共文化领域的融智功能更为重要。众筹项目在获得资本青睐的同时，吸引了感兴趣人士的参与和智力投入，即所谓“有钱出钱也出吆喝，没钱更要好好出吆喝”。所谓“出吆喝”正是集聚民智、发挥群众智慧的一种体现，在这里消费者既是生产者，也是投资者，更是创造者。公共文化众筹能激发并满足大众个性化的文化消费和精神需求，构建消费者、生产者、投资者和融资者的共赢生态圈。四川阆中市推进的“众筹图书馆”项目，由“中国好人”靳建中担任发起人，他号召大家把众筹信息分享到朋友圈，网友、当地居民、游客等不仅加入众筹书屋的书籍捐赠行动中来，还纷纷为图书馆的整体和全面建设拾柴添火。知名作家阿来，也成为众筹书屋的力推者，他向书屋捐赠了相当一部分的书籍，并亲自到阆中参与读书活动，与游客互动。这个筹书筹资筹人的众筹项目以互联网为媒介拉近了图书所有者、游客与当地居民之间的距离，通过公共文化服务模式创新，古城的书香、人文氛围成功营造，推动了古城文化旅游的进一步发展，实现了公共文化设施网络与文化旅游市场的联动效应。②

① 微微书吧：《深圳首家众筹独立书店》，http：//b2b. toocle. com/detail - -6223938. html，访问日期为2015年11月2日。

② 众筹书屋：《公共文化服务“接入”互联网》，http：//ncwb. cnncw. cn/shtml/ncwb/20150722/13508. shtml，访问日期为2015年10月14日。

## （三）实施方案

### 1. 搭建平台

纵观公共文化众筹的发展历程，主要依托于以下两类众筹平台：一类是综合性众筹平台，如前所述的博物馆所开展的众筹项目，多是在美国最大最知名的众筹综合平台 KickStarter 上进行的，综合性众筹平台的优势显而易见，平台自身的建设与发展已日渐成熟，且在行业内与国际上都具有很大的影响力，因此上线的众筹项目关注度与曝光度都有一定的保证，但正因为综合平台的综合性也导致其无法专注于某一个垂直领域，从而提供更为周到与有效的众筹服务。另一类是垂直众筹平台，其中又分为两种，一是由企业或社会组织建立起来的文化类众筹垂直平台，如昆明的“文化粑粑”众筹平台，专注于云南民族文化发展，其首期公开的众筹项目有云南庭院话剧、音乐节、云南历代名人书画展等公共文化项目；二是由政府主导建立的公共服务众筹平台，着眼于公共服务包括基础设施建设、公共文化服务提供等公共领域，如美国的 CitizInvestor 就是专注于社区建设的众筹网站，其建立的初衷就是为公共服务项目搭建专门的集资平台。随着众筹领域竞争的加剧以及众筹行业的内生发展，平台垂直化发展是未来的趋势。

综上所述，笔者认为公共文化众筹平台的建立宜从两个层面出发：一方面是选取一个试点省市（宜为公共文化服务欠发达地区），由政府、行业协会组织、非政府的企业主体与个人共同发起成立第三方的公益组织机构，然后由该公益组织机构来建立一个垂直的公共文化众筹平台。经过简单的审核，在平台上注册的企业、社会组织和个人都可以通过平台发起众筹项目，甚至地方文化部门可以委托第三方的非营利性社会组织为其计划提供的公共文化服务项目发起众筹，以测验民众对该类公共文化服务的需求与民意。平台的独立运营由公益组织机构负责，包括网站的搭建、众筹项目的筛选、项目众筹过程的相关服务、成功项目的实施等。政府文化部门承担该公益组织机构的监管职责，主要包括前期项目的筛选和后期项目实施的监督。另一方面是利用已有的成熟的众筹平台，如众筹网、京东众筹等，引导更多民间社

会力量通过众筹这个平台参与到公共文化建设，政府文化部门可采取社会化购买等方式对在这些平台上获得众筹成功的公共文化项目（尤其是那些分期进行、内容优质并且深受群众喜爱、具有很好社会效益的众筹项目）进行购买，进一步创新政府购买方式，推动社会资本与政府财政资金投入的良性互补。

2. 形成监管机制

通过互联网平台汇集资金便捷、快速，但监管困难成为痛点。无论是以公共文化众筹平台聚集优质公共文化项目，还是以优质公共文化项目引领综合众筹平台的公共文化服务模块的发展，都必须建立一套相应的、有效的众筹监管机制。公共文化众筹平台一旦建成进行文化项目众筹，就会进行资本往来，此时证监会与省市的文化执法部门共同承担监管职责，文化部门的监管是基于文化项目公共性的监督，以公益组织机构事先与文化部门商定的监管协议明文规定为依据。虽然由于公共文化众筹平台具有公益性，它不会开展股权或是债券众筹，但证监会依旧对平台的资本往来具有法律监管效力。由综合众筹平台购买的社会化公共文化服务项目在最初的项目发起与众筹阶段包括实施阶段都由众筹平台来进行监督，而那些可以进行长期供给、需要大量资金投入并符合群众需求的众筹项目在被政府文化部门购买后也就开始了后众筹时期的征程。在这个时段，政府文化部门、文化市场及群众等都对其拥有监督的职责，项目的评估内容和标准可参照政府文化部门直接社会化购买的其他项目。

3. 提高平台公信力

现有的文化众筹网站存在运营模式不完善、盈利模式不明晰、平台影响力不够等问题。比如专门针对文化创意领域众筹的文创汇，其原创优质文创项目数量无法满足网站所需从而限制了众筹网站的进一步传播和发展。无论在国内还是国外，众筹行业内影响力比较大的都是那些具有很高公信力的平台。国内最大的众筹平台众筹网成立较早，经过一两年时间的摸索，将原来综合类的栏目集中至现有的 7 个，并设置了几个城市的区域性众筹栏目，有利于集中精力办大事，将有限资源应用到优势的项目上去，随着一众成功众筹项目带来的关注与曝光，众筹网在行业内的地位得以确立。KickStarter 是美国最具代表性的众筹平台，它的成功一方面有赖于美国民众之间良好的信用基础与社会诚信体系，平台上发布的众筹项目数量很多，但依托平台所建立的众筹网络社区使得发起人和投资人能够进行有效的交流与沟通，许多出资人既出资支持别人发起的项目，同时也可能自己发起一个项目来获得别人的支持。在这样的角色互换中，加上众筹平台的服务保障，发布的信息以及融资的过程都能保持透明。

要提高文化众筹平台的公信力，首先须确保平台的定位准确，将众筹引进公共文化这个细分领域是公共文化体系建设的创新性尝试，同时也是众筹融资在中国发展的新模式和新领域。公共文化众筹平台的公益性质决定其定位于为政府公共文化投入的补充，平台本身不应以营利为目的，因此在公共文化众筹平台上众筹的项目都是免费发布，平台不收取服务费用。从 KickStarter 的运作经验来看，平台的社区建设尤为必要，通过将发起人与出资人集结到平台上，不仅能够收获大量关注公共文化服务的用户，有效的互动交流，加上项目的定期定额设置，快速的更新保持了项目的流动与新鲜度，网站流量与用户数量也能得到保证。真正支持一个众筹平台运作下去的是源源不断的创意创新性项目，因此确保优秀的项目数量更为重要，平台成立初期，就必须引进若干有影响力且具可持续性的众筹项目，可以是一些已经众筹成功的公共文化分期项目，也可以发挥名人效应来发起众筹项目，总之从平台建立伊始，就应建设平台自有的公信力，形成细分领域的行业标准，同时也要提高公共文化众筹平台在传统纸媒、电视台和新媒体微信朋友圈、社交网络的曝光率，加大平台与公共文化项目的宣传力度，吸引大众关注并参与公共文化众筹。

4. 建立回馈机制和余款处理机制

成功众筹的公共文化项目本身就是面对广大群众开放的，当然也有一些是私人服务，要收取一定费用，如果出资与不出资，最终所获得的公共文化服务没有差异，那就会大大影响群众参与支持众筹项目的积极性。因此，建立一定的回馈机制很有必要，既不影响公民享受公共文化服务的公平，又能够吸引个人或群体出资支持项目众筹。公共文化众筹平台筹集到的资本，将全部投入公共文化项目的建设或公共文化服务的提供，对于众筹出资人而言，其常规的回馈方式有实物、非实物，尤其是各种富有创意的体验都能够成为奖励，其中部分由于数量有限，更显独特，其出资额也更高。从西方的基金会运作模式与创新公共文化服务机制的角度而言，为众筹出资人中的企业、个人提供税收上的减免，亦可尝试作为一种回馈方式。

众筹项目采取定期定额的方式来确保众筹平台的有效使用和众筹项目的大众化筹资，虽然众筹名额和资金数目都有限定，但一些优质的公共文化众筹项目可能会引起公众的广泛关注和支持，当公众的投资热情、兴趣爱好、价值认同得到激发时，势必会出现在一个优质众筹项目上积累大量超额资金的情况，除去项目所需筹集的资金外，还会有大量余款存在，针对这些余款应制定相应的处理机制，可根据投资人或支持者的意愿追加进成功众筹项目的后续发展，亦可以透明公开的方式成立一个公共文化服务众筹发展基金，用以帮助和支持那些针对弱势群体、特殊人群的公共文化服务项目，促进公共文化服务的均等化。

5. 建立风险规避机制

相较于传统的融资方式，大量的小额融资使得众筹模式能够有效分散风险。原本由少数几人承担的风险，分散到数十人甚至上百人身上，每个人所要承担的风险就小得多。除去平台本身面临的风险，由众筹项目带来的风险更需规避。首先，众筹平台本着对出资人负责的态度，必须从对项目发起人的资质审查、项目的可行性审核及众筹过程的监督，到众筹资金的发放与使用以及项目回报实物的最终发放等情况进行严格的管理与监督，最大限度减少众筹的风险，促进公共文化众筹模式的良性发展。其次，大规模的文化众筹可能带来文化垄断，大众趣味决定资金去向和项目走向，有可能导致流行文化泛滥而高雅文化缺失。项目发起人有可能在利益驱动下被所谓“民意”牵着鼻子走，而放弃了文化引领、推动社会进步的责任。在项目的筛查与审核阶段就应该注意规避以上问题，平台建立前期，为了增加用户数量，可适当引进符合大众趣味的项目以吸引广泛的群众关注，一旦平台的运营进入稳定期，社会效益与保障公民的基本文化权益就应作为首要考量因素，大众文化与高雅文化搭配，尽最大可能做到兼顾二者长处以促进文化稳健发展。最后，政府文化部门以及证监会等监管部门以及社会监督组织，要坚守好自己的领地，做好监督保障工作，防止出现虚假众筹项目或是不兑现回报承诺等情况。

我国经济发展已经进入新常态，经济增长结构调整、经济增长方式转变将是未来很长一段时间的运行特征，个性化和多样化的消费将成为主流，因此文化行政部门不仅要做好公共文化服务体系的建设，同时要运用多种方式促进社会力量参与公共文化服务。互联网为公共文化服务提供新的思路，也提供了多样化的参与主体和平台。众筹与公共文化服务的融合本质是利用数字化、网络化等现代科技拉近公共文化服务供给与民众的距离，使现代公共文化服务从内容到形式都获得全面的转型升级，致力于将最新的、最有吸引力的、最优质的内容送到民众中去，加强公共文化服务主体与客体的互动和体验，从而真正提高民众的文化水平，提升国民文化素质，刺激文化消费需求的增长，最终助力我国经济平稳健康发展。

# B.18 版权贸易促进文化产业发展的机理和对策研究

## ——以动漫产业为例*

陈能军**

摘　要：　本文在分析中国版权贸易发展现状的基础上，以动漫产业为例，探讨了版权贸易促进文化产业发展的运营机理。并以“熊出没”动漫系列产品为切入点，对版权贸易促进文化产业发展进行了数据分析。最后提出促进文化产业发展的建议：进一步加大对知识产权的保护力度和版权运营的宣传力度，为文化产业优化发展提供必要的基础保障；进一步加大对专业人才的培养和引进力度，为发展版权贸易提供必要的智力支持；进一步打造版权资本“中国品牌”，创新各类金融资本支持文化产业发展。

关键词：　版权贸易　文化产业　动漫产业　“熊出没”

党的十八大报告指出，“要将文化产业培育成为国民经济支柱性产业，扎实推进社会主义文化强国建设”。① 在推动文化产业发展中，版权价值作

---

* 项目来源：国家社科基金重大项目“文化科技融合创新的内在机理与战略路径研究”（项目编号：11&ZD023）、广东省哲学社会科学“十二五”规划 2015 年度学科共建项目“文化科技融合研究：版权交易与金融支持的双重视角”（项目编号：GD15XYJ30）研究成果。

** 陈能军，深圳大学文化产业研究院理论经济学在站博士后、经济学博士，研究领域为文化创意经济学。

① 胡锦涛：《坚定不移沿着中国特色社会主义道路前进，为全面建成小康社会而奋斗——在中国共产党第十八次全国代表大会上的报告》，人民出版社，2012，第 24 ~ 27 页。

为文化产业实现商业价值的核心，在促进文化产业发展和推动国民经济增长过程中起到了重要的作用。[①] 通过版权交易产生的版权贸易及其衍生价值在文化产业中愈发重要。近年来，动漫产业作为中国文化产业重要的组成部分，得到了快速的发展。但相比日本和美国，中国动漫产业及其推动文化产业发展的作用仍然没有得到应有的体现。中国动漫产业如何实现商业价值转换？如何更好地引领文化产业发展？基于这些问题，本文从中国版权贸易发展现状入手，以“熊出没”系列作品为例，来展开版权贸易促进文化产业发展的相关研究，对动漫产业乃至版权产业的发展具有重要的理论和现实指导意义。

## 一　近年来中国版权贸易发展现状分析

### （一）版权输出总体呈现出增长的趋势，产品形态日益多样

#### 1. 版权输出持续增长

近年来，中国版权输出总体呈现出增长的趋势：2009 年中国共输出出版物版权 4205 种；2010 年为 5691 种；2011 年达到 7783 种，增幅最大；2012 年为 9365 种；2013 年首次过万，达到 10401 种；2014 年则略有下降，为 10293 种，年均增长率达 19.61%。其中，占比最大的图书版权输出增长势头也比较强劲：2009 年为 3103 种；2010 年为 3880 种；2011 年达到 5922 种，为这五年间增幅最大；2012 年上升到 7568 种；2013 年为 7305 种，略有下滑；到 2014 年则增加到了 8088 种，年均增长率高达 21.12%，高于这几年中国版权输出的平均增长率（见表 1）。

① 中国新闻出版研究院研究表明，自 2006 年至 2014 年的九年间，中国版权产业取得较快发展，对国民经济的贡献持续增长，行业增加值已从 2006 年的 13489.33 亿元增长至 2014 年的 46287.81 亿元，平均年增速 17%，对 GDP 贡献的比重从 6.39% 增长到 7.28%。

**表1　2009～2014年中国版权输出情况**

单位：种，%

| 年份 | 图书 | 录音制品 | 录像制品 | 电子出版物 | 电视节目 | 其他 | 合计 | 增长率 | 年均增长率 |
|---|---|---|---|---|---|---|---|---|---|
| 2009 | 3103 | 77 | — | 34 | 988 | 3 | 4205 | — | — |
| 2010 | 3880 | 36 | 8 | 187 | 1561 | 19 | 5691 | 35.34 | — |
| 2011 | 5922 | 130 | 20 | 125 | 1559 | 27 | 7783 | 36.76 | — |
| 2012 | 7568 | 97 | 51 | 115 | 1531 | 3 | 9365 | 20.33 | — |
| 2013 | 7305 | 300 | 193 | 646 | 1937 | 20 | 10401 | 11.06 | — |
| 2014 | 8088 | 139 | 73 | 433 | 1555 | 5 | 10293 | -1.04 | 19.61 |

资料来源：根据中华人民共和国国家版权局相关数据整理计算而得。

2. 产品形态种类日益多样化

尽管目前中国版权输出结构仍然不太平衡，主要表现为图书版权贸易占据了相当大的比重，高达79%（见图1），但是在产品形态方面，中国版权输出逐渐从过去相对单一的传统业态，比如图书、报纸、期刊、音像电子等领域拓展到数字版权、电子出版、软件、电视节目、游戏等多种形态，2014年中国版权输出中，排在前四位的分别是：图书（8088种）、电视节目（1555种）、电子出版物（433种）和录音制品（139种），明显呈现出立体化、多元化和多业态的发展趋势。

### （二）版权输入总体增长，但幅度缩窄，中国香港和台湾地区图书版权输入出现负增长

1. 版权输入总体来说呈现出增长的趋势，但增长幅度逐步降低

2009年全国共输入出版物版权13793种；2010年上升到16602种，创近五年内最大增幅；2011年为16639种，增长相对较少；2012年为17589种；2013年增长到18167种；2014年则有所下滑，为16695种，年均增长率3.89%。其中占比最大的图书版权输入年均增长3.77%，增长速度低于整体水平；录像制品版权输入虽然数量上不是很多，但是年均增长速度达到29.46%（见表2）。

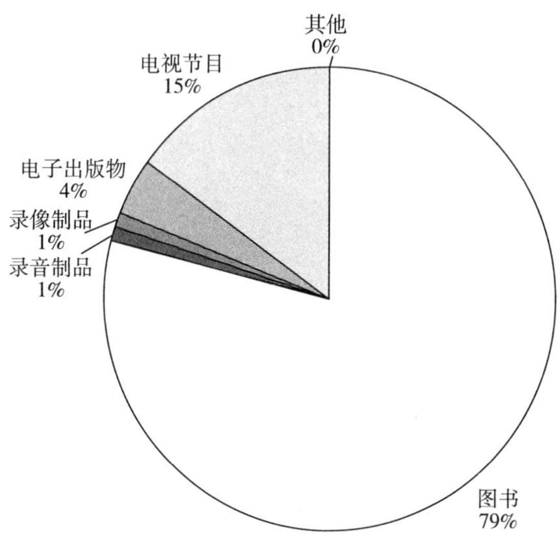


**图 1　中国 2014 年版权出口各类别所占比重**

资料来源：根据中华人民共和国国家版权局相关数据整理计算而得。

**表 2　2009～2014 年中国版权输入情况**

单位：种，%

| 年份 | 图书 | 录音制品 | 录像制品 | 电子出版物 | 电视节目 | 软件 | 其他 | 合计 | 增长率 |
|---|---|---|---|---|---|---|---|---|---|
| 2009 | 12914 | 262 | 124 | 86 | 155 | 249 | 3 | 13793 | — |
| 2010 | 13724 | 439 | 356 | 49 | 1446 | 304 | 284 | 16602 | 20.37 |
| 2011 | 14708 | 278 | 421 | 185 | 734 | 273 | 40 | 16639 | 0.22 |
| 2012 | 16115 | 475 | 503 | 100 | 190 | 189 | 17 | 17589 | 5.71 |
| 2013 | 16625 | 378 | 538 | 72 | 381 | 169 | 4 | 18167 | 3.29 |
| 2014 | 15542 | 208 | 451 | 120 | 316 | 46 | 12 | 16695 | -8.10 |

资料来源：根据中华人民共和国国家版权局相关数据整理计算而得。

### 2. 中国香港和台湾地区图书版权输入出现负增长

以 2009 年和 2014 年两年图书版权输入增长率作比较，按增长顺序进行排列依次为：法国 82.1%，英国 43.7%，日本 37.7%，德国 16.5%，美国

6.8%，而中国香港和台湾地区对内地的图书版权输入则出现了负增长的现象，分别为-54.5%和-18.9%（见图2）。

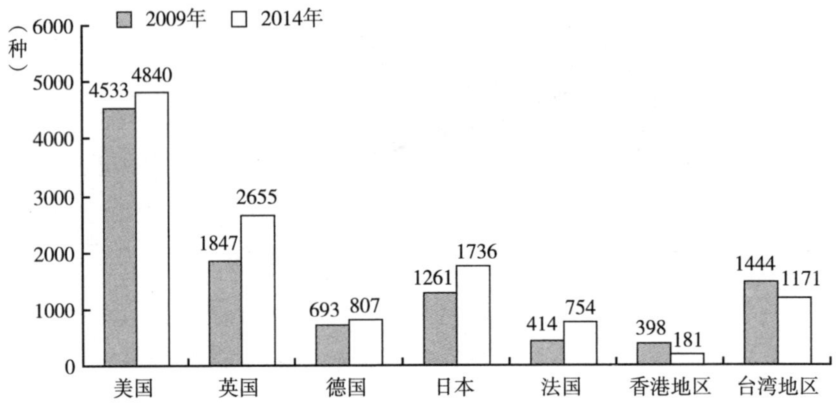


**图2　2009和2014年几大主要图书版权输入国家/地区数据比较**

资料来源：根据中华人民共和国国家版权局相关数据整理计算而得。

## （三）“走出去”取得了较好的效益，全国版权贸易逆差比例进一步缩小

### 1. “走出去”取得了较好的效益

2014年共输出版权10171项，比2013年增加95项。全国累计出口音像制品、电子出版物与数字出版物共9.58万盒（张），金额为2214.41万美元，与2013年相比，数量虽然下降了20.99%，但是金额下降比例远低于数量下降比例，为5.65%。其中，出版物进出口经营单位累计出口2.07万盒（张），金额为156.46万美元，与2013年相比，数量虽然下降39.38%，但是金额却增长了27.80%。相比而言，尽管版权出口数量下降，但是出口金额还是在提高。可以说，“走出去”取得了较好的效益。

### 2. 全国版权贸易逆差比例进一步缩小

从2010~2014年中国版权输出与引进的增长率对比来看，虽然两个增

长率都呈现出总体下降的趋势，但是这几年中国版权输出的增长率都要高于版权引进的增长率，尤其是2011年，增长差距明显（见图3）。

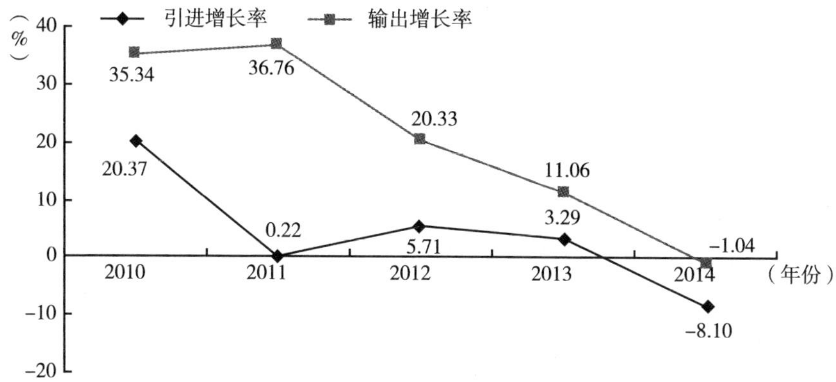


**图3 2010～2014年中国版权出口与引进增长率对比**

资料来源：根据中华人民共和国国家版权局相关数据整理计算而得。

再将历年版权贸易输入品种进行对比，我们可以发现，经过这些年的发展，中国版权贸易虽然目前仍处于逆差状态，但是版权引进与输出比从2002年的15∶1下降到了2014年的1.66∶1，版权贸易逆差缩小幅度很大。特别值得一提的是，2011年对台湾地区版权输出达到1656种，输入则为1497种，首次实现了对台湾地区的版权输出顺差。

## （四）版权贸易国家（地区）依存度过高

近年来，中国版权贸易国际市场逐渐扩大，2001年才80多个国家（地区），到了2014年则覆盖到了全球200多个国家（地区），美国、英国等欧美发达国家（地区）是中国大陆地区的主要版权输入地，以2014年的数据为例，2014年中国共输入版权16695种，其中英、美两个国家的版权输入几乎占据了中国版权输入总数的半壁江山，排名前五位的国家分别是：美国、英国、日本、韩国、德国，具体数据如图4所示。

版权输出国家（地区）除了美国、英国以外，则以日本、韩国及中国

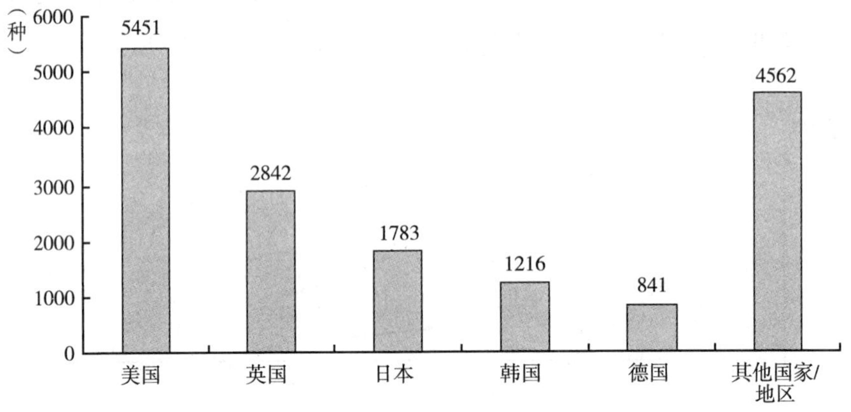


**图4　2014年中国版权输入情况**

资料来源：根据中华人民共和国国家版权局相关数据整理计算而得。

香港和台湾地区为主，2014年中国输出版权10293种，排在前三位的国家和地区分别是：中国台湾地区2412种，韩国642种，中国香港地区437种，三个国家（地区）占了中国版权输出总数的1/3。一般而言，如果对外贸易越集中分布于某几个国家（地区），说明其贸易依存度就越高，目前中国的版权输出状况对版权贸易的发展不太有利。

### （五）从事版权贸易的专业人才缺乏

如前所述，版权产业在国民经济发展中愈发重要，整体规模不断扩大，据不完全统计，目前中国拥有出版社（包括电子音像出版社）近千家，各级报社、杂志社数万家，各类网站更是数量庞大，就其数量和规模而言已经可以承载版权人才的就业需求，但拥有版权国际视野、运营专业知识、精通外语又具备版权法律知识，还具备国内外市场敏锐性的专业人才较为紧缺。值得一提的是，随着版权经济的蓬勃发展和新兴文化业态的融合发展，实践的发展总是早于理论的总结，因此高校培养此类人才的供给满足不了行业发展的需求，熟悉影视版权经营、动漫产业版权授权等新兴版权贸易知识技能的专业人才更显匮缺。

# 二　版权贸易促进文化产业发展的机理分析：以动漫产业为例

## （一）版权贸易促进文化产业发展的机理分析：以动漫产业为例

动漫版权价值体现在可以为版权拥有者带来持续的货币价值，即能为动漫制作企业带来现金收益。动漫作品能否在激烈的市场上实现价值，如何让大众发现、接受、熟悉并追捧就成为其关键因素。也就是说，动漫版权影响因素中的市场因素最为重要。

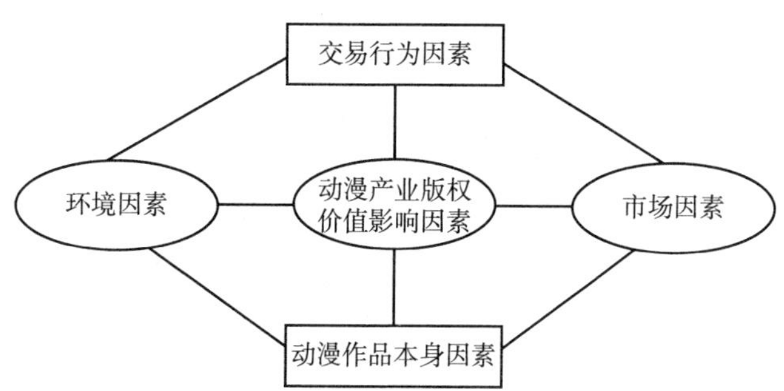


**图 5　动漫产业版权价值影响因素钻石模型**

如图 5 所示，动漫产业版权价值影响因素主要由动漫作品本身、交易行为、环境及市场这四部分构成。具体说来，动漫作品本身因素包括题材类型、版权登记情况、制作水平、知名度与关注度等；交易行为因素包括交易的权利约束、版权使用的地域范围和时间限制以及支付方式等；环境因素包括宏观经济环境、行业发展前景以及法律环境等；市场因素包括发行推广以及营销模式。上述因素构成一个钻石模型，因素之间丝丝相连，环环相扣，共同构成了动漫产业版权价值实现的必要基础。

市场因素中的发行推广环节决定了大众与动漫作品的互动效果。通俗地说，就是影响动漫作品在市场上的普及度。笔者认为，动漫版权价值是动漫产业实现自身价值及促进文化产业发展的基础所在。围绕这一基础，需要从前后两端来进行有效衔接，即前端是围绕优秀的动漫电视、电影作品展开，其中需要原创剧本的构思，人物形象的设计以及精致的制作技术来保证。后端则是在确保版权因素影响得到市场化发挥的基础上，动漫产业的版权衍生形式的商业价值才能较好地实现，也就是说，涉及玩具、文具、服装、鞋袜、食品、图书、音像、在线视频、游戏、旅游及餐饮等相关文化产业市场的形成和发展。只有二者进行有效地互动衔接，紧密围绕版权价值才能真正地让动漫产业链的价值得以完整地实现。

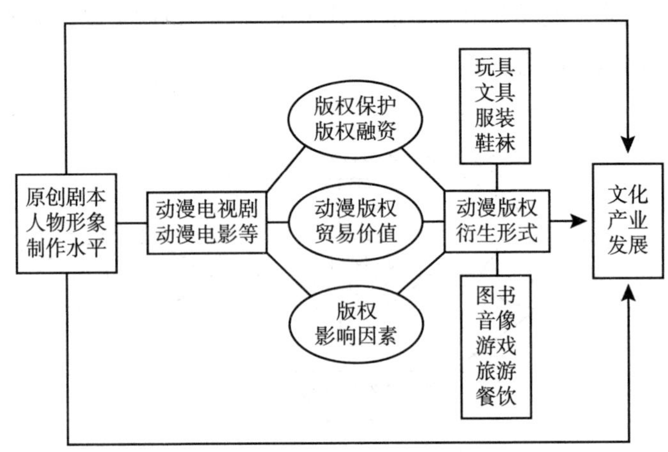


**图6　动漫版权贸易促进文化产业发展机理示意**

图6展示了动漫产业通过版权价值促进文化产业发展的相关机理。总体而言，两端的有效衔接是基础，动漫作品的有效推进是核心，版权保护下的金融运营是关键。只有将上述三者巧妙地结合，才能有效地推动文化产业的快速发展，同时，各类衍生的文化产业反馈的市场需求信息又能较好地提供给动漫企业，促使动漫企业从剧本创作环节就能按照市场有效需求来考虑项目的整体运营，从而形成动漫版权贸易运营链条的良性循环。

### （二）版权贸易促进动漫产业发展的量化描述：以“熊出没”为例

“熊出没”是深圳华强集团运营的优秀动漫电视和电影系列作品。

自2012年2月在央视少儿频道播出以来，以其滑稽轻松的故事、性格鲜明的人物形象、诙谐的语言风格以及精良的制作质量，使得该动漫节目以3.85%的超高收视率刷新了央视少儿频道开播以来的最高收视纪录，2014年初，《熊出没之夺宝奇兵》以2.48亿票房刷新了当时的国产动画电影纪录。据笔者统计，截至2015年12月31日，“熊出没”系列作品（300多集的动画电视和连续4部动画电影推出）在国内200多个电视台播出，在乐视、土豆、优酷等网络在线播放次数已经超过800亿次，一直排在动漫作品在线视频播放次数第一位。在国际市场竞争中，“熊出没”系列作品也取得了优秀的版权贸易成绩。至今已出口至俄罗斯、印度、美国、意大利、新加坡等全球50多个国家和地区，超过10万分钟的版权量，包括进入全球知名的迪士尼儿童频道进行播出。版权贸易产生的衍生授权涉及玩具、文具、生活家居用品、食品饮料、服装鞋帽、图书、收藏品等50多个行业以及2000多种产品，带动的文化产业年销售额超过20亿元。至于后面数年的版权贸易衍生价值，更是不容小觑。

一方面，“熊出没”系列动漫产品给海内外观众提供了优秀的精神食粮；另一方面，“熊出没”系列动漫产品制作公司——华强文化集团从中也获得了丰厚的市场回报。根据华强文化招股书的资料显示，2011年至2014年上半年，华强文化主营业务收入分别为14.3亿元、19.0亿元、21.8亿元和11.3亿元，同期利润分别为5.0亿元、5.8亿元、7.5亿元及3.9亿元。随着该动漫作品的深入人心，其他版权贸易衍生的收入逐年增加，而主题公园收入占主营业务收入从94%下降到69%，可以看出，在整体利润逐年增加的情况下，出现这样的数据现象，主要是由于版权衍生产生的利润增长快于公司其他业务的利润增长造成的，可以说，真正地做到了版权贸易发力于华强文化集团的持续发展，另外也为周边文化产业的发展提供了巨大的市场机会。

总之，通过借助华强“熊出没”动漫的版权贸易运营的案例，更好地解释了版权贸易促进动漫产业发展的机理。

## 三　促进文化产业发展的建议：基于版权贸易的视角

### （一）进一步加大对知识产权的保护力度和版权运营的宣传力度，为文化产业优化发展提供必要的基础保障

如前文所述，文化产业的优化发展，核心在于以优秀的原创内容作为基础。国家有关部门要进一步加大对动漫产业版权的保护力度，这样不仅表明了主管部门的重视和决心，而且有利于激发动漫企业进行原创作品研发的积极性。具体来说，一方面，加强对知识产权的保护力度和版权运营的宣传力度。比如，政府相关部门可以将常规化的版权知识宣传和不定期的版权讲座和培训结合起来，将强制性学习和自愿性选修结合起来，普及社会大众版权意识。另一方面，加大执法力度，维护好原创动漫文化企业的合法利益。要解决“劣币驱逐良币”的市场恶性循环，主管部门一定要加大对于侵犯动漫版权事件的执法和查处力度，要进一步净化文化产业市场，实现文化产业的优化发展。

### （二）进一步加大对专业人才的培养和引进力度，为动漫版权贸易发展提供充足的智力支持

一方面，加强人才培养，教育部艺术类教学专业指导委员会可以制定出有关指导意见，相关高校要进一步改革教学计划和创新培养内容，加大实践教学力度，培养既有专业基础又有创新意识的高级专门人才。企业也可以针对自身要求，围绕动漫版权运营专业知识，邀请行业领域专家对员工进行技能上的培训和管理知识上的培训。另一方面，要建立吸引海内外高端优秀技术人才，制定管理人才的政策体系和企业用人机制。比如新媒体运营的版权人才，海外版权衍生品的运营人才。要千方百计创造一切条件使得动漫版权运营人才能够“引得来、留得住、用得好”，从而为实现中国版权贸易顺差及降低版权贸易依存度提供充足的智力支持。

## （三）进一步打造版权资本“中国品牌”，创新各类金融资本支持文化产业发展

以汕头市为例，目前汕头市上市企业中有奥飞动漫、星辉车模、骅威股份、群兴玩具4家涉足动漫业务的上市公司，它们已经在国内文化资本界呈现颇具美誉的“汕头”版权资本品牌。就全国而言，行业主管部门及地方政府要优先将符合上市条件的动漫企业列入重点上市后备企业名单加以培育、辅导和推介，推动更多优质动漫企业上市融资。鼓励已上市文化企业通过公开增发、定向增发等再融资方式进行动漫业务的并购和重组。另外，可以综合运用风投模式、政府产业引导基金、项目池模式、品牌推广型模式、信托债权基金、集合票据、私募股权融资乃至众筹模式等多种金融创新工具，为不同发展阶段的动漫企业提供支持和选择，进而打造出动漫产业版权资本的“中国品牌”。

## 参考文献


Chen Y. , Puttitanun T. , Intellectual Property Rights and Innovation in Developing Countries, *Journal of Development Economics*, 2005, 78 (2): 474 -493.

Throsby, David, *Economics and Culture*, Cambridge: Cambridge University Press, 2001: 3 -4.

Broude, Tomer, Taking "*Trade and Culture*" *Seriously*: *Geographical Indications and Cultural Protection in WTO Law*, *Journal of International Economics Law*, 2005, 26 (4): 623 -624.

黄卫平、陈能军、钟表：《版权贸易促进经济增长的实证研究：基于中国1998~2010的省际面板数据》，《河北经贸大学学报》（社会科学版）2014年第3期。

于平、李凤亮：《文化科技创新发展报告（2015）》，社会科学文献出版社，2015。

张扬、彭妙娟、华强：《深耕文化科技，打造产业帝国》，《百年文创力：文化创意产业案例集》，2012。

# B.19 行政主导型国家促进文化与科技融合的政策经验*

曾 超**

**摘　要：** 韩国、日本、新加坡等国政府在促进文化科技融合的进程中发挥了举足轻重的作用，属于典型的行政主导型模式。归纳起来，它们主要通过立法保障、制定战略、复合型人才培养三方面着手推进文化与科技融合。行政主导型国家在促进文化与科技融合进程中，立法是保障、战略是方向、人才是核心。稳健规范的法制环境是“面”、正确明晰的战略目标是“线”、具有创新思维的复合型人才是“点”。政府通过用宏观调控将“点”、“线”、“面”全面调动以加速文化与科技的融合。

**关键词：** 行政主导型国家　文化科技融合　政策经验　文化产业政策　文化资助

纵览世界各国促进文化科技融合的发展模式，不外乎以下三种：一是由行政主导、将政府的宏观调控能力尽可能扩大进而引导文化产业有序发展的模式，如韩国、日本、新加坡等；二是由市场和行业自发性主导且通过市场

* 项目来源：国家社会科学基金艺术学项目“中国文化资助现状分析及制度设计研究”（批准号：WYM10100）。

** 曾超，深圳大学文化产业研究院艺术学理论硕士研究生。

机制运行的模式，如美国、德国等；三是结合前两种发展模式——兼具市场机制驱动和国家宏观调控驱动的综合性发展模式，如英国、法国、澳大利亚等。韩国、日本、新加坡等国政府在促进文化科技融合的进程中发挥了举足轻重的作用，属于典型的行政主导型模式。归纳起来，它们主要通过立法保障、制定战略、复合型人才培养三方面着手推进文化与科技融合。

## 一　立法保障

行政主导型国家在立法保障上主要通过完善知识产权立法、拟定和颁布促进科技和文化发展相关的法律法规，以法律形式来界定和完善政府职能等方面来推进文化与科技融合。通过立法保障，使国家在助推文化科技融合的进程中有法可依，为文化与科技的发展提供规范的法制环境。下文将对韩国、日本、新加坡通过立法保障促进文化与科技融合发展的作用分别进行分析。

韩国政府在促进文化与科技融合的进程中，将知识产权的保护置于重要位置。韩国知识产权局在2009年和2010年的知识产权年度报告当中提出拟建知识产权尊重型和知识产权友好型社会，着力营造韩国社会形成尊重和维护知识产权的文化氛围。2009年3月，韩国特许厅[①]联合相关部门制定了《知识产权的战略与愿景》[②]；2009年7月，韩国国家竞争力强化委员会召开会议，会议审议通过了韩国政府13个部门与韩国国家竞争力强化委员会联合制定的《知识产权强国实现战略》。《知识产权强国实现战略》提出了11项战略措施，其中“完善知识产权司法制度”、“建立公正的知识产权交易秩序”、“推进《知识产权基本法》制定进程”、“建立知识产权纠纷援助机制”等都推动着韩国正式出台《知识产权基本法》。经前期铺垫，2011年4月29日，韩国国会全体会议正式通过《知识产权基本法》。按照《知识产

① 韩国特许厅的重点工作是保证专利审查的时效性和准确性、完善专利法等。

② 《韩国知识产权战略启示录》，国家知识产权战略网，http：//www. nipso. cn/onews. asp? id = 21013，2014年4月24日。

权基本法》的规定，韩国成立了国家知识产权委员会，承担国家知识产权基本计划的制定和推进。文化与科技融合产生的新业态需要对其产权进行保护，如数字化传播视听产业所带来的版权纠纷等。当文化与科技融合的新业态被置于一个有法可依、有章可循的法制环境中，新业态的行业市场将更规范，行业的发展也更为迅速。

韩国政府在促进文化与科技融合的立法保障中同时注重科技类法律的制定。1999 年，韩国政府根据《科学技术创新特别法》的相关规定建立了“国家科学技术委员会”[①]。与此同时，按照《科学技术创新特别法》的规定，韩国国家总统任委员会委员长，教育科技部部长任副委员长。2001 年，韩国政府颁布了《科学技术基本法》，该法为推进韩国科学技术的进步提供了立法保障，为每 5 年一期的“科学技术基本计划”、开展科技水平评估等提供了法律保障。此外，明确了国家科学技术委员会具有发放政府科研预算、拟定本国科技发展方向、规范和评估科研规划等职能。2013 年，朴槿惠当选为总统，于同年 3 月份根据修订后的《科学技术基本法》成立“国家科学技术审议会”[②]。

《知识产权基本法》和《科学技术基本法》在韩国的相继颁布和完善，一方面为文化与科技融合的新业态建构了规范的法制空间；另一方面，立法后相关机构的设定也为新业态的发展提供了政策规划和引领。

在日本，科学技术事关国家安全和国家发展，经历“二战”时广岛长崎轰炸事件后，日本深感科技是强国的必要砝码和基础保障。科技在当下也成为降低国际危害性的一种工具，通过科技提升本国的国际地位，作为一个科技为引领的超级大国往往也能把握其他国家发展的命脉。基于对科学技术的重视，日本政府继 1960 年首次提出减少技术差距与强化本国自主开发能

---

① 该会作为韩国最高级别的科技政策决策机构，主要负责审批国家科技发展规划等重要职责。

② 国家科学技术审议会的主要职能包括对科技预算、科研人才培养、科学技术基本规划、区域创新、各领域的科研计划、科技研发评估、国际科技交流与合作等相关科学技术政策进行最终决算。“国家科学技术审议会”设两位委员长，分别由国务总理和总统任命的一位民间联席委员长担任，委员的任期为两年。

力、1980 年提出“技术立国”方针后，1995 年在《科学技术基本法》中强调科学技术的基础研究对日本未来经济发展的极端重要性，提出“科学技术创造立国”。《科学技术基本法》第五条规定将政府的作用划分为四个方面，其中“扩充科学研究费补助金”和“扩充国立学校设施及其研究设施装备费”对科技人才的培养和科学技术的研发提供了政策扶持。日本的《科学技术基本法》一方面通过对人才的科研补助提高科技研发的速度，另一方面加强科技与文化教育的融合，以法律法规的形式促进科技型人才的培养。2006 年，《科学技术基本计划》第三期将加强世界顶尖级“国家基础技术”研究放在更重要的位置，进而保障日本经济强国的稳健发展。日本出台《科学技术基本法》，为科学技术发展提供法律支撑，同时也确立了以科学技术为中心的战略发展方向。通过不懈努力使日本在当下全球科技发展领域中处于领先者位置。

新加坡文化与科技融合在立法保障层面主要体现在以《专利法》为中心的知识产权法律体系的建立。1995 年新加坡政府才出台《专利法》，此举标志着新加坡开始重视构建知识产权保护法律体系。此后，新加坡政府对《专利法》不断地修补和改进，制定了涵盖整个知识产业活动的法律保护体系。随着知识产权立法的完善，2008 年，新加坡政府出台新的“知识产权拓展计划”，在新的拓展计划中提出了以“开放式创新”推进相关业务的增长。新加坡不断修缮知识产权法律体系，以科技创新为内在推动力，加强文化与科技融合的法制建设，带动城市文化建设和科技发展。

## 二　制定战略

行政主导型国家通过制定战略规划促进文化与科技融合，主要体现在两个方面：一是国家文化产业发展大方向的战略制定，如立国方针等；二是推动文化产业的数字化进程。文化产业发展大方向的制定为文化与科技融合提供了宏观的战略性支持；数字化进程实际上是文化与科技融合新趋势所带来的战略性决策。

文化产业在韩国产业比重结构中占有举足轻重的地位，韩国政府早在1998年就提出“文化立国”政策，以国家战略的形式将文化产业拟定为21世纪韩国经济发展的战略性支柱产业。遭受亚洲金融风暴后，韩国政府在1998年提出“文化立国”方针。1999～2001年，韩国在战略层面上为了发展文化产业，先后制定了《文化产业发展5年计划》《21世纪文化产业设想》《文化产业发展推进计划》等纲领性文件，通过这些战略的制定，韩国明确了文化产业发展方向和中长期文化产业发展布局。与此同时，三个纲领性文件在韩国发展文化产业的进程中，对于提升文化产品的科技含量、发展文化科技起了战略性规划作用。之后韩国于2000年设立文化产业振兴委员会，委员会负责拟定文化产业相关政策、发展规划，检查落实文化产业政策执行情况等职能。2012年韩国总统大选中朴槿惠首次提出“创造型经济”理念；2013年朴槿惠当选为韩国总统，对之前所提出的“创造型经济”[①]进一步进行明晰。以此朴槿惠政府制定了“创造型经济”6大战略[②]和24项课题，至此，韩国政府明确将文化与科技的融合定位为国家发展战略。在“创造型经济”6大战略中，朴槿惠政府将文化产业的发展以及文化与科技融合性人才的培养提升到战略层面。其中朴槿惠政府的“创造型经济”6大战略又分为24个课题，其中文化与科技融合的相关课题有：“扩大对创意和技术创新的投资”、“创意和技术知识产权的保护及运用”、“融合现代科技和ICT，激发传统产业的新活力”、“培育融合性创意人才”、“推进ICT革新，推动创造型经济加速发展”、“发挥科技和ICT优势，解决气候、环境等全球性问题”。朴槿惠政府以文化作背景，以科技作引领，通过文化与科技融合“发展创造型经济”，进而带动国家发展。文化产业在韩国的迅猛发

① 创造型经济：在所有领域发挥想象力和创意，促进产业融合，创造新的附加值和就业岗位，以此改变以资本投入为主的追赶型战略，运用科技和人力资源提高生产性，实现引导世界市场的领跑型战略。

② 朴槿惠政府“创造型经济”6大战略分别为：奖励创意并营造轻松创业的社会生态系统；帮助风险投资企业和中小企业成为创造型经济的主力军并大力开拓全球市场；开拓新的产业和市场，培育增长新动力；培养富有梦想和挑战精神的创意人才；加强科技和ICT的创新能力；培养国民和政府共同参与的创意文化。

展，其关键因素之一在于技术创新，一方面高新技术为文化产业提供了更加广阔的发展天地，增强了文化产品的市场竞争力；另一方面科技的融合为文化产业的国际输出提供了更为便捷的条件。文化与科技的融合推动着文化产业新业态的迅猛演化和升级，例如韩国的影视产业和动漫产业的巨大成功可归因于科技在其中起到关键性的支撑作用。现代高新科技所带动的传播模式的数字化、网络化、快速化不只是推进着韩国文化产业的发展，科技与文化产业的结合更可能主导将来韩国文化产业在对外输出中的作用。

韩国文化产业在高新科技带动下得以快速发展，韩国政府也不断加快其科技创新的步伐。由于韩国国土面积偏小，可利用的自然资源极度匮乏，韩国政府的忧患意识使得他们清醒意识到，要发展本国经济，必须以文化为本，通过科学技术的创新融合，不断发展与科技紧密融合的文化产业，充分运用科学技术带动文化产业的产品升级，优化文化产品的传播效果，提升本国文化产业的国际竞争力。

文化产业的数字化发展方向是文化与科技融合的方向之一，将内容产业通过数字化技术的传播，使内容产业的信息交互更加快速，近年来韩国掀起了数字化浪潮。在首尔建立的韩国数字媒体城，作为重要的文化产业基地在文化产品的数字化制作以及数字化传播、专业复合型人才和物流方面都具有鲜明的优势。传统的传播方式对于文化产业的传播和发展具有一定的局限性，科技的融合使得文化产业的商品在传播途径中加快步伐，完成文化商品的经济属性。由首尔市政府开发和推广的韩国数字媒体城业务目标主要集中在媒体娱乐广播、游戏、电影、动画制作、音乐等方面。数字媒体城距首尔机场仅半小时左右的车程，距首尔市中心仅 20 分钟左右的车程，良好的地理位置为数字媒体城提供了极其方便的交通条件。另外数字媒体城的基础配套设施完备，解决了 IT 行业发展的外部环境需求，引入了先进的网络和高层次的科技人才资源。文化与科技的融合，推动着韩国数字媒体城的发展。

数字化的趋势不仅仅只体现在媒体产品的制作中，在数字化传播的过程中科技与文化产业的融合也相当重要。韩国通过充分挖掘数字化的内在潜力，在韩国发展了多种类型的数字文化产业，主要体现为移动互联网、互联网游戏和数字广播等领域的快速发展。韩国通过数字化道路促进文化与科技融合，主要体现为两条路径：一是文化产业的数字化路径；二是通过数字化来升级文化产业的传播路径。在数字文化产业发展中，新媒体的发展最迅猛。面对网络传播的快速发展，韩国政府正式出台了《网络多媒体广播法》，对网络多媒体的发展进行规范。2008 年，韩国正式启用 IPTV 服务[①]。除此之外，韩国自主开发更新了多媒体技术，且更新后的多媒体终端机销售达 869 万部。韩国动漫制作与发行的数字化程度从 2006 年起开始迅速攀升，相较于上年增长 32.5%。以手机为载体的线上漫画成为动漫行业新的突破口，创造营销总额达 727 亿韩元。线上音乐、有声小说、电子书等数字文化产业，都实现了 50% 以上的增长。韩国文化产业的数字化极大地推进了产业的发展，科技创新为数字文化产业提供技术支持，文化与科技融合的新业态在这一时期迅速发展。除韩国动漫产业以外，数字化浪潮下韩国的电影产业也得到快速发展。数字化传播方便快捷，韩国向海外发行影视作品，仅 2012 年影视作品的海外营销总额即达到 416 亿韩元。科学技术的高速发展促使新业态的出现和优化升级；文化与科技融合的正确战略导向，使得韩国在 21 世纪知识经济时代的国际竞争中一直处于领先地位。

文化产业的优化升级和法制化的产业发展环境为日本文化与科技的融合提供了强大的“原动力”。而正是在这种“原动力”的推动作用下，日本的文化产业才能在当下沿着相对健康的发展轨道继续前行。日本促进文化与科技融合的战略制定同韩国也有些相似，主要分成两个大的方面：其一，通过制定国家发展战略的方式，直接将科技文化放在立国方针上；其二，在文化与科技融合的具体战略层面上，通过数字化来加速文化产业的优化升级。

“二战”后的日本以“加工贸易立国”为国家战略，在“战”后日本经济复苏中起到了重要作用。随着 1970 年国内外形势的变化，简单的“加工贸易立国”政策显然不再适应日本经济的快速发展。1980 年日本政府重

---

① IPTV，即 Internet Protocol Television，交互式网络电视，是一种集互联网、多媒体、通信等技术于一体，向家庭用户提供包括数字电视在内的多种交互式服务的崭新技术。

新调整国策，用“技术立国”定位新的战略政策，以此推动经济发展。1995 年 11 月 15 日，日本政府颁布《科学技术基本法》，在“技术立国”的基础上进一步提出“科学技术创造立国”。在实施“技术立国”战略中，日本一直处于赶超欧美阶段，因此很多技术还是靠引进，在日本确立“科学技术创造立国”战略后，本国自身的创造力被提上了战略发展层面。自主创造性科技的战略导向的推动，使日本文化产业进入产业转型和产品升级的全新阶段，文化产业与科技创新融合进一步加速。21 世纪之初，日本政府为了进一步丰富和完善“科学技术创造立国”内容，确立了“IT 立国”、“生物技术立国”、“知识产权立国”三大战略。2007 年，日本出台了《文化产业战略》，提出了“促进创新环境的形成并传播其魅力”、“创造向海外传播日本魅力的基础”、“以海外展开为视野强化文化产业的竞争力”等六大政策措施。①

文化与科技的融合在数字化战略上也起到了重要作用，数字化升级趋势将科学技术与文化产业的融合推向了一个新的高度，也将传统的文化产业升级到更为科技化的数字内容产业。随着数字化技术的不断革新和互联网的快速普及，文化产业的数字化优化升级使得日本的文化产业占据市场的主导地位，科技的融合使得日本数字内容产业成为日本产业结构高度化的一个进程。日本数字内容产业包含数字动漫、数字影音、网络服务、网络游戏、数字教育、数字出版等跨行业领域。通过科技与文化产业的融合，完成文化产业的结构高度化升级后，2002 ~ 2011 年，日本内容产业数字化率持续增长，从 27.3% 上升至 63.5%，增加 2.3 倍左右（见图 1）。

从“科学技术创造立国”策略调整之后，实现自主创新已成为日本发展的重点。日本政府将引进来的技术与本国创新有机结合，获得日本国家利益的最大化。日本从以前的科技“引进来”到如今文化产品的“走出去”都得益于科技与文化产业的融合所带来的产业升级和政府所创造的良好的发

① 庄严：《日本文化产业发展创新的实现路径及经济效应分析》，《现代日本经济》2014 年第 2 期。

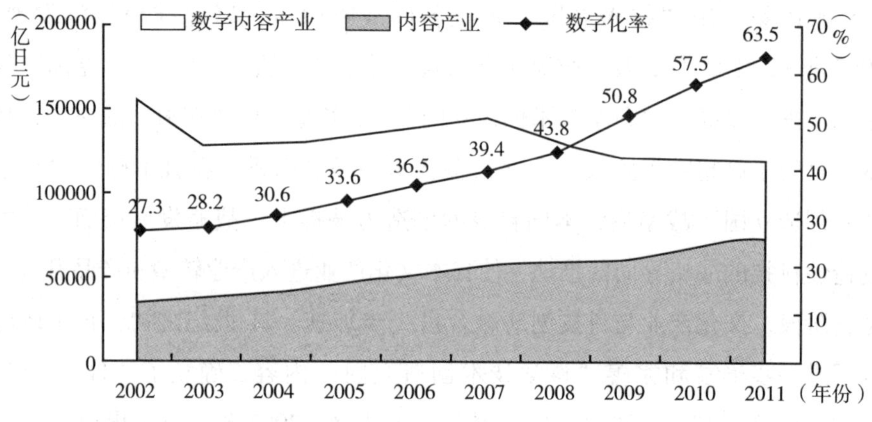


**图1　2002～2011年日本数字内容产业的市场变化及数字化率**

展环境。

同英国一样，新加坡把文化产业称为“创意产业”。2002年，新加坡政府公布《创意产业发展战略》将创意产业分为三大领域：文化艺术、设计和传媒。目前，新加坡创意产业已成为其经济社会发展的支柱性产业之一，科技与文化的融合为新加坡创意产业的快速发展带来了新生机。1980年前，新加坡政府对科技研究和发明的经费投入很少，1978年的科技研发经费仅3800万新元，占总GDP的0.2%。从1990年开始，新加坡政府才逐渐增加科技研发预算。新加坡的研究、创新与企业理事会2015年对科研的投入达到了161亿新元。通过政府宏观调控，在新加坡政府对科技研发投入越来越多的基础上，科研管理体系的改革也被提到重要位置。1991年设立了国家科学与技术委员会；2001年改组为科技局；2006年设立研究、创新、企业理事会和国家研究基金会，主要从宏观角度来引领和推动科学技术与创新的发展。

2002年9月，新加坡政府制定了三个战略计划：《文艺复兴城市2.0》《设计新加坡》《媒体21》这三个战略计划提出鼓励和激发新加坡民众对文化的更高需求，促进文化与科技的融合，对创意产业的发展起到了推动作用。

《文艺复兴城市2.0》，主要战略目标是打造一个极具创新思维和活力的新加坡城市。新加坡政府在《文艺复兴城市 2.0》当中提出的重要目标是："发展创意市镇，以整合艺术、商业及科技的概念来规划地方发展"。科技与文化融合打造创新城市成为新加坡城市建设的重要部分，新加坡政府意识到创意对一个国家具有极强的推动力，因此政府在重新架构城市文化结构时将艺术、商业和科技作为支柱，融入城市的现代化战略目标。《设计新加坡》战略目标是强化新加坡的设计水准，巩固新加坡在商业领域的设计地位；另外，《设计新加坡》也强调将设计元素与设计意识融入日常生活和工作当中，营造设计之都的文化氛围。通过科技发展为设计提供技术支持，加速新加坡设计之都的发展进程。《媒体 21》战略主要是通过数字化传播方式的发展，将新加坡建设成一个具有国际竞争力和高水平的媒体城，架构属于新加坡本国的媒体生态体系。具体措施包括：鼓励实验与创新发展高附加值的媒体研发与制作；同时，拓展海外市场，出口"新加坡制造"的媒体内容。通过增加媒体产业的科技含量，加之以数字化进程推进新加坡城市复兴计划。

通过制定《文艺复兴城市 2.0》《设计新加坡》《媒体 21》三个战略计划，新加坡政府从宏观上对城市的建设和发展方向进行了明确的定位，科技手段的介入与文化创意产业的发展格局为新加坡国家发展道路指明了方向。新加坡政府在促进文化与科技融合的进程中，主要依靠三大政策扶持：一是加大科学技术的研发投入，以雄厚的资金保障科研的发展；二是设立相关机构，规范科技研发和科研管理；三是制定城市战略，打造有利于科技创新和创意城市发展的都市文化。三大政策分别从资金保障、行政保障和文化建设着手，推动文化与科技融合的快速发展。

## 三　人才培养

复合型人才在推动文化科技融合进程中处于中心位置，同时也是文化产业内在驱动源之一，行政主导型国家对从事文化产业的复合型人才储备尤其重视。

知识经济背景下，韩国政府注重对高端复合型人才的培养，政府大力发展高等教育事业以培养更多高端科技人才，加大了对人才培养的财政投入。相较于新加坡对基础性创意教育的重视，韩国政府对于高层次、高水平大学的投入远多于对中小学教育的投入。韩国政府为了发展本国高等教育，将教育支出主要投入在 BK21 工程（Brain Korea 21 Project）。BK21 工程通过拟定两个具体的阶段性计划，为韩国建设一流大学：第一阶段为 1999 ~2005 年，主要目标是提升韩国大学基础科研能力以及韩国大学在全球的排名；第二阶段为 2006 ~2012 年，这一阶段将教育支出更多地投入到最优秀的大学及其研究人员的支持当中。

韩国政府培养复合型人才除了对高等教育的大量投入外，还积极举办众多科技文化活动，以带动科技文化人才观念的普及。韩国政府开展了许多科技创新和发明活动来引导中学生的创新意识，并且还专门设立了“发明日”，以进一步推进科技创新意识。韩国知识产权局评选的优秀科技创新学校，由韩国政府每年资助每个学校 1100 万韩元来推广科技创新培养工作。韩国政府举办的科技文化活动和对科技创新的资助，在韩国营造了一种科技创新的氛围，有利于培养知识经济时代中文化与科技融合型人才的创新意识。

朴槿惠政府“创造型经济”发展战略为人才培养拟定了“培养富有梦想和挑战精神的创意人才”的发展目标，将复合型创意人才的培养置于战略层面。朴槿惠政府不断探索融合性教育发展方向，在大学增加融合性课程，增设融合性专业。韩国政府对于人才培养特点明显：以政府为主导的融合性复合型人才成为主要培养方向，同时，对于人才培养的方向更侧重于精英和高等教育。

日本复合型人才培养主要体现在相关学科建设和明确的学科研究指向性。继美国之后，日本是世界上第二个将科学技术创新单独设立成学科的国家。2010 年，日本政府就拟定了《第四期科学技术基本计划》初稿，在其中提出推进“STI 政策科学”① 的学科建设。2011 年 8 月，日本政府出台

① “STI 政策科学”即“Science of Science，Technology and Innovation Policy”。

《第四期科学技术基本计划》。之后，日本教育、文化、体育和科学技术省（MEXT）确定“重新设计 STI 政策科学”计划，在日本全面发展 STI 政策科学。日本对 STI 政策科学的学科确立和发展，把握了科技与文化融合的发展态势，对当下世界科技与创新政策的科学化提供了借鉴样本，同时也反映了当今时代国家对科技与文化融合的需求。《第四期科学技术基本计划》的目标是通过建立较为完善的学科系统推进日本科研水准的国际水平和人力资源的培养。研究与教育机构包括两类：中心机构和领域先驱中心研究机构。中心机构主要致力于 STI 政策科学的高等教育，拟定和执行相关的硕博培养计划，为 STI 政策科学领域培养高层次和高素质专业人才。领域先驱中心类似于交叉性学科的纽带载体，连接着 STI 政策科学与其他相关学科。中心机构与领域先驱中心机构相互合作，分享有限的资源，以求教育资源的最大化配给，培养高素质研究人员和高水平从业人员。中心机构处于核心地位，领域先驱中心机构通力合作，推进 STI 政策科学的人才培养任务。《第四期科学技术基本计划》主要培养三类 STI 政策科学人才：第一类是高层次的从业人员，主要工作为拟定、出台、执行 STI 政策；第二类是从事 STI 政策科学的学科领域研究的专家；第三类是精通 STI 政策科学方面专业知识的自然学科或社会学科专家，他们将自己研究的学科领域和 STI 政策科学架起学术连接的桥梁。

2011 年 8 月 30 日到 2011 年 10 月 7 日，日本教育、文化、体育和科学技术省受理中心机构和领域先驱中心机构的申请和审核工作。经过项目计划委员会最后决议，从 3 个申报中心机构的单位中甄选出 1 个单位、13 个申报领域先驱中心机构的单位中甄选 4 个单位，资助年限均为 15 年。2012 年 1 月 17 日，日本教育、文化、体育和科学技术省公布评选结果：国立政策研究大学院大学被评为中心机构；东京大学、京都大学、一桥大学和九州大学从 13 个备选单位中脱颖而出被评为领域先驱中心机构。至此，为了实现 STI 政策科学的学科目标和人才培养计划，中心机构和领域先驱中心机构都开始设定相关领域的研究课程和计划，并且建立研究机构之间的联系和合作。国立政策研究大学院大学作为 STI 政策科学的中心机构，根据 STI 政策科学的专业需求开设了三年制的STI政策科学博士课程、一年半制的STI政策科学硕士课程、为了培养STI政策专业从事人员增设的一些短期STI政策科学培训课程。STI政策科学的学科构建，使得日本在培养文化与科技融合的复合型人才领域的建树更为专业化和系统化。

新加坡政府用一双极有力的“有形的手”推动创意产业发展，其中“一只手”用来制定文化创意产业发展的战略目标，“另一只手”用来培育创新性复合人才，“双手”合力，促进文化与科技的融合。新加坡政府通过培养和储备创意人才的方式促进新加坡创意产业的良性发展、提升新加坡的国际竞争力。政府通过对人才的培养和招纳政策，将全力建设一支高素质、具有强烈创新意识和高水准的创意产业专业人才群。这个人才群里的成员是文化创意产业复合型人才，既懂得管理和经营创意产业，也深谙科技对产业的融合与相互推进作用。

新加坡政府把创意产业人才的储备作为发展文化创意产业的核心基础。不同于韩国和日本把重心放在高等和精英教育培养方向，新加坡对创新意识的培养贯穿于每个教育阶段。早在1993年，新加坡政府就已启用艺术教育项目，针对不同的年龄阶段进行不同程度的创意才能开发，将多种艺术类学科和新媒体创意教育结合在日常教学中，形成新加坡本国培养文化创意的教育体系。除了在基础教育中开设培养创新意识的课程外，新加坡政府对高层次创意人才的培养也十分重视。新加坡政府主要通过两种途径培养高层次创意人才：其一是强化本国教育和科研水平，如：在新加坡国立大学设立相关的创新科技课程、增设媒体实验室、建设科研平台和提升科研投入；其二是不断增加本国与国外顶尖学府的科研合作，通过科研合作来快速提升本国的学术水平。新加坡政府除了培养本国复合型人才外，对国外创意人才的引进也十分重视。新加坡通过高额的奖学金、降低跨国婚姻限制和完善社保制度等措施在全球范围内招纳创意复合型人才。

行政主导型国家文化与科技融合政策中，对人才培养的层级从小学、中学的基础创意教育，到大专、本科专业性教育，以及硕士、博士等高层次人才培养。政府主导型国家通过政府强有力的宏观调控，对人才培养给予经济支持和相关发展战略的支持，这种有目标的、分门别类的文化科技人才培养为文化与科技融合提供了智力储备。

总而言之，行政主导型国家在促进文化科技融合进程中，立法是保障、战略是方向、人才是核心。稳健规范的法制环境是“面”、正确明晰的战略目标是“线”、具有创新思维的复合型人才是“点”。政府通过用宏观调控将“点”、“线”、“面”全面调动以加速文化与科技的融合。

## 参考文献


贵静、张庆元：《文化产业税收政策：日本经验及启示》，《江西社会科学》2014年第11期。

李建民：《日本战略文化、科技发展与中日科技合作》，《中国科技论坛》2009年第11期。

庞英姿：《新加坡文化产业发展的经验及启示》，《东南亚研究》2013年第4期。

王琳：《朴槿惠政府“创造型经济”及启示》，《前沿》2014年第10期。

王一凡：《韩国文化创意产业的成功实践及对中国的启示》，《上海商学院学报》2015年第4期。

陈瑜：《韩国知识产权文化建设概况》，《知识产权文化建设》2013年第12期。

# 大　事　记

## B.20
## 2015年文化科技融合创新大事记

钟洁敏*

### 1月

**1月6日**　国家新闻出版广电总局印发《关于推动网络文学健康发展的指导意见》（以下简称《意见》）。《意见》提出，我国网络文学的发展目标是：用三年至五年时间，使创作导向更加健康，创作质量明显提升，运营和服务的模式更加成熟，培育一批网络文学出版和集成投送骨干企业，打造一批具有市场竞争力的品牌。《意见》提出多项推动网络文学健康发展的保障措施，包括开展网络文学评论引导，逐步建立科学的网络文学作品评价体系；发挥科技创新引领作用，推动网络文学企业加快相关技术研发及应用；加强版权保护，持续打击网络文学作品侵权盗版行为等。

* 钟洁敏，深圳大学文化产业研究院艺术学理论硕士研究生。

**1月10日** 第十二届中国文化产业新年论坛在北京大学举办。本届文化产业新年论坛以“文化战略与产业融合”为主题，并结合国家社科基金重大项目“我国文化产业发展战略研究”最新研究成果，就文化发展战略、国际文化产业竞争力战略、文化科技创新战略、文化企业发展战略、区域发展战略、文化内容创意战略等文化产业领域前沿问题进行探讨。

**1月15日** 工业和信息化部中国电子信息产业发展研究院和互联网经济杂志社联合在北京举办“2015年中国互联网发展和网络安全十大趋势”发布会。会上发布了2015年中国互联网发展十大趋势。报告显示，2015年中国互联网将发生重大变化，互联网移动化、产业化进程加快，移动互联网应用服务将全面深入，产业互联网时代将正式开启，互联网企业将聚力转型，抢占未来产业高地。

**1月19日** “2015第二届互联网金融全球峰会”在北京召开，本届峰会以“互联网+金融+产业”为主题。

**1月20日** 工信部发布《2014年通信运营业统计公报》，《公报》显示，2014年，行业发展对话音业务的依赖大幅减弱，非话音业务收入占比由上年的53.2%提高至58.2%；移动数据及互联网业务收入对收入增长的贡献率突破100%，占电信业务收入的比重从上年的17%提高至23.5%。移动宽带（3G/4G）用户加快发展，高速率宽带用户占比提升明显。移动宽带用户在移动用户中的渗透率达到45.3%，比上年提高12.6个百分点；8M以上宽带用户占比达40.9%，光纤接入（FTTH/0）用户占宽带用户的比重突破1/3。融合业务发展渐成规模，截至12月末，IPTV用户达3363.6万户。

**1月28日** 国务院确定支持发展“众创空间”的政策措施。会议指出，要在创客空间、创新工厂等孵化模式的基础上，大力发展市场化、专业化、集成化、网络化的“众创空间”，为小微创新企业成长和个人创业提供低成本、便利化、全要素的开放式综合服务平台。要加大政策扶持。完善创业投融资机制。完善互联网股权众筹融资机制，发展区域性股权交易市场，鼓励金融机构开发科技融资担保、知识产权质押等产品和服务。打造良好创业创新生态环境。健全创业辅导指导制度，支持举办创业训练营、创业创新大赛等活动，培育创客文化，让创业创新蔚然成风。

**1月29日** 国务院正式发布了《国务院关于推广中国（上海）自由贸易试验区可复制改革试点经验的通知》。其中提到了“允许内外资企业从事游戏游艺设备生产和销售等”，标志着我国全面解禁国内游戏机设备生产和销售。

**1月30日** 《国务院发布关于促进云计算创新发展培育信息产业新业态的意见》。《意见》提出，要加快发展云计算，打造信息产业新业态，推动传统产业升级和新兴产业成长，培育形成新的增长点，促进国民经济提质增效升级。到2017年，我国云计算服务能力大幅提升，创新能力明显增强，在降低创业门槛、服务民生、培育新业态、探索电子政务建设新模式等方面取得积极成效，云计算数据中心区域布局初步优化，发展环境更加安全可靠。到2020年，云计算成为我国信息化重要形态和建设网络强国的重要支撑。

## 2月

**2月4日** 国家互联网信息办公室发布《互联网用户账号名称管理规定》。该《规定》自2015年3月1日起施行。《规定》就账号的名称、头像和简介等，对互联网企业、用户的服务和使用行为进行了规范，涉及在博客、微博客、即时通信工具、论坛、贴吧、跟帖评论等互联网信息服务中注册使用的所有账号。

**2月5日** 由新浪网主办的“2014新浪全媒体高峰论坛”在京启幕。会上发布了行业报告《2014媒体行业发展趋势报告》。该《报告》主要针对中国媒体行业发展现状、传媒大事件、全媒体影响力指数榜、国际媒体转型实践与案例、媒体发展展望进行分析解读。报告对传统媒体如何面对转型提出了“介入电商平台”等四点建议。

**2月9日** 2014中国媒体移动传播指数发布会在京举行，会上发布的

《中国媒体移动传播指数报告》对我国报纸、杂志、电视、广播等媒体在微博、微信、聚合新闻客户端、媒体自有APP等各个移动传播平台的影响力进行评估，并对国内媒体移动传播的发展现状、特点和趋势进行了分析。

**2月12日** 财政部办公厅发布了关于2015年文化产业发展专项资金申报工作的通知。重点支持内容有：文化金融；实体书店；新闻出版业数字化转型升级；影视产业；文化创意和设计服务与相关产业融合；特色文化产业；对外文化贸易；传统媒体和新兴媒体融合等。

**2月27日** 广东省委、省政府在深圳召开全省科技创新大会。会议提出，全省动员，大力实施创新驱动发展战略，推动广东省经济结构战略性调整和产业转型升级取得更加扎实的成效。

## 3月

**3月2日** 科技部举行发展众创空间推进大众创新创业电视电话会议，全面部署众创空间建设。

**3月5日** 李克强总理在全国人大会议上所作的政府工作报告中指出，要大力发展众创空间，让“草根创新”蔚然成风、遍地开花。

**3月11日** 国务院办公厅印发《关于发展众创空间推进大众创新创业的指导意见》，部署推进大众创业、万众创新工作。

**3月12日** 《中国科学院国家知识产权局第二轮合作会商议定书》签字仪式在北京举行。国家知识产权局局长申长雨与中国科学院院长白春礼出席签约仪式并作重要讲话。双方一致强调，要加强合作，共同推动创新驱动发展战略实施。

**3月13日** 中共中央、国务院出台《关于深化体制机制改革加快实施创新驱动发展战略的若干意见》，指导深化体制机制改革加快实施创新驱动发展战略。

**3月21~22日** 2015年中国（深圳）IT领袖峰会在深圳召开，大会以“IT重塑经济结构”为主题，并结合当前重大热点领域，以“未来，下一个风口在哪儿”和“IT 全球化的机遇与挑战”两个主题展开高端对话，以及“网络安全与法治”、“新平台　新产业”、“工业 4.0 与互联网”、“互联网与梦想　众筹与创客”等 4 个主题论坛深入探讨。会上发布的《中国 IT 产业发展年度报告》指出，中国 IT 产业创新指数从 2011 年的 53.38 提高到 2014 年的 62.2，这说明中国的整体创新环境是一个适合创新和互联网发展的国家。2014 年，中国 IT 产业投融资表现活跃。并购案例达 656 起，同比增长 104%，金额 3121 亿元。

**3 月 26～28 日**　第 23 届中国国际广播电视信息网络展览会以“融合智能网络　畅享数字生活”为主题在京举行，展会充分展示我国广播影视在高质量视听内容、聚合化内容生产、宽带化传输网络、智能化终端服务等方面的最新发展成果。此次 CCBN2015 展览设置了诸多专业展区，主要涵盖以下内容：三网融合、下一代广播电视网（NGB）、云计算、大数据、智能电视操作系统、智能终端、多屏融合、广播影视公共服务（直播卫星、地面电视、应急广播）、信息安全、台内 IP 化、高清与超高清、4G 广电应用、移动互联网、3D 立体电视、数字音频广播、数字家庭网络、智能家居、智慧城市与物联网、互联网电视、IPTV、移动电视、信息化视听等技术产品的最新发展。

## 4月

**4 月 8 日**　国家知识产权局印发了《关于进一步推动知识产权金融服务工作的意见》，加快促进知识产权与金融资源的有效融合。

**4 月 12 日**　第四届中国·苏州文化创意设计产业交易博览会成果发布会在苏州国际博览中心举行。主会场设立创意设计、创意生活、创意体验、“众创”四大展区，38 个主题展馆。各类参展企业、机构 1029 家，其中，参展企业 444 家，以工作室、手工坊等个人名义参展的“创客”有 585 个。来自美国、意大利、埃及、日本等 17 个国家 107 家境外企业参展。

**4 月 16 日**　“2014 年中国知识产权发展状况”新闻发布会在京举行。

国家知识产权局局长申长雨介绍了2014年中国知识产权发展状况并回答了记者的提问。申长雨表示，要建设中国特色、世界水平的知识产权强国。

**4月16日** 2015年互联网金融投资与并购大会在北京举行。与会嘉宾就当下热点关注的移动互联网金融之争、网贷、消费金融等领域展开讨论。

**4月16日** 第五届北京国际电影节在京开幕，“注目未来”国际展映单元首次设立重金奖项，每个奖项各设立奖金1万美元，以鼓励青年影人。

**4月17日** 《中国纪录片发展研究报告》（2015）在北京国际电影节纪录单元发布。该报告显示，2014年，纪录片行业年度生产总投入约19亿元，其中全国电视台总投入为13.04亿元，占行业年度总投入的68%；民营公司总投入为4.11亿元，占整个行业年度投入的22%。总收入约30亿元，其中18亿元为电视硬广收入。

**4月24日** 十二届全国人大常委会第十四次会议通过了《全国人民代表大会常务委员会关于修改〈中华人民共和国文物保护法〉的决定》，对文物保护法做了相应修改。

**4月27日** 2015年国家知识产权局开放日活动在京举行。国家知识产权局局长申长雨表示，近年来，我国专利数量一直保持快速增长，发明专利申请受理量连续4年位居世界第一，成为了名副其实的知识产权大国。但也存在“大而不强，多而不优”的矛盾，核心专利、基础专利和高价值专利相对缺乏。为此，去年，国家知识产权局提出了“数量布局、质量取胜”的新理念，在继续保持专利数量稳定增长的同时，更加注重提高专利质量。

**4月28日** 第七届全球移动互联网大会在北京举行，本届会议的主题是“‘移’生万物”（mobile everything），汇聚了来自全球39个国家和地区的30558位参会者，其中包含418位全球演讲嘉宾、408家参展企业和800余位媒体记者。

**4月28日** 第十一届中国国际动漫节在杭州举行。本届动漫节以“动漫盛会·人民节日”为宗旨，以“国际动漫·美丽杭州”为年度主题，设立了滨江区白马湖主会场和12个分会场，围绕会展、论坛、商务、赛事、活动五大板块组织实施了58项活动，共吸引了78个国家和地区参与，617家中外企业、机构参展参会，参与国家和地区数再创新高。

## 5月

**5月9日**　“第六届传媒发展论坛暨2015传媒蓝皮书发布会”在清华大学举办，论坛的主题为“媒介融合与网络空间新秩序”。

**5月14日**　在中宣部召开的文化产业发展座谈会上，光明日报社和经济日报社联合发布了第七届“文化企业30强”名单，本届“30强”企业名单为：文化艺术类，保利文化集团股份有限公司、宋城演艺发展股份有限公司、中国对外文化集团公司、山水盛典文化产业有限公司；广播影视类，江苏省广播电视集团有限公司、中国国际电视总公司、百视通新媒体股份有限公司、中国电影股份有限公司、湖南电广传媒股份有限公司、江苏省广电有线信息网络股份有限公司、浙江华策影视股份有限公司、上海电影（集团）有限公司、北京华录百纳影视股份有限公司；出版发行类，江苏凤凰出版传媒集团有限公司、湖南出版投资控股集团有限公司、安徽出版集团有限责任公司、中国出版集团公司、江西省出版集团公司、中国教育出版传媒集团有限公司、浙江出版联合集团有限公司、河北出版传媒集团有限责任公司、安徽新华发行（集团）控股有限公司、山东出版集团有限公司；文化科技类，完美世界（北京）网络技术有限公司、深圳华强文化科技集团股份有限公司、科大讯飞股份有限公司、福建网龙计算机网络信息技术有限公司；其他类，深圳华侨城股份有限公司、西安曲江文化产业投资（集团）有限公司、北京万达文化产业集团有限公司。其中，广播影视、出版发行企业19家。与往届相比，本届“30强”企业呈现四大特点：总体实力更强、更加注重社会效益、走出去力度更大以及国有企业优势地位继续凸显。

**5月13～17日**　“第十八届中国北京国际科技产业博览会”在中国国际展览中心举行。主题为“引领科技创新、推动产业发展”。据不完全统计，本届科博会期间，签署的技术交易、产业合作项目协议总金额822.54

亿元。节能环保、新一代信息技术、生物产业、新能源等战略性新兴产业项目超过总签约额的70%。

**5月14~18日** 第十一届中国（深圳）国际文化产业博览交易会，于5月14日在深圳开幕。本届深圳文博会积极贯彻落实国家战略，突出“一带一路”和“创客”主题，首次设立了丝绸之路专馆和“创客”展区；共计2286个政府组团、企业和机构参展，参展商数量再创新高，比上届增加23个；共有各类活动728项，其中中宣部和文化部、商务部、新闻出版广电总局、中国贸促会、广东省政府、深圳市政府等在文博会期间举办了文化产业发展座谈会、中国国际新媒体短片节、中国数字出版高峰论坛座谈会等多项重要活动。本届文博会总成交额再创新高，达到2648.18亿元，比上届增长13.90%；合同成交额1535.36亿元，已经连续四年超过意向成交额，成为文博会最主要的交易方式；意向成交额1001.73亿元，占总成交额的37.83%；零售金额107.59亿元，占总成交额的4.06%；拍卖金额3.50亿元，占总成交额的0.13%。出口成交额164.85亿元，比上届增长2.15%。分会场成交额1262.70亿元，占总成交额的47.68%，比上届增长18.63%。文化产业项目投融资金额905.74亿元，占总成交额的34.20%。

**5月18日** “第十届中国常州先进制造技术成果展示洽谈会”在常州开幕。本届展洽会重点突出“创新载体、企业主体、资源集聚、环境建设”四大主题，围绕“重大创新载体建设、重大创新成果产业化、创新资源集聚、创新创业生态优化”等内容举办系列活动。

**5月28日** 国家新闻出版广电总局发布《关于2014年度全国电视动画片制作发行情况的通告》，共278部国产电视动画片获得发行许可证。另外，2014年度推荐播出的52部优秀动画片，其中9部出自上海市，9部出自广东省，7部出自江苏省。

## 6月

**6月2日** 广州市召开科技创新大会，会议出台了广州市委、市政府

《关于加快实施创新驱动发展战略的决定》，以及5份配套文件。

**6月10日** 文化部专门出台《2015年扶持成长型小微文化企业工作方案》，以优化文化领域创业发展环境为方向，以提升小微文化企业的成长能力、激发文化领域创业创新活力、培育一批具有发展潜力的品牌文化企业为重点，营造鼓励创业、尊重创新、包容失败、支持发展的创业成长环境，形成文化领域“大众创业、万众创新”的生动局面。

**6月12日** 国务院印发《关于同意将江苏省常州市列为国家历史文化名城的批复》，同意将常州市列为国家历史文化名城。

**6月16日** 文化部启动“中国非物质文化遗产传承人研修培训计划”试点工作。

**6月23日** 《故宫保护总体规划》由故宫博物院与中国建筑设计研究院建筑历史研究所编制完成。

## 7月

**7月8日** 新闻出版广电总局发展研究中心编写的《中国广播电影电视发展报告（2015）》在京发布。《报告》显示，2014年，我国广播电视行业总收入达到4226.27亿元，同比增长13.16%，呈现出增长平稳、结构优化、质量提升、产业升级的良好态势。截至2014年底，中国网络视听产业规模约378.4亿元，同比增长48.8%；全国共有604家机构开办互联网视听节目服务；2014年电影票房达到296.39亿元，同比增长36.15%，再创新高。其中，国产电影票房收入161.55亿元，占总票房收入的54.51%，继续保持过半份额。另外，农村电影放映提质增效，农村数字电影院线已达252条，全年完成影片订购860万场。

**7月9日** 中共广东省委办公厅、广东省人民政府办公厅联合印发《关于加快构建现代公共文化服务体系的实施意见》，标志着广东省以构建现代公共文化服务体系为目标，以推动公共文化服务标准化、均等化、社会化、数字化为主要内容的重大惠民工程正式起航。《实施意见》提出，要推进公共文化服务与科技融合发展，利用数字化资源、智能化技术、网络化传播，拓展公共文化服务能力和传播范围；探索公共文化“互联网＋”建设，引入社会化机制，加强公共文化数字资源整合开发，加强多网、多终端应用开发；加快构建现代文化传播体系，提升公共文化服务现代传播能力。

**7月14～16日** 第六届中国数字出版博览会在北京开幕，主题为融合·创新·发展”。博览会期间，中国新闻出版研究院院长发布了《2014～2015 中国数字出版产业年度报告》。《报告》显示：2014 年，中国数字出版产业整体收入规模为3387.7 亿元，比2013 年增长了33.36%，突破3000 亿元大关，虽然从年均增速超过50%的爆发式增长回落至30%左右的高速增长，但这正是数字出版向更为成熟的阶段迈进的重要标志。

**7月15日** 国家新闻出版广电总局发布了《2014 年新闻出版产业分析报告》。《报告》显示，2014 年全国出版、印刷和发行服务实现营业收入19967.1 亿元，同比增长9.4%；利润总额1563.7 亿元，同比增长8.6%。

**7月18日** “第六届中国文化产业前沿论坛”在北京大学成功举行。本届论坛以“互联网＋文化产业＋”为主题，围绕当下互联网＋文化产业的各类热点问题而展开。共有来自文化领域学术界、产业界及媒体等逾500人一同出席本次论坛。

**7月23日** 中国互联网络信息中心（CNNIC）在京发布第36 次《中国互联网络发展状况统计报告》。《报告》显示，截至2015 年6 月，我国网民规模达6.68 亿，互联网普及率为48.8%。移动商务类应用发展迅速，互联网应用向提升体验、贴近经济方向靠拢；手机网民规模达5.94 亿，较2014 年12月增加3679 万人，网民中使用手机上网的人群占比由2014 年12 月的85.8%提升至88.9%；网上炒股的用户规模达到5628 万，较上年增长了47.4%。

**7月30日至8月2日** 第十三届中国国际数码互动娱乐展览会（Chinajoy）在上海开幕。本届展会以“让快乐更简单”为主题，来自全球30 多个国家和地区的700 余家企业参展。展会期间分别举办了中国国际数码互动娱乐产业高峰论坛、中国游戏商务大会、中国游戏开发者大会、世界移动游戏大会、ChinaJoy 嘉年华等一系列专题会议和互动活动。其中，中国国际数码互动娱乐产业高峰论坛以“智”造娱乐为主题，首次设立了“领袖专场”，邀请全球游戏产业领袖围绕游戏产业变革及中国游戏市场发展前景进行主题演讲。

## 8月

**8月5日**　深圳市长许勤主持召开市政府六届四次常务会，会议审议通过了《深圳市“互联网+”行动计划》。会议指出，制定“互联网+”行动计划，是贯彻落实国务院《关于积极推进“互联网+”行动的指导意见》和“中国制造2025”的具体举措，是深圳2015年《政府工作报告》提出的“大力发展信息经济”的重要内容，对于推动全市科技创新、产业组织变革和提升经济社会运行效率具有重要意义。

**8月8日**　由北京市国有文化资产监督管理办公室主办，旨在倡导“乐享文化·互联生活”的“8·8”惠民文化消费主题日活动在京正式启动。近千家文化企业和商业品牌搭乘文化消费快车，以全新方式为北京市民献上一场文化盛宴。

**8月11日**　中国演出行业协会发布了《2014年演出市场年度数据报告》。统计显示，2014年演出市场总体规模为434.32亿元，比2013年下降了6.19%。其中，演出票房收入（含旅游被分账收入）为148.32亿元，娱乐演出收入为72.9亿元，政府补贴收入（不含农村惠民补贴收入）为109.94亿元。

**8月12日**　“2015中国动漫品牌授权产业高峰论坛”在第三届深圳国际品牌授权展上成功举行。论坛上发展研究中心发布了《2015中国动漫品牌授权产业发展报告》和2015中国动漫授权业“十大中国品牌”、“十大海外品牌”、“十大新锐品牌”三个榜单。来自国内200余家动漫品牌商、渠道商、厂家的300多名嘉宾出席论坛。

**8月12日**　以“融合·创新”为主题的2015上海国际科学与艺术展在中华艺术宫开幕。

**8月19日** “2015媒体融合发展论坛”在深圳举行。与会嘉宾结合传统媒体与新兴媒体融合发展的时代背景，围绕“媒体融合政策解读与机制创新”、“媒体融合与资本市场对接”、“媒体融合与技术应用创新”等议题，展开广泛深入的讨论。

**8月19日** 国务院总理李克强主持召开国务院常务会议，通过《关于促进大数据发展的行动纲要》，提升创业创新活力和社会治理水平；决定进一步加大对小微企业的税收优惠，涵养就业潜力和经济发展持久耐力。会议决定，在落实好已出台税收优惠政策的同时，一是从2015年10月1日起到2017年底，依法将减半征收企业所得税的小微企业范围，由年应纳税所得额20万元以内（含20万元）扩大到30万元以内（含30万元）。二是将月销售额2万~3万元的小微企业、个体工商户和其他个人免征增值税、营业税的优惠政策执行期限，由2015年底延长至2017年底。

**8月20日** 河北省文化厅制定出台了《关于加强文化艺术人才队伍建设的意见》（以下简称《意见》）。《意见》提出，要以人才引进和培养提升为手段，以结构优化和成果创新为目标，通过加大投入、加强选拔引进、强化教育培训等途径，大力推进文化艺术人才队伍建设。

**8月26~28日** 第二十四届北京国际广播电影电视展览会（BIRTV2015）在中国国际展览中心举办。展会的主题为“媒体的期待，我们的行动”，四大热点为4K、媒体融合、制播网络IP化以及数字电影。同时，展会的重要论坛——中国·北京第十二届数字电影论坛在中国电影资料馆成功举办。

**8月31日** 国务院印发《促进大数据发展行动纲要》，系统部署大数据发展工作。

## 9月

**9月1日** 国务院总理李克强主持召开国务院常务会议。会议通过《中华人民共和国电影产业促进法（草案）》，以提升文化产业水平、促进电影

产业健康发展。会议决定将草案提请全国人大常委会审议。

**9月1日** 新修订的《中华人民共和国广告法》于9月1日起正式施行。这是广告法实施20年来首次修订。此次广告法修改的幅度非常大，其中包括明确虚假广告的定义和典型形态、新增广告代言人的法律义务和责任、强化对大众传播媒介广告发布行为的监管力度等多个方面。

**9月4日** 国务院办公厅印发《三网融合推广方案》，加快在全国全面推进三网融合，推动信息网络基础设施互联互通和资源共享。

**9月14日** 中国外观设计专利数据正式加入Designview项目，国内外用户可在Designview中检索中国的外观设计专利信息。

**9月15日** 2015年中国专利信息年会在北京举行。本届年会围绕“专利运用新业态支撑经济发展新常态”这一主题进行深入探讨，同时还有来自国内外的60余家专利信息服务机构参与交流和展览。

**9月15~16日** 2015中国·吉林国际动漫游戏论坛在吉林举行。该论坛分为动画论坛、漫画论坛、游戏论坛三个分论坛。

**9月16日** 国家旅游局下发《关于实施“旅游+互联网”行动计划的通知》。《通知》指出，互联网对全球旅游业发展正带来全新变革，旅游与互联网的深度融合发展已经成为不可阻挡的时代潮流。

**9月17日** 腾讯公司在北京宣布成立全资子公司腾讯影业。

**9月17日** 天猫正式发布文创产业合作计划，联合图书、影视、艺术、体育等泛文化影视娱乐产业，打造全球最大的版权衍生品交易平台。

**9月23日** 工信部发布通告，在前期开放试点基础上，工信部决定继续扩大试点范围，新增加天津、石家庄、齐齐哈尔等44个城市向民营企业开放，纳入宽带接入网业务试点城市范围。

**9月24日** 中共中央办公厅、国务院办公厅印发《深化科技体制改革实施方案》。该方案包括企业技术创新、科研机构改革、人才培养激励等10个方面32项改革举措，并细化分解为143项政策点和具体成果。

**9月24日** “2015上海文化与科技融合发展论坛暨第九届上海数字媒体技术与产业发展论坛”在上海举办。本次论坛以“文科融合，互联创新”

为主题，围绕大数据、VR、“互联网+”等热点话题，对当下互联网创新、城市智慧建设、文化创新等重点发展领域进行研究和探讨。

## 10月

**10月1日** 2015中国国际漫画节动漫游戏展（CICF EXPO）在广州开展。本展是华南地区规模最大的动漫游戏展，也是中国大陆“娱乐、商贸、互动”氛围最浓厚的大型动漫展会。展会覆盖了1000家动漫游戏企业，超过100余位嘉宾莅临现场，300多家企业参与展览、上千款产品现场展示。

**10月8日** 中共中央办公厅、国务院办公厅印发了《关于全国性文艺评奖制度改革的意见》，进一步压缩全国性文艺评奖的奖项和数量，明确了文艺评奖的相关要求。

**10月16日** 2015中国“互联网+创业”大会暨“创客中国——寻找最具投资价值创业项目”年度盛典在江苏宿迁开幕。本次大会以“网聚天下·创赢未来”为主题。来自海内外数百家创客及投资机构代表出席了本次大会。

**10月30日** 由北京电影学院中国动画研究院和北京电影学院现代创意媒体学院牵头，联合国内外众多专家学者和业界精英共同编撰的《动漫蓝皮书：中国动漫产业发展报告（2015）》由社会科学文献出版社出版发行。

**10月18日** 第十二届海峡两岸文化创意产业高校研究联盟论坛在杭州白马湖闭幕。本届论坛以“创意·创业·创客”为主题，着重对文化创意产业新发展、互联网时代创新创业以及文化园区的创客趋势等方面的问题进行了主题研讨；设立了艺尚小镇和之江文创园两个专题研讨会，讨论了“新实践·新模式·新蓝图——创意小镇的共生与成长”以及“文化产业园区的‘创客趋势’”两大专题。

**10月19日** 《中共中央关于繁荣发展社会主义文艺的意见》发布，将成为当前和今后一段时期指导文艺工作的纲领性文件。

**10月19~23日** 首届“双创”活动周在北京中关村国家自主创新示范区展示中心设立主会场，在上海、深圳、西安、成都、武汉、沈阳、合肥等城市分别设立分会场，同时在长春、广州等城市组织若干重大活动。各分会场城市在此期间将开展创业培训、项目对接、投资洽谈、创投大赛等相关活动，总数近200项。活动的主题为“创业创新——汇聚发展新动能”。中共中央政治局常委、国务院总理李克强在北京出席首届“全国大众创业万众创新活动周”，并考察主题展区，强调坚持创新驱动，扎实推进“双创”，不断激发市场活力潜力和社会创造力。

**10月19日** 2015年大众创业万众创新高峰论坛在北京举行。中共中央政治局常委、国务院副总理张高丽强调，我国经济发展进入新常态，必须加快实施创新驱动发展战略，在更大范围、更高层次、更深程度上推进大众创业万众创新，促进经济持续健康发展。全国政协副主席、科技部部长万钢在论坛上表示，科技部将从加强科技服务体系、加速科技成果转化、强化创业投资引导、丰富创新创业的活动载体、加强分类指导等五方面进一步大力发展众创空间，营造良好的创新创业环境。

**10月29日至11月1日** 第十届中国北京国际文化创意产业博览会在北京举行。此次文博会以“推动文化繁荣 促进融合创新”为主题，共有来自海内外文化创意产业界及相关业界的198多万人次参与了展览会、推介交易、论坛会议、创意体验及分会场百余场次活动，其中包括3个国际组织、40个国家和地区的46个境外代表团组；全国23个省区市组团全面参与文博会。

**10月30日** 第四届中国文化产业资本大会于上海举办。大会围绕中国文化产业投融资的热点展开，业界专家就创客空间及天使投资人服务文化产业的创新模式、互联网金融+文化产业的发展模式、文化企业成功挂牌新三板的路径及挂牌后实现定增融资的模式等进行了研讨。

**10月30~31日** 第四届“互联网+”创新、创业发展论坛及投资洽谈会议在大连举办。与会嘉宾围绕“互联网+”创新、创业与投资、融资、商业洽谈为主题进行深入探讨。

# 11月

**11月2日** 微博首次发布《微博财经白皮书》，该报告以2015年上半年微博使用情况为基础，观察财经微博用户理财信息需求的更新和演变，用大数据的方式解读中国社交媒体人群的理财偏好。截至2015年上半年，微博财经相关博文1.2亿条、总阅读数超过1000亿、财经类认证账号订阅用户累计超过2亿人次、财经长微博平均每篇被打赏约650元、“@涨停板儿爷”获得打赏18.4万元。

**11月5日** 新疆第三届文化创意产业博览会在新疆国际会展中心开幕。本届文博会以“丝路核心　创意新疆”为主题，设有文化创意融合和文化产业形象展示两个展馆，共9大展区、583个展位，展示面积12230平方米，有来自疆内以及深圳、上海、江苏、西藏和中国台湾、香港地区的247家企业参展。

**11月13日** 2015中国传播论坛：“现代传播体系建设：融合与秩序”暨《全球传媒蓝皮书：全球传媒发展报告（2015）》发布会在重庆召开。总报告以“用户、连接与网络”为主题，从全球传播业概况、全球传播行为、社会化传播、新闻消费四个方面介绍了全球传媒业发展情况；报告指出，2013年全球传播业总收入118445亿元（折合12050亿英镑），比2012年增长了2.1%；共统计了18个国家，其中美国仍居首位，中国超过日本，首次位居第二位；美国的电信收入达17723亿元（折合1790亿英镑），仍比其他国家的总和还要多；同样，美国电视、邮政和广播的收入也是遥遥领先。

**11月14~15日** 由深圳市委宣传部、南山区人民政府、深圳大学主办的“2015文化科技创新论坛”于11月14日在深圳举行。本届论坛以“开源创新背景下的文化科技融合”为主题，分“协同创新与未来发展”“创客经济与社会变革”“开源创新与公共文化”“创客与创新管理”四个单元，与会专家就相关议题展开热烈对话，对时下热议的“创客”模式、开源背景下文化与科技融合、文化新兴业态在“大众创业、万众创新”时代浪潮下如何培育以及商业模式创新等议题建言献策。《文化科技蓝皮书——文化科技创新研究报告（2015）》同期发布。该报告集合了深圳大学文化产业研究院对文化科技融合创新研究的最新成果，并吸收了国内外相关领域专家的前瞻性研究成果。

**11 月 17 ~ 18 日** 由广东省互联网行业协会主办，艾媒咨询集团承办的“2015 全球移动互联网 CEO 峰会暨第六届中国手机应用开发者大会”在广州开幕。大会以“互联网 +，颠覆还是被颠覆”为主题，共设 1 个主论坛和 9 个分论坛，与会嘉宾就互联网 + 转型、移动健康医疗、互联网金融、数字营销、大数据应用、智能硬件新品、90 后创业、新三板创业投资等热门话题进行深入探讨。

**11 月 21 日** 第八届中国品牌媒体高峰论坛在贵州召开，论坛的主题是“互联网 + 时代的品牌价值实现”。来自传媒学界和业界的领导、专家学者 260 余人、187 家品牌媒体出席了论坛。

**11 月 22 日** 由中国文化娱乐行业协会主办、广东省游戏产业协会协办的“2015 中国游戏行业年会暨中国游戏博览会”（简称 CGE），在广州 · 中国世贸博览馆举行。本届展会第一次涵盖游戏行业全产业链，集合 B2B、B2C、C2C 等多个领域。在为期三天的展会中，进行了数十款最新游戏同期发布、热门游戏现场开服、电竞主播和 Cosplay 竞赛、游戏行业巨头高峰论坛等精彩活动。其中，国家文化部副部长项兆伦认为，政策环境的改善、互联网技术的发展、商业形态的变化，给游戏游艺产业的发展提供了机遇。中国的游戏游艺产业发展面临新起点，也应该有新面貌，这个行业要抓住机遇，更新理念，研发新内容和新产品，实现转型升级，迈上新台阶。

## 12月

**12 月 2 日** 国家新闻出版广电总局出台《关于大力推进我国音乐产业发展的若干意见》，作为我国音乐产业发展“十三五”蓝图，《意见》提出，到“十三五”期末，整个音乐产业实现产值 3000 亿元。

**12月2~5日** 第三届中国网络视听大会于12月5日在成都举办。大会以“大视频时代的创新与变革”为主题，推出了行业公益行动、论坛、展览等20余项主题活动，内容涵盖行业政策宣贯、广电媒体融合创新、网络影视作品和节目创作、互联网电视发展、社交视频与家庭娱乐、互联网视听节目版权保护、云计算和大数据等热门议题。

**12月5日** 由深圳大学主办，深圳大学管理学院、文化产业研究院、国际文化创新研究中心等单位承办的首届“深圳管理创新对话论坛”在深圳大学开幕。围绕着“互联网+”背景下的管理创新，企业家和专家学者进行了商业模式创新、组织行为管理创新、信息化管理创新、企业社会创新四大主题的演讲与对话。同时，2015中国城市创意指数（CCCI2015）也在论坛上发表。该指数是国内首个跨城市对比的文化产业竞争力指数，已连续4年在深圳市宣传文化事业发展专项基金资助下进行研究和发布。数据显示，上北深广杭位列中国城市创意指数榜五强。

**12月8日** 由国家新闻出版广电总局和广东省人民政府主办的2015中国（广州）国际纪录片节在广州图书馆正式开幕。

**12月11日** 阿里巴巴集团控股有限公司宣布收购香港《南华早报》以及南华早报集团旗下的其他媒体资产，包括《星期日南华早报》，南华早报电子商务网站、中文网站、招聘业务、杂志业务、户外媒体、会议业务、教育和数字媒体业务。

**12月15~16日** 2015年度中国游戏产业年会（英文简称CGIAC）在海南博鳌亚洲论坛国际会议中心举办。本届年会的主题为“让你看到未来”，旨在放眼“一带一路”、“创业创新”格局，着力释放我国游戏产业发展正能量，抓住国家扶持创意产业和促进经济转型机遇，进一步开拓国内外游戏市场，推动游戏企业合作，促进游戏产业繁荣。年会现场公布的2015年中国游戏产业相关数据调查结果显示：2015年，中国游戏用户数达到5.34亿人，同比增长3.3%；中国游戏（包括客户端游戏、网页游戏、社交游戏、移动游戏、单机游戏、电视游戏等）市场实际销售收入达到1407.0亿元人民币，同比增长22.9%。

**12 月 18 日** 2015 中国“互联网 +”创投大会在海口举行。

**12 月 22 日** 国务院下发了《关于新形势下加快知识产权强国建设的若干意见》，明确提出了 7 个方面共 32 条要求，其中包括：推进知识产权管理体制机制改革、实行严格的知识产权保护、促进知识产权创造运用、加强重点产业知识产权海外布局和风险防控、提升知识产权对外合作水平、加强组织实施和政策保障等重要内容。

**12 月 25 日** 中央文化企业国有资产监督管理领导小组办公室公布《国有文化企业发展报告（2015）》，这一报告已是连续四年发布。报告显示，国有文化企业经营规模不断扩大，产出和利润持续增长，总体保持了稳健发展态势；截至 2014 年末，全国国有文化企业共计 13313 户，从业人员 129.9 万人，资产总额 26488.9 亿元，实现营业总收入 12855.1 亿元，利润总额 1122.5 亿元，净利润 977.7 亿元；在企业数量和资产规模增长的同时，全国国有文化企业的平均资产规模也稳步扩张；截至 2014 年末，户均资产总额为 19897 万元，比上年末增长了 7.9%。

# Abstract

In recent years, the development of cultural and technological innovation has experienced unprecedented prosperity. New cultural products and social media keep emerging. The production logic of traditional cultural industries has been broken and reshaped. Open source projects, virtual reality, augmented reality, digital content, mobile Internet, smart terminals, Me Media, big data, online celebrities and network broadcast, etc have integrated into the daily life of common people in unprecedented speed. Promoting the deep integration of culture and technology has become the key means for all countries to enhance their cultural soft power and competitiveness. In terms of our country, driving cultural development by technology, developing new business culture and promoting the transformation and upgrading of traditional industries have entered into top national design level and have become the important measures of implementing innovative national strategy.

"*Annual Report of Culture and Technology Innovative Development (2016)*" is a report on current status of industrial development, analysis of integration path and strategic research under the background of the integration of culture and technology. This report was issued by the Institute for Cultural Industries of Shenzhen University and National Cultural Innovation Research Center (preparation), and the main contents gather the latest research results of by the Institute for Cultural Industries of Shenzhen University and National Cultural Innovation Research Center (preparation) on the integration and innovation of culture and technology. The report also absorbs the prospective research results of domestic and foreign experts in relevant fields.

Based on the analysis for current situation and path selection of the integration and innovation and culture and technology, this report focuses on and discusses about the theoretical origin, culture cultivation, financial support, legal protection, business models, industrial clustering paradigm and the maker movement developed under the promotion of "Internet +", "open source manufacturing", "digital production", "innovation culture" and other elements. By analyzing representative domestic and foreign cities, parks and festivals and other successful cases of the integration of culture and technology, this report puts forward the development policies and innovation path of the integration of culture and technology from different fields and various angles. The content structure of this report can be divided into six parts:

The first part is the general report. In this part, the culture and technology nature of virtual reality and the rapid development stage of its software and hardware since 2015 are organized. The four parts of virtual reality, technology, content, platforms and terminals are introduced, and its applications in video, games, tourism, design, education and other cultural industries are analyzed.

The second part discusses about open source and innovation. This is the characteristic topic of 2016 annual report. The path of using education to cultivate creative culture to realize open source and innovation is discussed. The leading role played by maker movement in the recovery and innovation of business model in terms of the cultural and creative industry in North America is also explored. This part also uses product design as an example to study how public-oriented open design mode improves the public participation of open source projects. By doing so, the wisdom of the crowds is utilized to create better products.

The third part is about theoretical frontiers. Under the theoretical framework of "modernizing national governance systems and governance capacities" and from a perspective of "cultural governance", Stage Performing Arts Production in Light of Cultural Governance Perspective reflects upon the effective integration of stage arts' production and technological factors. *Seeking for the Commensurability of Culture and Science* is the foreword to the masterpiece of John Hartley and Jason Potts, *Cultural Science* (Chinese version), which will be launched by "Shenzhen University Translation Series for Cultural & Creative Industries" of the Institute for Cultural Industries at Shenzhen University. The two authors combined several disciplines with considerable spans and put forward a new method for cultural research. This method is the research method of evolution theory, and it has provided a theoretical support for cultural innovation research. This part also discusses the cultural identity of maker movement and maker groups, the collaborative innovation of culture, technology and finance and legal guarantees.

The fourth part is an observation for the industries. The relationship of Chinese and foreign maker communities, normal form of industry agglomeration, digital musical industry and "maker" culture against the backdrop of Internet is discussed. Besides, the development path of culture creative industry parks in the perspective of technological innovation and the mechanism and empirical study of the development of cultural industry promoted by copyright business are also explored.

The fifth part of the report is dedicated to case studies. By studying Shanghai's experience of accelerating the integration of culture and science in the mobile Internet era, researching Luoyang Peony Festival and analyzing the dynamic evaluation system of public culture service in Xiaoshan District, this part of the article discusses the improving functions of the integration of culture and science for public culture service urban cultural image.

The sixth part discusses about development policies. From the aspects of the system design of China's crowds funding for public culture under the background of "Internet +" and the countermeasures for copyright business to promote the development of culture industries, this part thoroughly discusses the path, model and policies for culture and science to integrate innovation.

**Keywords**: Integration of Culture and Technology; Culture Industry; Opening Source and Innovation; Maker Movement; Virtual Reality

# Contents

## Ⅰ General Report



**Abstract**: Virtual reality is essentially a new culture and technology industries, generating virtual environments, interactive and virtual images, immersed in the virtual world, along with all the cultural properties and technological properties, reflects the integration of culture and technology. Virtual reality as a cultural technology industry, based on the hardware and software development, including the four links technology, content, platforms, terminals, etc. , mainly used in film and television, games, travel, design, education and other cultural industries, the core feature is virtual, interactive and immersive.

**Keywords**: Virtual Reality; Integration of Culture and Science & Technology; Interactive; Immersion

## Ⅱ Open Sources Innovation Reports



**Abstract**: Open source innovation can increase the efficiency and effectiveness of resource utilization at a macro level, and it can also benefit various stakeholders in the process of innovation and creation. However, the creative intention of the open source developers might be affected by the unavailability of monetary rewards. It is easy to trace back through history that many great inventions and innovations did not originate from a search for economic benefit, but resulted from the creative consciousness and the intrinsic motivation of the individual. Thus, the promotion of open source innovation depends on increasing the creative consciousness of the individual and developing a creative culture in our society. The author of this article provides a theoretical framework showing how to foster creativity and build an innovative culture in education. This theoretical framework is based on the "Investment Theory of Creativity" of Sternberg and suggestions of other scholars. It mainly focuses on the development of (1) a Creative Thinking Style, (2) an Independent Personality, (3) the possession of Intrinsic Motivation, and (4) the need for a Supporting Environment; and this framework also provides practical methods of how to cultivate and achieve the goal. No matter whether it is open source innovation or maker culture, both depend on the pursuit of innovation and cultural creativity. This article discusses the elements affecting innovation and creativity and provides methods of cultivating one's creative and innovative impulsement. It aims to help teachers, scholars and policy-makers who intend to promote creative culture.

**Keywords**: Creativity; Creative Culture; Open Source Innovation; Motivation



**Abstract**: The Web 2. 0 age provides opportunities for new product design and development (PDD) paradigms. The new design paradigms can be classified as Co-Creation, Collective Intelligence, Design Crowdsourcing, Open Innovation, Open source and Open design. Among them, Open Design has a highest openness and crowd participation, and is able to make the best of crowd's intelligence to develop new products. In order to overcome the weakness of existing Open Design projects, a new design paradigm is proposed-Crowd-centric Open Design. Crowd-centric Open Design differs from other design paradigms in that it has emphases on crowd design experiences in the Open Design projects. It is believed that Crowd-centric Open Design can motivate crowd to participate in Open Design projects, leading to better design outcomes and increase online design awareness.

In the first part of the paper, Crowd-centric Open Design is defined and compared with Open Design. Second part explains how to design a Crowd-centric Open Design project and how to design a Crowd-centric Open Design platform. In the third part, the financial feasibility and potential business models of Crowd-centric Open Design are proposed.

**Keywords**: Crowdsourcing; Open Design; Open Source; Product Design

## B. 4 Global Business Models Fostering Innovation in the Creative Industries

*Stephen Boyle, Carmen Reaiche and Ervin Caraballo* / 042

**Abstract**: This paper explores business models that can enhance value and innovation in the creative industries and identify which factors are needed to foster innovation. A survey was conducted of managers within cultural and creative industries organisations in Australia and Hong Kong. The results of the survey highlighted key factors that contribute to organisational innovation and those which pose barriers to innovation. From these results a new business model framework is proposed with a focus on organisational culture, idea generation, relationships and collaborations, team work and resource sharing.

**Keywords**: Innovation; Creativity; Business Models; Australia; Hong Kong

**Abstract**: Making is a social movement that has gained currency in Europe and North America. Making is a heterogeneous movement that includes many ramifications, and encompasses many other trends at once. Making encapsulates a desire for change and an enthusiasm for social and economic alternatives to a market economy in its industrial context. After situating the Maker's Movement in North America, and after approaching it through theoretical lenses, this paper discusses terroir. As a cultural industry, and in its North American context, terroir follows the principles, the values and the spirit of social and economic entrepreneurship that coincides with the Maker's Movement. Following this, the paper explains the notion of terroir and establishes its links with Making, and in turn, explains the main contours and principles of terroir as a cultural industry in North America.

**Keywords**: Maker's Movement; Terroir; Cultural Industries

## Ⅲ Theoretical Frontiers Reports



**Abstract**: In the third Plenary Session of the 18th CPC Central Committee, the party put forward "to promote the modernization of national governance systems and governance capacity", and cultural work should also be correct understanding of the concept of "cultural management" to "cultural governance". As the "cultural management" of "comprehensive reform", at least to pay attention to three aspects of the deepening: the first is "arm's distance" of management; the second is "negative list" of management; the third is "market effect" of management. In the field of "cultural governance" stage performing arts production, to pay attention to the modern transformation of the traditional stage performing arts, to achieve the effective integration of artistic elements and technological elements. This concept of integrated innovation need to establish, the sense of autonomy, cross-border awareness, collaborative awareness and integration of consciousness need to strengthen.

**Keywords**: Cultural Governance; The Production of Literary and Artistic Creation; The Soul of Socialist Literature and Art; Stage Performing Arts; Integrated Innovation



**Abstract**: Cross-cultural communication is the most important source of new information and thus innovation for any culture. The global hotspot for rapid social and economic change over the past few decades has been China. She has been open to imported international influences in both political ideas and economic practice, which overlays the existing pattern of national culture. While the internet as a technology is neutral, China's use and regulation of it are unique. The result is a very different pattern of creative and cultural industries or of user-created content, in comparison to Western countries from where some of the inventions, ideas and innovations originated. No matter how unique a culture is, it is part of a global system. Influence is mutual in a kind of dialogic turn-taking over long periods.

**Keywords**: Cultural; Science; Global; Border



**Abstract**: Maker movement can not develop without the heritage of culture.

Cultivating makers' culture and building the identity among the makers should be the cultural foundation and deep driving force of Chinese maker movement. Maker' culture can be summarized to four dimensions, namely identity, emotion recognition, behavior recognition and target recognition. Then "open and inclusive, pragmatic and innovation, open source and collaboration, self-realization" can be extracted as the essence of Chinese maker movement, which is the key to Chinese maker movement to achieve sustainable development.

**Keywords**: Maker Movement; Makers; Culture Recognition



**Abstract**: The cultural industry is an important way to meet people's spiritual and cultural needs, it is an important way to achieve economic system of our country, promote industrial upgrading and economic, social and cultural challenges facing health development. However, China's cultural and financial cooperation in science and technology system systemic difference, the lower level, the legal environment and other issues restricting the healthy development of cultural industries, cultural, technological and financial cooperation under the background of economic restructuring must be based on "Culture", "Science and Technology" "big finance" concept, improve the cultural technology-related policies and regulations of financial development of China's cultural industry is the driving force. Culture and technology combined, the focus should play to the market mechanism to promote a culture of science and technology in the transformation of the role, make good use of both domestic and overseas markets, we must attach great importance to "Science and Technology Progress Law" and "Patent Law" on the basis of sex and guiding role, attention cultural and technological integration of intellectual property protection.

**Keywords**: Culture; Science and Technology; Finance; Innovation Integration; Legal Protection

# Ⅳ Industry Observation Reports



**Abstract**: Since Premier Li Keqiang first put forward Internet plus initiative in his report on government work, Internet plus has aroused extensive attention from all walks of life and has become the focus of discussions among public opinion and a growing number of venture capital people. On the one hand, this paper will explore the most important group in this era—Makers, together with the model of Maker community as well as the types and features of Maker community. On the other hand, the paper also will discuss why there are a large number of Makers in the present era, and the manifestation form of Makers as well as the relationship between industry cluster and Makers in the modern era of globalization. Since 2005, the author has been tracking and studying the issues of creative parks, Makers, Maker community and industry cluster in several developed countries. This paper aims at promoting the development of China culture creative industry in Internet plus era with the help of Makers and Maker community creativity through the study of these related issues and proposing some constructive suggestions.

**Keywords**: Maker; Maker Community; Industry Cluster; Internet Plus Era



**Abstract**: The article intends to understand the development of China's "Indie Music" since the underground rock period. Instead of offering a correct definition of "Indie Music", the article analyzes how the DIY ethos of Indie Music, under various contexts, to see how it could be approached from aesthetic and political-economic perspectives. The discussion creates dialogues between the development of China's digital music industry and the culture of Maker Movement, and tries to explore two tentative modes of Maker practices in music scene, that is, "composer as method" and "fans as method", in order to offer an alternative understanding to the perplexing ideologies and practices of China's Indie music culture.

**Keywords**: Maker; Indie Music; Underground Rock; DIY



**Abstract**: Cultural creative industries park, as a new industrial development pattern, has become the vital growth force for urban new economics, developing at an incredible speed. On the basis of emphatically demonstrating and systematically analyzing the developing currency and the existing problem of cultural creative industries parks in Wuhan city, this article proposes some countermeasure as a reference to advance the growth and development of cultural creative industries parks in Wuhan, for example, this thesis suggest the parks should formulate a suitable program, perfect the public-service platform for cultural and creative enterprises, implement branding strategy, and so forth.

**Keywords**: Technological Innovation; Wuhan City; Cultural Creative Industries Parks



**Abstract**: This paper analyses the mechanism copyright trade and cultural industry in China and America. Firstly, based on China sample data from 1991 to 2013, the paper analyses the mechanism. The result shows that there exists the long-term equilibrium relationship between copyright export and cultural industry. Copyright export has a positive influence on cultural industry development. Copyright export increases 1% , the cultural industry development situation will improve 0. 89% . Copyright import has a negative influence on cultural industry. Cultural industry fund and cultural industry's workers are conducive to the cultural industry development. Cultural industry fund increases 1% , the value of cultural industry will increases 0. 27% . The workers in cultural industry increases 1% , cultural industry development situation will improve by 0. 19% . Secondly, based on America sample data from 1991 to 2014, the paper analyses the mechanism. The result shows that Copyright export increases 1% , the cultural industry development level will promote 0. 19% . The increase of copyright import is helpful for the improvement of cultural industry development status. Copyright import increases 1% , the cultural industry development level will promote 0. 15% . The increase of workers in cultural industry has a positive effect on cultural development. The workers increases 1% , cultural industry development situation will improve 0. 41% .

**Keywords**: Copyright Trade; Cultural Industry; Mechanism; Empirical Research

# V Case Study Reports



**Abstract**: The development of mobile Internet has brought new opportunities and challenges for the fusion of culture and science and technology. Shanghai should fully grasp the development trend of the new technologies, new applications, new models and new industries based on mobile Internet and speed up the fusion of culture and science and technology.

**Keywords**: Mobile Internet; Culture; Science and Technology



**Abstract**: The predecessor of Luoyang Peony Festival in China is Luoyang Peony Flower Show, dating from 1983, since 2011 when it has been upgraded as a national festival, it has made a great breakthrough. Based on the research from the 29th (2011) to the 33th (2015), the team found that Luoyang Peony Festival have prominent influence on the development of public culture construction in city, especially in the achievement of "Cultural Huimin"、the promotion of public cultural atmosphere and the update of the cultural image of Luoyang, In contrast to the character of other Cultural Festival, Luoyang ought to promote "The Supply Side Reform", achieving the equalization of services, innovate the mode of propaganda, highlight public cultural elements in festival, increase participation rates、highlight the principal status of people, this can keep the important position of Luoyang Peony Festival in public cultural services and the town culture development in the future.

**Keywords**: Luoyang Peony Festival; Public Cultural Services; Cultural Competitiveness; Innovation Mode



**Abstract**: In the background of the rapid development of digital technology and new media technology, the innovation of public cultural service means more and more performance for the integration of public cultural services and technology development. The using of the government performance evaluation which is based on digital means is the requirement for the government to realize its scientific and standard management and service. The using of Grass-roots cultural dynamic assessment system not only improves the working efficiency as well as making information shared together, but also lays a solid foundation for the evaluation work of the public cultural service performance, which has a good value of demonstration and promotion.

**Keywords**: Public Cultural Service; Digitization; Performance Evaluation; Target System

## Ⅵ Development Polices Reports



**Abstract**: The financing model for Culture Crowdfunding providing new opportunities for the construction of public cultural service system. Financial circumstance of Chinese public cultural, the potential for cultural funding of civil society accumulation and the strength of culture funding gather up from crowd funding platforms make crowdfunding mechanism and the construction of public cultural field as possible. The design of Chinese public cultural crowdfunding system including operating principle, operation mode and implementation plan. The institutional design adhere to the principle of publicity, regional and public participatory, Operational mode including to use platform aggregation project for building the project financing and financial intelligence platform integration, Implementation plan including constructing crowdfunding platform, forming regulatory mechanism, improving the platform credibility and establishing a feedback mechanism, balance mechanism and risk aversion mechanisms, ect.

**Keywords**: Public Cultural Crowdfunding; Cultural Funding; System Design

**Abstract**: This discussion is on the operational mechanism of cultural industries'development through copyright trades, based on analyzing China's current animation copyright trade occurrences. The relationship of copyright trade and the development of Chinese cultural industries are analyzed, by taking "Boonie Bears" animation series as targeted subject. According to the data analysis results, three indications were found: 1. Interests parties need to further expand the protection and promotion of copyright operations, for establishing a solid foundation of future trade acceleration. 2. It is necessary to increase the input of education and incubation of the related talents that is beneficial for creativity and trade specialists. 3. It is important to create more "Chinese Brands", which requires various innovative methods of financing and capitals for cultural industrial support.

**Keywords**: Copyright Trade; Cultural Industries; Animation Industry; Boonie Bears



**Abstract**: The governments of Korea, Japan and Singapore, which belong to typical government-led model, play important roles in the integration of culture, science and technology. It appears in three aspects: legislative protection, strategic planning, and compound personnel cultivation. Among them, legislation is the guarantee, strategy is the orientation, and the talented person is the core. Based on macro-control means, governments can fully mobilize the clear target and compound talents with innovative mind in the stable

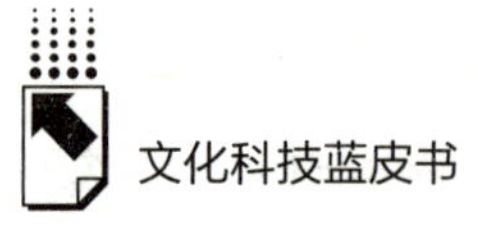



legal environment, thus integrate culture and technology faster.

**Keywords**: Administration - led Model Country; Integration of Culture with Science and Technology; Policy Experience; Culture Industries Policy; Cultural Subsidies

Ⅶ

## 皮书起源

“皮书”起源于十七、十八世纪的英国，主要指官方或社会组织正式发表的重要文件或报告，多以“白皮书”命名。在中国，“皮书”这一概念被社会广泛接受，并被成功运作、发展成为一种全新的出版形态，则源于中国社会科学院社会科学文献出版社。

## 皮书定义

皮书是对中国与世界发展状况和热点问题进行年度监测，以专业的角度、专家的视野和实证研究方法，针对某一领域或区域现状与发展态势展开分析和预测，具备原创性、实证性、专业性、连续性、前沿性、时效性等特点的公开出版物，由一系列权威研究报告组成。

## 皮书作者

皮书系列的作者以中国社会科学院、著名高校、地方社会科学院的研究人员为主，多为国内一流研究机构的权威专家学者，他们的看法和观点代表了学界对中国与世界的现实和未来最高水平的解读与分析。

## 皮书荣誉

皮书系列已成为社会科学文献出版社的著名图书品牌和中国社会科学院的知名学术品牌。2011 年，皮书系列正式列入“十二五”国家重点出版规划项目；2012~2015 年，重点皮书列入中国社会科学院承担的国家哲学社会科学创新工程项目；2016 年，46 种院外皮书使用“中国社会科学院创新工程学术出版项目”标识。

# 中国皮书网

www.pishu.cn

发布皮书研创资讯，传播皮书精彩内容

引领皮书出版潮流，打造皮书服务平台

## 栏目设置：

- □ 资讯：皮书动态、皮书观点、皮书数据、皮书报道、皮书发布、电子期刊
- □ 标准：皮书评价、皮书研究、皮书规范
- □ 服务：最新皮书、皮书书目、重点推荐、在线购书
- □ 链接：皮书数据库、皮书博客、皮书微博、在线书城
- □ 搜索：资讯、图书、研究动态、皮书专家、研创团队

中国皮书网依托皮书系列“权威、前沿、原创”的优质内容资源，通过文字、图片、音频、视频等多种元素，在皮书研创者、使用者之间搭建了一个成果展示、资源共享的互动平台。

自2005年12月正式上线以来，中国皮书网的IP访问量、PV浏览量与日俱增，受到海内外研究者、公务人员、商务人士以及专业读者的广泛关注。

2008年、2011年中国皮书网均在全国新闻出版业网站荣誉评选中获得“最具商业价值网站”称号；2012年，获得“出版业网站百强”称号。

2014年，中国皮书网与皮书数据库实现资源共享，端口合一，将提供更丰富的内容，更全面的服务。

# 法律声明

权威报告·热点资讯·特色资源

# 皮书数据库

ANNUAL REPORT(YEARBOOK) DATABASE

当代中国与世界发展高端智库平台

WWW.PISHU.COM.CN

## 皮书俱乐部会员服务指南

1. 谁能成为皮书俱乐部成员？

- 皮书作者自动成为俱乐部会员
- 购买了皮书产品（纸质书/电子书）的个人用户

2. 会员可以享受的增值服务

- 免费获赠皮书数据库100元充值卡
- 加入皮书俱乐部，免费获赠该纸质图书的电子书
- 免费定期获赠皮书电子期刊
- 优先参与各类皮书学术活动
- 优先享受皮书产品的最新优惠

3. 如何享受增值服务？

（1）免费获赠100元皮书数据库体验卡

第1步 刮开附赠充值的涂层（右下）；

第2步 登录皮书数据库网站（www.pishu.com.cn），注册账号；

第3步 登录并进入“会员中心”—“在线充值”—“充值卡充值”，充值成功后即可使用。

（2）加入皮书俱乐部，凭数据库体验卡获赠该书的电子书

第1步 登录社会科学文献出版社官网（www.ssap.com.cn），注册账号；

第2步 登录并进入“会员中心”—“皮书俱乐部”，提交加入皮书俱乐部申请；

第3步 审核通过后，再次进入皮书俱乐部，填写页面所需图书、体验卡信息即可自动兑换相应电子书。

4. 声明

解释权归社会科学文献出版社所有

皮书俱乐部会员可享受社会科学文献出版社其他相关免费增值服务，有任何疑问，均可与我们联系。

图书销售热线：010-59367070/7028
图书服务QQ：800045692
图书服务邮箱：duzhe@ssap.cn

数据库服务热线：400-008-6695
数据库服务QQ：2475522410
数据库服务邮箱：database@ssap.cn

欢迎登录社会科学文献出版社官网（www.ssap.com.cn）和中国皮书网（www.pishu.cn）了解更多信息

社会科学文献出版社 SOCIAL SCIENCES ACADEMIC PRESS (CHINA) 皮书系列

卡号：8500419005469564

密码：

# S子库介绍

## Sub-Database Introduction

### 中国经济发展数据库

涵盖宏观经济、农业经济、工业经济、产业经济、财政金融、交通旅游、商业贸易、劳动经济、企业经济、房地产经济、城市经济、区域经济领域，为用户实时了解经济运行态势、把握经济发展规律、洞察经济势、做出经济决策提供参考和依据。

### 中国社会发展数据库

全面整合国内外有关中国社会发展的统计数据、深度分析报告、专家读和热点资讯构建而成的专业学术数据库。涉及宗教、社会、人口、治、外交、法律、文化、教育、体育、文学艺术、医药卫生、资源环等多个领域。

### 中国行业发展数据库

以中国国民经济行业分类为依据，跟踪分析国民经济各行业市场运行况和政策导向，提供行业发展最前沿的资讯，为用户投资、从业及各经济决策提供理论基础和实践指导。内容涵盖农业，能源与矿产业，通运输业，制造业，金融业，房地产业，租赁和商务服务业，科学研环境和公共设施管理，居民服务业，教育，卫生和社会保障，文化、育和娱乐业等 100 余个行业。

### 中国区域发展数据库

以特定区域内的经济、社会、文化、法治、资源环境等领域的现状与展情况进行分析和预测。涵盖中部、西部、东北、西北等地区，长三角珠三角、黄三角、京津冀、环渤海、合肥经济圈、长株潭城市群、关中天水经济区、海峡经济区等区域经济体和城市圈，北京、上海、浙江河南、陕西等 34 个省份及中国台湾地区。

### 中国文化传媒数据库

包括文化事业、文化产业、宗教、群众文化、图书馆事业、博物馆事业档案事业、语言文字、文学、历史地理、新闻传播、广播电视、出版业、艺术、电影、娱乐等多个子库。

### 世界经济与国际政治数据库

以皮书系列中涉及世界经济与国际政治的研究成果为基础，全面整合内外有关世界经济与国际政治的统计数据、深度分析报告、专家解读热点资讯构建而成的专业学术数据库。包括世界经济、世界政治、世文化、国际社会、国际关系、国际组织、区域发展、国别发展等多个子库